本书由教育部－中国人民大学教育发展与公共政策研究中心资助出版

高校学生教育选择 与生涯发展

崔 盛 吴秋翔 等著

GAOXIAO XUESHENG
JIAOYU XUANZE
YU SHENGYA FAZHAN

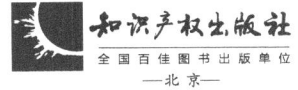

知识产权出版社
全国百佳图书出版单位
——北京——

图书在版编目（CIP）数据

高校学生教育选择与生涯发展/崔盛等著.——北京：知识产权出版社，2021.11

ISBN 978-7-5130-7810-8

Ⅰ.①高… Ⅱ.①崔… Ⅲ.①高等教育—研究 Ⅳ.① G64

中国版本图书馆 CIP 数据核字（2021）第 217496 号

内容提要

本书在人力资本和信号理论框架下，构建最优教育选择的理论模型，探讨学生个体在个人、家庭和环境等因素影响下的选择策略及其影响。各章以学生个体在教育过程中的选择为讨论对象，在控制学生个人、家庭和环境等影响因素的前提下，测量不同教育选择对于学生学业成绩和就业发展的影响，进一步识别不同教育选择与生涯发展的因果关系。本书所研究的教育选择是较为常见、具有代表性的教育方式，对学生具有较强的参考价值与借鉴意义。

本书适合家长、学生、教育理论研究者、教育政策制定者阅读。

责任编辑：李　婧　　　　　　　　　　责任印制：孙婷婷

高校学生教育选择与生涯发展

GAOXIAO XUESHENG JIAOYUXUANZE YU SHENGYA FAZHAN

崔　盛　吴秋翔　等著

出版发行：知识产权出版社 有限责任公司	网　　址：http://www.ipph.cn
电　话：010-82004826	http://www.laichushu.com
社　　址：北京市海淀区气象路50号院	邮　　编：100081
责编电话：010-82000860转8072	责编邮箱：lijing@cnipr.com
发行电话：010-82000860转8101	发行传真：010-82000893
印　　刷：北京建宏印刷有限公司	经　　销：各大网上书店、新华书店及相关书店
开　　本：720mm×1000mm　1/16	印　　张：17
版　　次：2021年11月第1版	印　　次：2021年11月第1次印刷
字　　数：220千字	定　　价：78.00元

ISBN 978-7-5130-7810-8

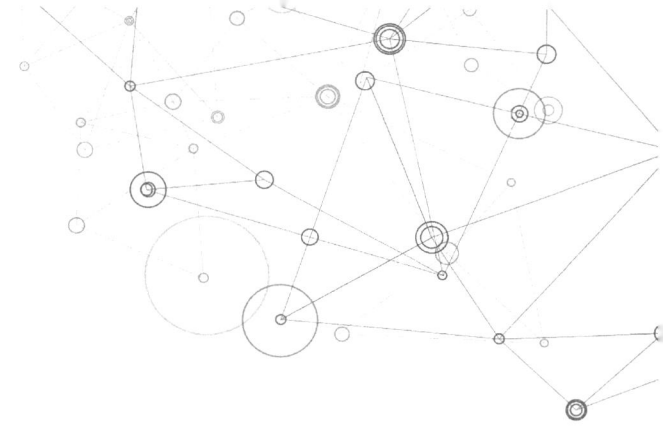

目　录
CONTENTS

在校篇

绪　论

第一节　研究背景与意义

一、现实背景

党的十八大以来，党和政府围绕培养什么人、怎样培养人、为谁培养人这一根本问题，坚持把立德树人作为根本任务，坚持优先发展教育事业。在 2018 年召开的全国教育大会上，习近平总书记指出，"要努力构建德智体美劳全面培养的教育体系，形成更高水平的人才培养体系。要把立德树人融入思想道德教育、文化知识教育、社会实践教育各环节"。对于学生个体而言，面对差异化的个人特征与成长经历，面对差异化的家庭背景与教育期望，面对复杂多变的社会环境，会做出一系列重要的教育选择，这些选择或大或小，或由本人主动做出，或受到家人、朋友乃至社会的干预。一个个教育选择就像人生路上的十字路口，指引着孩子的成长，甚至会对他们一生产生影响，例如文理分科，简单地在高中阶段将学生课程学习一分为二，面对选择文科还是理科，其背后既关系到学生的个人志趣与学习偏好，又直接影响到他们的大学选择、专业选择，乃至以后的就业方向。特别是对于大学生而言，正处在世界观、人生观、价值观形成的关键时期，他们的生理与心理都慢慢向成熟期过渡，个人的教育选择与其生涯发展密不可分，甚至直接决定了未来的人生走向。因此，大学生就更需要在相关引导下进行合理、有效的教育选择，从而更好地满足自身生涯发展需要，更好地遵循党和国家人才培养的目标。

现实中的教育选择是指受教者为了接受教育而进行的选择，根据教育选择的具体指向，可以划分为三个层次：第一，是否接受教育，侧重论述教育的功能与价值；第二，选择学校，即研究学生选择什么样的大学和愿意学什么；第三，选择适当的教育方式，具体指学校层面开展的、用以促进学生成长发展的学制、课程、考试、课外活动、就业等教育形式，这也是本书研究讨论的重点所在。教育选择具有普遍性，每个人在进入社会前，都将面临不同形式的教育选择。分阶段来看，学生从 7 年级开始到进入劳动力市场，经历了倾向、搜索以及选择，每个选择阶段对应特定的年龄组，有特定的认知和情感，以微妙和复杂的方式影响着学生的选择与决策，例如高校入学之前涉及文理分科选择、大学及专业选择，大学在校时期涉及专业知识学习、综合能力培养方式选择，大学毕业时期重点指向就业选择等，同时不同的教育选择又会显著受到学生个体、家庭等特征的强烈影响，诸如户籍、家庭经济条件、个人意志品质等，这些因素与不同的教育选择交织在一起，形成多样化的发展方向与人生叙事。因此，对于什么样的学生、做出什么样的教育选择、获得什么样的教育收益与人生收获，恰恰可以从研究的视角回应培养什么人、怎样培养人、为谁培养人这一根本问题，特别是研究教育选择是研究怎样培养人的具体实践，具有深远意义。本书基于现实背景，以高等教育为时间主线，以大学生为研究主体，将大学生的教育选择作为切入点，系统性探讨不同的教育选择对其生涯发展的影响，以大学为核心，结合入学、在校和毕业后等阶段，从高校学生的学涯与职涯两方面来反映教育选择的实际价值与积极作用，为学生及其家庭做出合理的教育选择、学校开展适宜的教育方式与生涯引导、用人单位进行准确的反馈与评价提供借鉴与参考。

二、理论意义

　　舒伯 1976 年首次提出生涯发展理论，他认为生涯是终人一生不同时期不同角色的组合，个体生涯发展是由生命广度和生活空间交织而成的一个复杂过程。在长期的学术研究过程中，有关生涯发展的研究逐步形成了特质因素理论、人格理论、类型理论等经典理论，而这些理论都与人的个体特征、人格、精神等因素密不可分，从某种意义上与人成长过程中经历的事件、做出的选择高度相关。从生涯发展理论来看，14~24 岁处在人生的探索阶段，这一时期最显著的角色是学生，其基本任务就是把泛化的选择具体化，通过学业与课余活动，进行自我推敲与职业探索，并将社会性因素与个人生理、心理特质产生交互影响，形成个人的自我概念，从而影响整个生涯发展。对于处在大学阶段的学生而言，其生涯发展包括大学学涯与就业职涯，并贯穿其一生。虽然生涯发展理论源于西方，但其本身关乎个人的发展与选择，同样适用中国语境。从理论上讲，人做出任何一个选择都有其深刻的意义与缘由，一类人群如果习惯性做出类似的选择就可以被总结归纳为一种规律或现象。那么大学生在多变复杂的环境下，如果产生了相似的教育选择，抑或在同一干预下，却产生了差异化的教育选择，这都是值得在理论层面进行深入探讨并总结的，而由这些特定的现象逐渐放宽假定推到一般性情况，找到与现有理论所适应的部分，便可以进一步改造、发展理论。从理论意义与价值上讲，本书研究教育选择的影响机制问题涵盖了人力资本理论、信号筛选理论、劳动力市场理论，机制设计理论等多学科的前沿理论，对其研究涌现出多项重要研究成果。高校学生在教育过程中的自主选择与未来发展存在哪些关联性的规律？学校在招生过程中，如何利用学生的选择结果识别学生能力？用人单位在招聘过程中，如何利用传统心理测评之外的工具评价学生工作适应能力？深入研究这些问题必将对高等教育学、教育经济学、劳动经济学、心理学等学科做出重要理论贡献。

三、实践意义

学生从高中进入大学需要进行角色转换，这将影响他们的大学学业乃至未来在社会中的发展，那么本书所谓的生涯既包括职业生涯（以下称"职涯"），也包括学生生涯（以下称"学涯"）。无论是舒伯、金斯伯格的生涯发展理论，还是罗伊的人格理论、霍兰的类型论等都是从认知心理学的角度来解释生涯（职业）问题，相关研究发现个人性格、心理健康、家庭环境等因素对学生生涯发展存在显著影响。而经济学家们则认为个人在教育选择过程中会受到许多不确定因素的制约，作为一个理性选择的过程，学生会衡量教育选择的经济成本和社会效益，特别是个体能力、家庭条件、社会评价与自身教育预期与收益的相适程度，从而作出最优化教育选择。选择适当的教育方式，将其作为重要的人力资本投资，可以扭转或弥补原本劣势条件带来的发展差异，如残疾、城乡等因素对就业选择与收入的影响。从实践考虑，更多研究关注具体的教育选择，例如学费、奖学金、担任学生干部、高中文理分科等对学生学涯或职涯的影响，结论一致性地认为合适的教育选择能够尽可能地给学生带来能力的提升，并在其生涯中产生显著的积极影响。可见，从经济学的角度来度量教育选择对学生生涯的影响是非常重要的。其一，能够帮助我们了解不同的教育选择可以带来怎样的教育收益，同样的教育选择对于哪些学生来说收益更显著，找到教育选择与生涯发展的因果关系，其二，以深刻、简明的分析方式呈现不同教育选择的特点与价值，帮助我们找到（或无限接近）最优教育选择，为同学们既提供"菜单"也提供"个性化方案"。如此，研究教育选择与学生生涯发展的关系对我国现期的教育政策具有重要的实践意义，帮助我们从另一角度得知学生是否根据自身特点选择了最优教育水平，并以此制定相应的对策。所以从实践意义与价值上讲，以高校学生发展的全面数据为基础，分析学生从入学到在校再到毕业的教育全过程，探索各项教育选择发生的内在机制及相关影响，对高校的招生、培养、管理和就业体系建设方面都有着重大实践意义。同时，在控制学生个体、家庭和环境各方面差异条件的前提下，通过不同教育选择识别学生在学业成绩和就业发展中体现的能力，对高校改进招生设计、用人单位完善招聘方案同样具有重要的实践价值。

第二节　研究设计

一、研究思路

本书认为教育选择对学生生涯发展具有重要意义，个体的教育选择受到来自个人、家庭、环境等因素的干预，同时教育选择对学生生涯产生深远影响，关系到学生的学涯与职涯。因此，本书将在构建最优教育选择的理论模型基础上，从高校学生入学、在校和毕业三个阶段探讨高校学生个体的选择策略及其影响，并对学生生涯规划、学校和用人单位优化选才提供有效建议。

本书的基本研究思路：首先，在人力资本和信号理论框架下，构建最优教育选择的理论模型，探讨学生个体在个人、家庭和环境等因素影响下的选择策略。其次，各章以学生个体在教育过程中的选择为讨论对象，例如高中文理科的选择、高考参与自主招生的选择、大学参与外语证书考试的选择、竞聘学生干部的选择和大学毕业的毕业去向、就业地选择等，在控制学生个人、家庭和环境等影响因素的前提下，测量不同教育选择对于学生学业成绩和就业发展的影响，进一步识别不同教育选择与生涯发展的因果关系。需要指出的是，本书所研究的教育选择是较为常见、具有代表性的教育方式，对学生具有非常强的参考价值与借鉴意义。最后，本书通过总结学生不同教育选择对其生涯发展的影响，促进学生理性教育决策，优化生涯规划。同时，全书期望区别于以往识别人才的方法，构建学校和用人单位利用教育选择有效评价人才的新方案，优化招生、招聘环节。具体研究思路，如图 0-1 所示。

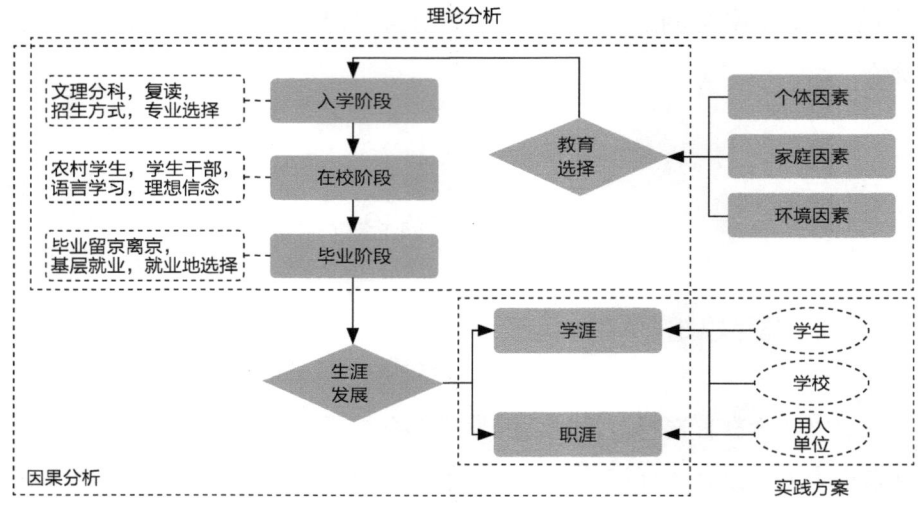

图 0-1　研究思路

二、研究方法

第一，理论建模。考察个体在确定性和不确定性的环境下，先天禀赋对个体最优选择的影响，以及在考虑个体间博弈环境下个体的均衡策略。

第二，统计分析。对学生个体、家庭、环境的相关信息及就业状况等各变量做描述统计，了解影响学生教育选择关键因素的具体情况。

第三，计量回归。利用学业成绩影响因素的基本模型和增值模型，探讨教育选择对学生发展的影响。利用就业薪酬的多元回归模型，在控制能力和自选择的基础上，讨论教育选择对学生就业薪酬与未来发展的影响。由于学生选择具有内生性，研究将采用倾向匹配得分（PSM）、双重差分（DID）等方法进行控制，从而研究学生选择对生涯发展的因果关系。

第四，心理测试。采用标准化测验、情境测试等方法，利用项目—反映理论，测量每个题目的反映函数，与学生的个体状况做关联，建立合适的测试量表，进一步检验实证中的因果关系。

三、研究数据

本书的数据来源是由中国人民大学中国调查与数据中心实施的"中国教育长期追踪调查"（Chinese Educational Panel Survey，CEPS）研究计划子项目"首都大学生成长跟踪调查"（Beijing College Students Panel Survey，BCSPS）数据。该数据以北京市全部公办大学在校本科生的数据库为抽样框，分学校、专业、学生进行三阶抽样，选取了北京市不同类型的15所高校❶，从2009年起对北京市2006年、2008年入学的4771名大学生展开调查，至2013年共追踪了5年数据，其中2006级学生样本2298个，2008级学生样本2473个。该数据保持了较高的追访成功率，且在性别、专业、学校等方面的学生丢失差异不明显。BCSPS数据既有样本学生入学前高中期间的基本情况，如高中文理科、高考成绩等数据，也提供了学生大学在校期间就读专业、学业成绩，以及毕业之后的就业去向、就业薪酬等数据，是高校学生教育选择较为理想的研究数据。

---

❶　15所学校为：北京大学、中国人民大学、清华大学、北京航空航天大学、北京理工大学、北方工业大学、北京化工大学、北京邮电大学、北京石油化工学院、北京农学院、北京语言大学、中国传媒大学、首都经济贸易大学、中央民族大学、中国矿业大学（北京）。

第三节　研究概况

一、主要内容

全书分为四个部分，共计十三章，从学生入学选择、在校表现、毕业就业三个维度，系统研究了高校学生教育选择的现状和生涯发展的演变。在入学选择维度，本书关注学生高中的教育选择对大学期间学业发展和毕业职业发展的影响。具体研究高中文理分科、学生复读经历和自主招生对学生大学期间专业选择、学业表现和就业薪酬的不同影响及作用机制。在大学表现维度，本书关注学生身份特征及知识技能两个方面对学生从入学、大学成长到就业发展的影响，具体研究农村大学生群体、学生干部群体和大学期间掌握的语言能力对学生学业成绩及就业薪酬产生的溢价。在毕业就业维度，本书关注学生户籍特征、学历特征、理想信念等方面对大学毕业生职业发展的影响，具体研究离京留京选择、海外留学、理想信念教育、回生源地工作对大学毕业生就业方式、就业单位和就业薪酬的影响和机制。本书的具体结构和各章主要内容如下（相关章节已在部分学术期刊上发表，部分内容有删改）。

绪论，介绍了本书的研究背景与意义、研究设计及研究概况。在研究背景与意义部分，基于党和国家对人才培养的目标和学生差异化的个体特征与成长经历，从理论意义和实践意义两个方面阐述了研究学生教育选择与生涯发展的重要性。在研究设计部分，本章介绍了本书的研究思路、研究方法与研究数据。在研究概况部分，对本书的主要内容和结构进行介绍，并对本书的创新之处和未来可能进行的探索做了归纳。

入学篇，探讨高校学生入学前的相关教育选择，共包含四章。其中第一章主要聚焦高中文理分科机制，探讨在高中阶段文理分科机制影响下，学生进入大学及劳动力市场后的差异。研究发现，文理科学生差异化的能力特点，需要通过不同方式进行评价。虽然学生大学学业表现没有显著差异，但文科生英语六级成绩更高，更愿意入党、担任学生干部，以及攻读研究生；而在就业发展方面，文理科学生选择的行业、就业单位及工作岗位存在差异，同时理科生就业起薪更高，理科生的能力可以被市场更有效地检验。第二章聚焦高中学生的复读经历，研究复读经历对复读生生涯发展的实际作用与机制。研究发现，复读经历对学生的大学学业成绩产生消极作用，但从长期趋势来看，并不会持续影响他们的综合表现与就业发展；复读生在大学期间依然存在一定心理健康问题。本书认为，心理健康是复读经历影响学生学业成绩的主要中介机制，高校应该进一步加强对复读生在大学期间的心理辅导与学业帮扶。第三章聚焦自主招生群体，分析了自主招生生源特征及对大学学业表现和就业薪酬的影响作用。在控制高考成绩后，发现自主招生对大学学业表现并没有显著影响，但自主招生对就业起薪和薪酬增长有显著的正效应。研究认为，在现有培养体系下，大学学业表现并不能较好地评价自主招生学生的能力，而在学生毕业进入劳动力市场后，起薪与薪酬增长却能有效反映。第四章聚焦高中文理分科与大学专业形成的匹配机制，具体分析原有高中文理分科与大学人文社会类专业之间的关系。研究发现，不同专业中文理科学生的学业成绩存在显著差异，但在相同专业中文理分科对就业薪酬没有显著影响，文理分科带来的工资溢价更多的是通过大学专业来体现。同时，本章从专业进入、学业成绩与就业薪酬三个维度度量了专业匹配，发现高中理科与经济学、管理学的匹配程度更高。研究结论可为学生高中选科、大学选专业以及大学专业招生政策的制定提供参考。

在校篇，探讨高校学生在校期间的相关教育选择，共包含四章。其中第五章聚焦农村大学生群体，探究农村学生如何通过接受大学教育来改变人生，缩小与城市学生之间的差距。研究发现，农村学生存在明显的家庭背景劣势，显著影响了他们的高考成绩，在入学时与城市学生产生差距。但是农村学生通过自身努力，以勤补拙，在大学学习方面超越城市学生，并在综合能力提升方面表现不俗，最终获得与城市学生不相上下的就业结果。这是农村学生凭借勤勉踏实的态度、更多的努力投入与积累的人力资本所获得的，弥补了家庭背景的劣势。本章建议，高校应该做好农村学生心理过渡工作，重视非认知能力培养，提供发展型资助支持，加强农村学生就业指导，帮助他们实现人生的"逆袭"。第六章聚焦学生干部群体，讨论学生干部与学业成绩是否不可兼得？研究发现，担任学生干部对学业成绩产生稳定显著的正向影响，担任干部后学业成绩有明显提升。本章认为，担任学生干部是一种有效提升学习动机的教育过程，促使学生拥有更强烈掌握知识、获得好成绩的意愿，这种机制能帮助学生干部提高学业成绩。研究有助于更好地理解学生干部的教育意义与价值，为高校学生干部队伍建设与人才培养提供参考。第七章聚焦学生干部群体，探究担任学生干部对就业薪酬的影响与机制。研究发现，担任学生干部对就业薪酬有显著的提升作用，通过倾向值匹配法解决选择性偏差与内生性问题后，担任学生干部带来的工资溢价效果更强。同时，本章采用双重差分法发现担任学生干部能够有效提升工作能力与人际关系。研究认为，学生干部不仅是劳动力市场中学生能力的筛选信号，同时也是培养学生就业能力、提升就业薪酬的重要途径，并从工作能力与人际关系两方面解释了学生干部就业能力培养的作用机制。第八章聚焦大学生理想信念对学业表现的影响。研究发现，大学生的理想信念对其学业表现有显著的正向影响，理想信念越强的大学生，在班级成绩排名中越靠前，对专业知识的掌握程度也更高，存在越"红"越"专"的现象。研究表明，理想信念通过增强大学生的自我价值认同感，引导其合理设定目标，主动积蓄能力并采取一系列积极行为，有效促进了大学生的学业表现。研究认为，高校人才培养需要创新融入理想信念教育，在解决学生学业困难的同时，有效提升学业表现。第九章聚焦学生大学期间的语言能力，分析大学毕业生的语言能力对就业薪酬的影响效应。本章发现，语言能力中的汉语能力和英语能力对就业薪酬均有显著的正向影响，而其中汉语能力的影响力更强。但是，在工资水平较高的子群体中，英语能力对工资的影响作用更加明显。数学能力对工资的影响效应并不明显。汉语能力和英语能力产生的工资溢价在学生毕业三年内具有持续效果。此外，大学期间积累的人力资本如党员身份、实习经历与证书并不足以解释语言能力对工资溢价的效果。

毕业篇探讨高校学生毕业后的相关教育选择，包含三章。其中第十章聚焦非京籍毕业生，以"在京工作"为核心变量，在控制离京留京影响因素和就业类型相关因素的基础上，分析离京留京对非京籍毕业生就业选择和就业薪酬的影响。研究发现，首都高校在京工作的非京籍毕业生更愿意选择进入外资企业，而不愿意选择国有企业。此外，在京工作并不影响毕业生的就业起薪，但对未来工资增长具有显著的正向效应。从学校层次来看，外资企业和国有企业之间的就业选择的差异大多来自普通大学；"北人清"三校毕业生离京选择会带来就业起薪的溢价，而普通大学毕业生的留京选择则能带来未来的工资增长。第十一章聚焦学生基层就业选择，探究大学生理想信念与基层就业选择的关系。研究发现，大学理想信念教育过程中，通过课程学习培养的专业能力和社会生活培养的生活经验，有效促进了大学生毕业后基层就业的选择意愿。研究认为，高校应构建系统化的理想信念培育体系，发挥课程对学生专业能力培养的激励作用和协调作用，并引导大学生树立积极的生活态度，拓宽人际交往，提高比较和鉴别不同思潮的能力。同时，青年大学生要在职业选择中正确处理个人利益与国家利益，在主动扎根基层中实现人生价值。第十二章聚焦学生就业地选择，从社会关系的视角分析并尝试解释就业地选择对高校毕业生就业结果影响。研究发现，回生源地工作的毕业生更有可能进入国有企业工作，且会承担一定的就业薪酬损失；而通过家庭社会网络获得工作则会显著降低毕业生的就业薪酬，也不会让回乡求职的毕业生享受到额外的工作福利，这可能是就业地选择对就业薪酬影响的原因之一。

二、创新之处

第一，以基础理论创新为重点。在学生个体、家庭和环境差异的背景下，构建最优教育选择理论模型，并通过理论建模，建立起解释和预测学生未来发展的影响因素模型，同时通过严谨的计量经济检验，探讨和评价各项教育选择的作用效果。

第二，以实证数据创新为基础。利用首都大学生成长追踪调查（BCSPS，2009—2013 年），建立基础扎实的数据基础，进一步丰富教育选择领域的微观实证研究。

第三，以决策方案创新为诉求。基于学生微观数据，根据可识别的教育选择优化学生生涯规划，提升学生生涯决策效率。同时，优化学校和社会招生、招聘途径，根据学校和用人单位的不同人才诉求，给予合理评估方案，提高识别效率。

三、未来探索

本书的研究重在探讨高校学生教育选择和生涯发展的因果关系。一项严谨的实证研究很大程度上依赖于数据特征，因此，必须采集大样本且具有跟踪性质的大学生成长发展数据，以支持相关因果推断结论的实证研究进行。从前期积累的情况来看，我们已经初步形成了学生成长发展数据的收集路径，但未来还希望能够进一步完善相关数据库，为理论研究和实践指导提供合理支持。具体来看，有如下两个方面未来还需深入开展。

一方面，进一步收集整理各高校、各类专业的本科人才评价标准体系，对各专业需求的人才的能力维度进行分析，并结合学生在学业成绩和就业方面的表现，衡量评价标准体系。在此基础上，根据高校学生教育选择对学生生涯实证研究的因果关系，进一步探索不同应用教育选择合理评价学生能力，并尝试开发相应非认知能力的测评方法，利用项目反映理论探索评测方法的适用性和有效应，最终创新适合高校人才选拔的新评测方案。

另一方面，尝试利用雇主调查的方法，通过对政府、企业、事业单位等用人单位的访谈、问卷及现有的人力资源数据，探讨高校学生教育选择与其职业发展的联系。探索利用不同高校相关就业数据为案例，分析高校毕业生生涯发展的影响因素。并在此基础上，根据高校学生教育选择对生涯发展影响实证研究的因果关系，进一步探索应用高校学生教育选择合理预测学生职业生涯成就的方案，尝试为用人单位提供人才招聘的改进策略。

入学篇

第一章　高中文理分科对生涯发展的影响*

第一节　高中文理分科的相关背景

从 1952 年至今，大部分年份，中国高考科目采取文理分科的命题方式，特别是 1977 年恢复高考以来，在高考指挥棒的作用下，中国已经保持了近 30 年高中阶段教育采取文理分科教学的模式。除了语文、数学及英语外，文科班学生侧重学习人文和社会科学方面的知识（包括政治、历史、地理），而理科班学生主要学习自然科学方面的知识（包括物理、化学、生物）。2005 年，朱永新在全国政协会议上递交提案建议，应组织专家进行取消高中、高考文理分科的论证，由此引发教育界长达 10 年的文理分科存废讨论。2014 年 9 月 4 日，《国务院关于深化考试招生制度改革的实施意见》正式出台，明确提出"保持统一高考的语文、数学、外语科目不变、分值不变，不分文理科"，意味着文理分科考试将从 2017 年逐渐退出中国高考的历史舞台。本章基于"中国教育追踪调查"（Chinese Educational Panel Survey，CEPS）数据，探讨高中阶段文理分科的学生进入大学及劳动力市场后的差异，借此来重新审视文理科学生的能力，并对客

＊　本章主要内容发表于《教育经济评论》2017 年第 4 期，此处有删改。

观评价文理分科提供新的思路。

文理分科制度实际上是分轨制（Tracking System）的一种形式，分轨制主要有三种形式：能力分轨（Ability Tracking）、职业与学术导向分轨（Vocational–Academic School Tracking）及课程分轨（Curricular Tracking）。根据能力将学生进行区分是美国与加拿大常见的做法，在欧洲国家，典型的学术和职业分轨更受欢迎（Betts，2011），而课程分轨则是根据学生在学校学习的课程内容进行区分，通常表现为文、理学科的分轨，被东亚各国在高中教育阶段广泛采用（LeTendre et al.，2003；Shim et al.，2014）。一些研究发现，中学分科并不会提高学生的平均成绩，却会导致学生成绩分化得更加严重，好的学生更好，差的学生更差（Argys et al.，1996；Hanushek et al.，2006）。另一些研究发现，分科对学生成绩有明显的正向影响，对所有学生都有显著效果，或者至少不会使一些学生情况变差（Duflo et al.，2011；Gamoran，1992）。还有一些研究则发现，分科的作用并不明显（Figlio et al.，2001；Kerr et al.，2013）。现有研究所用的学生成绩数据多来自 PISA、PIRLS、TIMSS 等客观的学业测试数据，分科对学生的影响作用机制主要在于分科后的教学模式（Teaching Style/Pedagogy）、课程设置（Curriculum）有所不同，特别反映在学生表现出的同伴效应上（Peer Effect）（Zimmer，2003）。

此外，布罗内罗（Brunello，2007）发现从学生的大学录取状况（College Enrollment）以及劳动力市场的表现和工资（Employability and Earnings）等人力资本的收益来看，13~15 岁时中学阶段的分流（Tracking in Secondary Tracking）并不会加剧不平等。凡·埃尔克（Van Elk，2011）等学者发现在 12 岁分科相较于 13 或 14 岁时分科而言，对大学学业完成情况有负面影响，而不进行分科的教学班更有助于提高大学的毕业率。近年来，发达国家如加拿大和美国普遍意识到理工类课程（Science，Technology，Engineering and Mathematics，STEM）在基础教育中的重要性（Wiswall et al.，2014）。学者们认为在中学阶段尽早接触和体验理工类课

程将对学生大学专业选择以及未来的学业表现产生积极影响（Shim et al.,
2014；Crisp et al., 2009）。

　　反观国内研究，主要从知识学习、学生素养等角度探讨文理分科的
利弊。朱永新（2005）认为文理分科削弱文科水平，降低了民族的整体素
质，加剧了应试教育的效果，反映了中国教育缺少人文精神的特点。高中
阶段文理分科有悖于知识的整体性，也不符合教育权法理，不利于素质教
育的推行，不利于减轻学生学习负担，不利于发挥学生特长，也不利于与
大学接轨（康翠萍，2009）。但也有学者持相反观点。郝文武（2010）认
为高中后期文理分科教学有利于基础教育与专业教育的有效衔接，有利
于减轻学生课业负担，促进学生创造性和实践能力的发展，有利于因材
施教、促进学生个性发展，有利于培养学生专业兴趣和增强学生专业意
识。赵志毅等学者（2009）从脑功能分区定位研究为文理分科做出了生理
学的解释，从多元智能理论为文理分科提供了心理学依据，以"二层次三
因素"理论为文理分科提供了教育学的参考。齐军（2010）认为文理分科
的讨论是一个理想与现实博弈的过程，一部分人希望通过取消文理分科来
提高民族的整体素质，另一部分人认为在高考制度改革举步维艰、学生课
业减负任务艰巨、难以获得多层面政策支持的教育现实中应该坚持文理分
科。总而言之，解决高中文理分科争论的关键在于招生考试制度改革，优
化高考科目组合，给每个学生提供学习各个科目的机会，引导基础教育全
面发展（张亚群等，2009；高东等，2014）。

　　此外，对于文理分科这一特殊的分轨模式会对学生表现带来什么样的
影响，对香港中学生学习成绩的研究表明，理科学生的学业成绩高于文科
学生（Wong et al., 2002）。白（Bai et al., 2014）对中国高校学生成绩的
研究发现，文科学生的成绩明显低于理科学生。

　　作为分轨的长期影响之一，基础教育的文理分科对学生日后的成长发
展有何影响的实证研究并不多见，国外文献缺乏针对文理分科这一分轨类
型学生表现的研究，而国内文献集中在探讨文理分科的合理性，缺少对文

理科学生大学阶段及未来发展的实证分析，抑或将文理科作为控制变量用于其他问题的研究。所以，本章旨在通过量化研究的方式，重点讨论学生高中阶段文理分科对大学表现及就业发展的影响，以期获得有价值的结论。为进一步解释文理科学生所具备的不同能力特征，以及学生选择文理分科的机制提供支持。

第二节　高中文理分科的原因与现状

高中的文理分科是学生基于自身能力与兴趣，面对高考、大学及专业做出的选择，所以课程选择、学习的区别导致文理科学生在许多方面都可能有显著差异。进入大学学习后，他们身上仍然保持原有文理分科教学的影响与特征，这种差异在较长时间内可能依然发挥作用。一般而言，学生在大学的表现是多维度的，其中最为核心的是学习成绩，能直观地反映学生大学的学习情况。同时，全国统一的大学英语四六级考试成绩也可以作为衡量大学生学习能力的重要指标。此外，考虑到学生在校期间的综合表现及未来发展，研究选取是否入党、是否担任学生干部以及大学是否获奖作为衡量综合表现的指标，将学生是否读研、是否被大学录取作为评价毕业选择的指标。

从表 1–1 中我们可以看到，样本中理科生样本数为 2784 例，文科生有 1842 例，保持 1.5∶1 的比例；理科生中男生比例更高一些，达 56.50%，而文科生中男生占 48.05%；文科生父母受高等教育的比例普遍比理科生父母高出 3~4 个百分点；由于样本来自全国各地，使用的高考试卷不同，导致高考分数的标准各异，所以有必要对样本的高考分数进行统一处理。首先，将各试卷体系的分数（包括原始分、标准分）转换为高考满分 750 分的原始分系统，统一分数的范围。❶其次，再对处理过的原始分进行 Z 分数处理，转换为分析使用的标准化高考成绩，给出每个学生在样本群体中的相对位置，借此判断学生成绩的相对优劣。经标准化处理后，理科生的总体成绩要优于文科生；但是从大学学业排名来看，文科生比理科生排名更靠前，且大学英语四级成绩也要更高一些；从大学的综合表现来看，文科生中党员更多一些，而理科生担任学生干部以及大学期间获奖的比例更高；从就业起薪来看，文科生平均工资达 4983.56 元，而理科生仅为 4624.62 元，相差 358.94 元。此外，就户籍、招生方式、家庭经济条件而言，文理科学生没有什么明显区别。从描述统计上来看，文理科学生在大学期间的表现和就业发展上有一定差异，特别是理科生在学业排名及就业薪酬上都比文科生要差一些，值得进一步探究。

在了解高中文理分科的具体情况后，能否找到一个简单且有效的指标来评价文理分科对学生产生的长远影响？考虑到几乎所有学生最后都要进入劳动力市场，可尝试从就业薪酬的角度来检验文理分科的效果与差异。因为，就业薪酬是一项比较客观、稳定的指标，可以直观评价就业的相对质量（崔盛和吴秋翔，2017）。那么，学生进入劳动力市场后，文理科学生在就业薪酬上是否存在显著差异，是本章想要进一步验证的。同时，文理科学生选择的行业、就业单位类型、工作岗位以及留京情况都是综合评价学生就业发展的角度。

综上，本章将通过检验高中阶段文理分科产生的影响，特别是学生进入大学后的学业成绩、综合表现、毕业选择以及进入劳动力市场后的就业起薪与工作选择等，进一步挖掘文理科学生的能力差异。

---

❶ 2006 年高考中，上海卷总分 630 分，广东卷和海南卷采用标准分，总分 900 分；2008 年，上海卷总分 630 分，江苏卷总分 480 分（语文 160，数学 160，英语 120；文科语文总分加 40 分为 200 分，理科数学总分加 40 分为 200 分），海南采用标准分 900 分并附加毕业会考成绩，总分 940 分。

表 1-1　部分变量的描述统计

变量	理科生					文科生				
	样本数	均值	标准差	最小值	最大值	样本数	均值	标准差	最小值	最大值
性别（男=1）	2784	0.5650	0.4958	0	1	1842	0.4805	0.4998	0	1
户籍（城镇=1）	2773	0.7021	0.4574	0	1	1836	0.7102	0.4538	0	1
家庭收入的对数	2623	2.2575	2.0126	-2.3026	15.4250	1704	2.3107	1.9786	-2.3026	43.7491
父亲高等教育水平（大专及以上=1）	2784	0.4698	0.4992	0	1	1842	0.5011	0.5001	0	1
母亲高等教育水平（大专及以上=1）	2784	0.3847	0.4866	0	1	1842	0.4164	0.4931	0	1
重点高中（省级及以上=1）	2784	0.8904	0.3124	0	1	1842	0.8882	0.3152	0	1
标准化高考成绩	2643	0.0408	0.9673	-7.9610	3.2891	1755	-0.0305	1.0142	-7.9610	2.4428
招生方式（自主招生=1）	2784	0.0661	0.2485	0	1	1842	0.0885	0.2841	0	1
大学学业排名	2781	0.4197	0.2198	0.0067	1.0000	1839	0.4085	0.2180	0.0067	1.0000
大学英语四级考试（总分710）	2441	511.0184	69.3356	81	698	1531	518.0921	71.8326	82	680
政治面貌（党员=1）	2756	0.3716	0.4833	0	1	1820	0.3989	0.4898	0	1
学生干部（是=1）	2776	0.4849	0.4999	0	1	1837	0.4431	0.4969	0	1
大学期间获奖情况（是=1）	2784	0.8991	0.3013	0	1	1842	0.8474	0.3597	0	1
工资（元）	1224	4624.6240	3965.1200	0	60 000	779	4983.5640	4200.4170	0	60 000

第三节　高中文理分科选择影响的模型

一、大学表现

根据相关文献及 CEPS 数据特征，本章选择大学学业排名、大学英语四六级考试、学生入党、学生干部任职、大学期间获奖情况以及未来毕业选择等指标，采用多元线性回归及二元 logit 回归方法进行分析，深入挖掘文理科学生的差异性，计量模型如（1.1）。

$$\text{Ranking} = \beta_0 + \beta_1 \text{Subject}_i + X_i y + \varepsilon_i \qquad (1.1)$$

在模型（1.1）中，大学学业排名（Ranking）表示大学四年总学分绩是在本班的前百分之几，数值越小意味着排名越靠前，学习成绩相对较好。与已有研究使用大学学分绩点作为因变量所不同，由于本章样本来源于不同学校，学分绩点标准难以统一，所以采取的是学分绩点排名进行分析。核心解释变量为文理科（Subject，理科 =1），其他控制变量由三部分组成，第一部分为个人相关因素：性别（男 =1）、招生方式（自主招生 =1）、高中类型（省级及以上重点 =1）、标准化高考成绩、政治面貌（党员 =1）、学生干部（是 =1）及调查批次（2008 级 =1）；第二部分为家庭因素：户籍（城镇 =1）、家庭收入对数、父亲及母亲的受教育水平（大专及以上学历 =1）：高校层次（985 或 211=1）及专业类型（理工农医 =1，分析中简化为理工农医、人文社会两类）。

除了大学学业排名外，由于高校教学中大多涵盖英语课程，学生在大学期间须通过大学英语四级考试（CET-4），有些学校要求学生通过六级考试（CET-6），所以英语等级考试既可以作为衡量学生成绩的指标，也是语言能力的重要体现，计量模型如（1.2）。为了英语成绩的可比性，研究在同一届次学生中做了 Z 分数处理，因变量为标准化英语四六级分数（CETs），解释变量与模型（1.1）相同。

$$\text{CETs} = \beta_0 + \beta_1 \text{Subject}_i + X_i y + \varepsilon_i \qquad (1.2)$$

为了更综合评价学生在大学的表现，研究将学生大学的入党情况、学生干部任职、大学期间所获奖励作为重要考察指标。同时，他们在毕业前面临是否选择继续读研究生的问题，是否被国内外高校录取、是否决定读研究生、是否出国读研究生都是评价学生研究性学习能力与意愿的较好方式。所以，研究采用二元 logit 回归方法进行分析，模型如（1.3），Choice 为学生的具体选择，具体表现为是否入党（是 =1）、是否担任学生干部（是 =1）、是否获奖（是 =1）、是否被国内外高校或研究所录取（是 =1）、是否决定读研（是 =1）及是否出国读研（是 =1）分别作为被解释变量，核心解释变量与控制变量与模型（1.1）相同。

$$\text{Choice}_y = \beta_0 + \beta_1 \text{Subject}_i + X_i y + \varepsilon_i \qquad (1.3)$$

二、就业发展

就业起薪是评价学生就业质量的重要指标，在控制相关因素的基础上加入文理分科，使用多元线性回归的方法进行分析，具体模型如（1.4）。

$$\ln \text{Wage} = \beta_0 + \beta_1 \text{Subject}_i + X_i y + \varepsilon_i \qquad (1.4)$$

因变量 lnWage 是大学毕业生毕业第一年的工资（Wage）的对数，核心解释变量为文理科，控制变量由个人相关因素、家庭背景因素及学校因素构成，与模型（1.1）基本相同。同时，模型中还控制了就业的单位性质（如党政机关、国企、民营企业等）和行业类别（如金融业、房地产业、制造业、信息传输与计算机业等）。除此之外，已有研究证实，与认知能力相关的因素如语言能力能够影响就业起薪，还会带来未来工资的增长（潘昆峰和崔盛，2016），所以，研究将在部分模型中加入标准化高考语文成绩、标准化高考英语成绩（处理方式同标准化高考成绩）作为语言能力的代理变量。考虑到大学生毕业后可能因出国、读研、继续考研等原因没有进入劳动力市场，本章采用赫克曼（Heckman et al.，2006）提出的两步估计法，通过估计逆米尔斯比率（Mills Lambda），并将此比例加入回归方程解决样本选择偏差问题。

学生就业进入什么样的行业、就业所选择的单位性质、选择什么样类型的工作岗位、是否留京等问题对研究文理科学生能力差异有一定意义。根据 CEPS 统计数据，将行业划分金融业、房地产业、制造业、信息传输与计算机业等 19 种行业类型，将单位性质划分为党政机关、学校、国企、民营企业等 10 种单位性质，将工作岗位分为公务员、专业技术人员、各级教师、文体艺工作者等 10 种工作岗位。综上研究采用二元 logit 回归方法进行分析，被解释变量 Career 为是否从事上述工作岗位（是 =1）、是否选择上述单位（是 =1）、是否进入上述行业（是 =1）以及是否留京（是 =1）。计量模型如（1.5），其余解释变量与模型（1.4）相同，计量模型如（1.5）。

$$\text{Career}_y = \beta_0 + \beta_1 \text{Subject}_i + X_i y + \varepsilon_i \tag{1.5}$$

第四节　高中文理分科对生涯发展的具体影响

一、文理分科对大学表现的影响

从表 1-2 各回归结果可以看出，文理分科对学生大学学业排名没有显著影响，但从回归系数来看理科生的排名要更靠前一些，但这种影响不具有统计意义。各项回归中其他相关控制变量的影响效果均保持一致性，这里不再一一讨论。从 CEPS 的样本来看，文理科学生在大学学业表现上并不存在显著差异，与其他相关研究结论不同。

虽然以大学学业排名取代原有学分绩点解决了不同大学来源学生学业成绩可比性的问题，但由于排名为学生自己填写，可能存在误报的情况，产生测量误差。是否能找到一个具有较强可比性且准确的考试成绩用以衡量学生的学业水平？本章采用全国统一的大学英语等级考试成绩，既能反映学生原有的英语水平，也能反映其在大学期间英语学习的效果。从回归结果（5）、回归结果（6）中来看，虽然文理科学生英语四级成绩没有显著差异，但是文科学生在英语六级成绩上要明显好于理科生。此外，性别、标准化高考成绩、高中类型、政治面貌、学生干部、户籍、高校层次等不同程度存在显著影响，不再一一讨论。

表1-2　文理分科对学业排名、大学英语四六级的影响

变量	（1）	（2）	（3）	（4）	（5）	（6）
	学业排名	学业排名	学业排名	学业排名	CET-4	CET-6
文理科	−0.00865	−0.0120	−0.00430	−0.00941	−0.0282	−0.102*
	（0.00900）	（0.00921）	（0.0111）	（0.0113）	（0.0460）	（0.0545）
性别	0.108***	0.109***	0.108***	0.109***	−0.362***	−0.357***
	（0.00766）	（0.00788）	（0.00787）	（0.00810）	（0.0323）	（0.0396）
招生方式	−0.00373	−0.00867	−0.00852	−0.0132	0.228***	0.208***
	（0.0143）	（0.0150）	（0.0144）	（0.0151）	（0.0611）	（0.0735）
标准化高考成绩	−0.0156***	−0.0169***	−0.0217***	−0.0230***	0.561***	0.574***
	（0.00413）	（0.00426）	（0.00491）	（0.00504）	（0.0202）	（0.0272）
高中类型	−0.0493***	−0.0492***	−0.0509***	−0.0507***	0.276***	0.266***
	（0.0120）	（0.0123）	（0.0120）	（0.0123）	（0.0495）	（0.0683）
政治面貌	−0.127***	−0.127***	−0.127***	−0.127***	0.0748**	0.0653*
	（0.00783）	（0.00802）	（0.00784）	（0.00803）	（0.0319）	（0.0379）
学生干部	−0.0190**	−0.0194**	−0.0188**	−0.0194**	−0.0154	−0.00942
	（0.00768）	（0.00789）	（0.00768）	（0.00788）	（0.0315）	（0.0382）
2008级	−0.00379	−0.00408	−0.00379	−0.00406	0.225***	0.205***
	（0.00752）	（0.00778）	（0.00752）	（0.00778）	（0.0313）	（0.0376）
户籍	—	0.0267***	—	0.0263***	0.0749**	0.124***
	—	（0.00945）	—	（0.00946）	（0.0375）	（0.0456）
家庭年收入	—	−0.000997	—	−0.00111	0.0132**	0.00974
	—	（0.00171）	—	（0.00171）	（0.00670）	（0.00773）
父亲受教育水平	—	−0.0110	—	−0.0115	0.0237	0.0998**
	—	（0.0103）	—	（0.0103）	（0.0415）	（0.0494）
母亲受教育水平	—	0.00682	—	0.00629	0.0858**	0.110**
	—	（0.0105）	—	（0.0105）	（0.0421）	（0.0498）

续表

变量	（1）学业排名	（2）学业排名	（3）学业排名	（4）学业排名	（5）CET-4	（6）CET-6
高校层次	—	—	0.0222**	0.0224**	0.0660*	0.0968**
	—	—	（0.00944）	（0.00970）	（0.0390）	（0.0472）
专业类型	—	—	−0.00613	−0.00363	−0.144***	−0.285***
	—	—	（0.00968）	（0.00995）	（0.0402）	（0.0486）
常数项	0.469***	0.458***	0.458***	0.447***	−0.297***	−0.371***
	（0.0144）	（0.0164）	（0.0153）	（0.0170）	（0.0679）	（0.0880）
样本量	2958	2817	2958	2817	2522	1975
R^2	0.174	0.179	0.175	0.181	0.428	0.371

注：括号内为标准误，*** $p<0.01$，** $p<0.05$，* $p<0.1$。

对于大学期间其他方面的表现，可以从表 1-3 的结果中发现文科生更为"出色"。相较于理科生而言，他们更加积极入党，更愿意成为学生干部，更愿意提升自身的综合素质为今后发展做准备。那是否文科生的能力特征恰恰可以表现为热衷参与社会工作，从事在学习之外与人交往的事情，有待进一步研究。

回归结果（4）、回归结果（5）、回归结果（6）显示文科生更容易被国内外大学录取，并且文科生更愿意选择读研究生来丰富自己的教育经历。原因上，我们认为学生高中期间选择文科可能是为了使自己更容易进入大学，然后通过大学期间综合素质及教育层次的提升，使得自己在未来更具竞争力。

表 1-3   文理分科对学生综合表现、读研的影响

变量	（1）入党	（2）学生干部	（3）获奖	（4）国内外高校录取	（5）读研	（6）出国读研
文理科	−0.500***	−0.208*	−0.204	−0.239*	−0.393***	0.129
	（0.127）	（0.119）	（0.269）	（0.139）	（0.140）	（0.225）
性别	0.0212	0.0169	0.228	0.111	−0.0284	−0.490***
	（0.0934）	（0.0880）	（0.197）	（0.102）	（0.103）	（0.167）

续表

变量	（1）	（2）	（3）	（4）	（5）	（6）
	入党	学生干部	获奖	国内外高校录取	读研	出国读研
招生方式	−0.0156	0.140	−0.411	0.244	0.254	0.202
	（0.166）	（0.159）	（0.320）	（0.180）	（0.184）	（0.232）
标准化高考成绩	0.267***	0.141***	0.163	0.745***	0.808***	−0.199*
	（0.0594）	（0.0535）	（0.107）	（0.0696）	（0.0703）	（0.109）
高中类型	0.0863	0.0376	0.326	0.404**	0.398**	0.450
	（0.146）	（0.131）	（0.258）	（0.172）	（0.172）	（0.374）
政治面貌	—	—	0.828***	0.536***	0.421***	−1.083***
	—	—	（0.221）	（0.0971）	（0.0977）	（0.163）
学生干部	—	—	0.810***	−0.0565	−0.0294	0.236
	—	—	（0.196）	（0.0952）	（0.0959）	（0.159）
2008级	0.172**	−0.830***	—	−0.257***	0.223**	0.145
	（0.0851）	（0.0800）	—	（0.0944）	（0.0948）	（0.158）
户籍	−0.117	0.219**	0.228	−0.166	−0.0928	1.125***
	（0.105）	（0.0998）	（0.225）	（0.115）	（0.116）	（0.270）
家庭年收入	0.00143	0.0437**	−0.0898	0.0542**	0.0691***	0.0598**
	（0.0187）	（0.0195）	（0.101）	（0.0218）	（0.0220）	（0.0294）
父亲受教育水平	−0.167	−0.160	0.757***	0.218*	0.313**	0.525**
	（0.117）	（0.109）	（0.267）	（0.126）	（0.126）	（0.213）
母亲受教育水平	−0.0781	0.0811	−0.546**	0.246*	0.330***	0.388**
	（0.118）	（0.110）	（0.270）	（0.127）	（0.128）	（0.193）
大学学业排名	−3.404***	−1.171***	−5.509***	−3.291***	−3.457***	0.536
	（0.219）	（0.190）	（0.498）	（0.240）	（0.245）	（0.404）
高校层次	0.206*	0.0472	−0.502**	0.603***	0.497***	0.0676
	（0.110）	（0.102）	（0.228）	（0.118）	（0.118）	（0.212）
专业类型	0.288**	0.0868	0.0481	0.711***	0.785***	−0.500**
	（0.114）	（0.105）	（0.229）	（0.123）	（0.125）	（0.205）
常数项	0.967***	0.674***	3.673***	−0.338	−0.385	−2.767***
	（0.203）	（0.187）	（0.452）	（0.240）	（0.242）	（0.505）
样本量	2825	2817	1205	2817	2817	1254
R^2	0.1075	0.0517	0.2471	0.2338	0.2412	0.1673

注：括号内为标准误，*** $p<0.01$，** $p<0.05$，* $p<0.1$。

综上，从文理科学生大学期间的表现来看，他们的学业成绩、英语四级成绩没有显著差异，但是在综合表现上，文科生要更胜理科生一筹。从读研角度来看，也是文科生选择更多。那么，理科生的表现是真不如文科生，还是他们的能力没有得到有效的检验?

二、文理分科对就业发展的影响

从表1-4文理分科对学生就业薪酬的影响结果中，我们发现与在学期间表现所不同的结论。回归结果（1）~（4）一致显示文理分科对学生就业薪酬产生显著正效应，理科生的起薪更高。回归结果（1）中理科生的起薪要比文科生要高9.29%，这可能与理科生从事的工作有关。回归结果（2）中分别控制了单位性质与行业类别，消除了因单位与行业带来的工资差异，理科生仍比文科生高8.34%。已有研究认为语言能力对薪资产生溢价作用，在回归结果（3）中加入了标准化高考语文成绩与标准化高考英语成绩，结果符合预期，这两个变量对起薪产生显著提升作用，同时我们发现文理科的影响被增强，回归系数明显增大，理科生的工资溢价要比文科生高出10.1%。这说明，高考语文与英语成绩所代表的语言能力与文科生具备的素质相关，由于语言能力变量的增加，减弱了原本文科生拥有的能力特征所带来的工资溢价。这里我们认为理科生相比于文科生，拥有非语言形式的其他能力，而这种能力恰恰能够得到劳动力市场的认可。

上文研究也已证实，文科生毕业更愿意读研深造。样本中，2784名理科生有1224人参加工作并获取工资，就业比例为43.97%；1842名文科生有779人参加工作并获取工资，就业比例为42.29%，所以这部分群体的就业起薪确实可能导致典型的样本选择偏差。回归结果（4）呈现的是采用赫克曼两步法纠正后的各项系数，结果显示逆米尔斯比率不显著，说明样本不存在选择性偏误，结果不需要进行校正。

上述结果表明，虽然理科生在大学期间的诸多表现不如文科生，但是并不意味他们能力较低，只是大学期间没有找到能够准确评价理科生能力的指标与方式，他们的能力可以通过就业薪酬有效检验。此外，性别、招生方式、高考成绩、学生干部、家庭年收入、大学学业以及专业类型等变量显著地影响就业起薪，这些因素的影响机制不是本章的研究重点，故不再赘述。

表 1-4　文理分科对学生就业薪酬的影响

对就业起薪的影响	（1）	（2）	（3）	（4） 赫克曼两步估计法
文理科	0.0929**	0.0834*	0.101**	0.101**
	（0.0435）	（0.0433）	（0.0437）	（0.0436）
性别	0.0956***	0.119***	0.143***	0.143***
	（0.0341）	（0.0340）	（0.0347）	（0.0342）
招生方式	0.108	0.144*	0.139*	0.139*
	（0.0746）	（0.0736）	（0.0747）	（0.0735）
标准化高考成绩	0.134***	0.112***	0.0596**	0.0596**
	（0.0199）	（0.0200）	（0.0258）	（0.0254）
标准化高考语文成绩	—	—	0.0540**	0.0540**
	—	—	（0.0238）	（0.0234）
标准化高考英语成绩	—	—	0.0451*	0.0451*
	—	—	（0.0235）	（0.0231）
高中类型	0.122***	0.125***	0.111***	0.111***
	（0.0421）	（0.0415）	（0.0419）	（0.0411）
政治面貌	−0.0412	−0.0235	−0.0290	−0.0289
	（0.0362）	（0.0360）	（0.0362）	（0.0356）
学生干部	0.0580*	0.0555*	0.0571*	0.0571*
	（0.0317）	（0.0314）	（0.0315）	（0.0310）
2008 级	0.283***	0.262***	0.253***	0.253***
	（0.0319）	（0.0316）	（0.0322）	（0.0318）
户籍	0.0107	−0.00342	−0.00734	−0.00731
	（0.0371）	（0.0365）	（0.0367）	（0.0361）
家庭年收入	0.0332***	0.0316***	0.0305***	0.0305***
	（0.0108）	（0.0106）	（0.0106）	（0.0104）
父亲受教育水平	0.00315	−0.00598	−0.0159	−0.0159
	（0.0415）	（0.0409）	（0.0410）	（0.0403）

续表

对就业起薪的影响	（1）	（2）	（3）	（4） 赫克曼两步估计法
母亲受教育水平	0.0544	0.0620	0.0576	0.0576
	（0.0441）	（0.0432）	（0.0433）	（0.0426）
大学学业排名	−0.294***	−0.255***	−0.00592	−0.00587
	（0.0796）	（0.0786）	（0.0389）	（0.0383）
高校层次	−0.00311	−0.000453	−0.259***	−0.259***
	（0.0377）	（0.0381）	（0.0795）	（0.0782）
专业类型	−0.0990***	−0.0901**	−0.0860**	−0.0860**
	（0.0379）	（0.0398）	（0.0400）	（0.0394）
单位性质	—	是	是	是
行业类别	—	是	是	是
常数项	8.032***	7.909***	7.931***	7.931***
	（0.0741）	（0.0929）	（0.0934）	（0.0918）
逆米尔斯比率	—	—	—	−0.0125
	—	—	—	（0.604）
样本量	1312	1312	1300	2811
R^2	0.147	0.209	0.213	—

注：括号内为标准误，*** $p<0.01$，** $p<0.05$，* $p<0.1$。

表 1-5 是文理分科对学生工作行业、就业单位、工作岗位及留京情况的回归分析，由于各指标较多，本书选取部分回归结果进行讨论。从选择行业来看，理科生更倾向选择建筑业、批发和零售业、金融业、居民服务和其他服务业等，而文科生更愿意选择教育行业；从就业单位性质来说，理科生更多地进入国有企业及外资、港澳台资或合资企业工作，而文科生更愿意选择学校工作，与其进入的行业相吻合；从工作岗位来看，理科生更多成为专业技术人员，而文科生成为文、体、艺工作者；在留京问题上，文理科学生没有什么显著差异。上述结果表明文理分科对学生的就业选择有一定影响，在部分行业、单位及岗位的选择上有显著差异。理科生选择的行业、单位及工作与其体现的非语言能力有关，部分解释了理科生表现出的技术能力，而文科生更倾向选择教育行业，进入学校一类的机构，从事文、体、艺相关工作。

表1-5 文理分科对工作行业、就业单位、工作岗位及留京的影响

变量	(1)	(2)	(3)	(4)	(5)	(6)	(7)	(8)	(9)	(10)	(11)
				行业类别			单位性质		工作岗位		
	建筑业	批发和零售业	金融业	居民服务和其他服务业	教育	国有企业❶	外资、港澳合资或合资企业	学校	专业技术人员	文、体、艺工作者	留京
文理科	2.034***	0.782**	0.390**	0.574*	-1.023***	0.364*	0.381*	-1.572***	0.705***	-0.736**	0.187
	(0.627)	(0.341)	(0.173)	(0.341)	(0.276)	(0.188)	(0.205)	(0.501)	(0.234)	(0.372)	(0.185)
性别	0.338	-0.102	-0.0580	-0.196	-0.335	-0.0366	-0.642***	-0.495	0.501***	-0.200	-0.297**
	(0.305)	(0.276)	(0.162)	(0.285)	(0.221)	(0.145)	(0.165)	(0.344)	(0.146)	(0.328)	(0.142)
招生方式	1.100*	0.564	0.355	-0.289	0.0800	0.225	-1.038**	-0.391	0.181	0.515	0.215
	(0.652)	(0.575)	(0.313)	(0.751)	(0.436)	(0.309)	(0.489)	(0.702)	(0.328)	(0.495)	(0.277)
标准化高考成绩	0.00865	-0.355**	0.278***	-0.118	0.0218	-0.0101	0.189*	-0.105	0.195**	0.0844	-0.186**
	(0.184)	(0.138)	(0.0976)	(0.157)	(0.126)	(0.0882)	(0.105)	(0.202)	(0.0962)	(0.186)	(0.0867)
高中类型	0.0761	-0.402	-0.161	-0.417	-0.118	-0.0940	0.165	-0.0929	0.351*	0.0130	-1.003***
	(0.361)	(0.303)	(0.210)	(0.323)	(0.274)	(0.183)	(0.221)	(0.439)	(0.201)	(0.484)	(0.228)
政治面貌	0.338	-0.100	0.0274	-0.0883	-0.00650	0.202	-0.453***	-0.384	-0.347**	-0.261	0.289**
	(0.322)	(0.309)	(0.165)	(0.305)	(0.223)	(0.150)	(0.175)	(0.348)	(0.155)	(0.325)	(0.146)
学生干部	0.0519	0.157	0.250*	-0.0745	0.0774	0.0631	-0.0918	-0.286	-0.0766	0.488	-0.0106
	(0.279)	(0.258)	(0.151)	(0.264)	(0.203)	(0.135)	(0.150)	(0.319)	(0.136)	(0.318)	(0.132)
2008级	-0.195	-0.200	0.0797	-0.526*	-0.500**	-0.114	-0.426**	-0.173	-0.369**	-0.257	-0.295**
	(0.300)	(0.276)	(0.161)	(0.304)	(0.234)	(0.145)	(0.170)	(0.385)	(0.155)	(0.363)	(0.149)
户籍	-0.194	-0.0332	0.146	-0.149	-0.416*	-0.0710	0.391**	-0.0726	-0.290*	0.611	0.155
	(0.307)	(0.291)	(0.183)	(0.301)	(0.241)	(0.156)	(0.177)	(0.366)	(0.154)	(0.408)	(0.150)

❶ CEPS中国有企业类别为除央企外的其他国有企业单位。

续表

变量	行业类别					单位性质			工作岗位		
	（1）建筑业	（2）批发和零售业	（3）金融业	（4）居民服务和其他服务业	（5）教育	（6）国有企业①	（7）外资、港澳合资或合资企业	（8）学校	（9）专业技术人员	（10）文、体、艺工作者	（11）留京
家庭年收入	-0.0731 (0.113)	0.0551 (0.0688)	0.0546 (0.0358)	-0.0140 (0.0762)	-0.0752 (0.0587)	0.0704** (0.0334)	0.0286 (0.0366)	-0.0645 (0.0859)	-0.0562 (0.0393)	0.000714 (0.0675)	0.0979*** (0.0348)
父亲受教育水平	-0.523 (0.399)	-0.623* (0.354)	0.308 (0.189)	-0.157 (0.348)	0.265 (0.269)	0.0817 (0.173)	0.0501 (0.190)	-0.447 (0.436)	0.0807 (0.179)	0.409 (0.375)	-0.0169 (0.173)
母亲受教育水平	-0.0319 (0.441)	0.0451 (0.372)	-0.195 (0.196)	-0.0137 (0.373)	0.124 (0.279)	-0.0526 (0.182)	-0.206 (0.202)	0.617 (0.448)	0.279 (0.190)	-0.651* (0.379)	0.201 (0.183)
大学学业排名	1.180 (0.724)	0.926 (0.657)	0.199 (0.374)	0.323 (0.658)	0.245 (0.506)	0.633* (0.344)	-0.621 (0.380)	-1.850** (0.796)	-1.018*** (0.346)	-0.694 (0.771)	-0.0383 (0.326)
高校层次	-1.504*** (0.385)	-0.319 (0.308)	-0.489*** (0.179)	-0.211 (0.310)	-0.0874 (0.236)	-0.180 (0.165)	-0.0360 (0.185)	0.0883 (0.376)	0.0798 (0.171)	0.805** (0.372)	-1.416*** (0.164)
专业类型	-0.384 (0.302)	-0.909*** (0.289)	-1.521*** (0.179)	-0.759** (0.298)	0.204 (0.278)	-0.0923 (0.166)	-0.254 (0.187)	0.801 (0.487)	0.892*** (0.172)	-0.581 (0.388)	-0.139 (0.170)
单位性质	—	—	—	—	—	—	—	—	是	是	是
行业类别	—	—	—	—	—	是	是	是	是	是	是
常数项	-4.693*** (0.822)	-3.216*** (0.586)	-1.345*** (0.337)	-2.425*** (0.573)	-1.301*** (0.437)	-2.108*** (0.331)	-1.506*** (0.366)	-1.118 (0.688)	-2.139*** (0.355)	-3.205*** (0.765)	2.267*** (0.343)
样本量	1530	1530	1530	1530	1530	1613	1553	1032	1561	1061	1649
R^2	0.1042	0.0673	0.0880	0.0323	0.0414	0.0993	0.0935	0.3668	0.1761	0.4472	0.1815

注：括号内为标准误，*** $p<0.01$，** $p<0.05$，* $p<0.1$。

综上，从就业发展来看，高中阶段的文理分科对学生就业发挥较大影响，理科生的就业起薪要比文科生高 8%~10%，理科生更被劳动力市场所认可。在就业选择方面，进入的行业、选择的单位及工作岗位的区别也体现出文理科学生存在的能力差异。

第五节　总结与讨论

本章基于"首都大学生成长追踪调查"数据，具体分析了高中阶段的文理分科对学生未来成长发展的影响，特别是他们在大学期间的各方面表现及就业情况。研究得到以下结论。

首先，文理科学生具备差异化的能力素质，可以通过不同的方式加以检验。虽然文理科学生的大学学业排名没有明显区别。但是在大学英语六级成绩及其他综合表现，如成为党员、担任学生干部等方面，文科学生比理科学生更为积极主动。

其次，在未来选择方面，文科生更愿意读研究生，进一步深造，他们比理科生更坚定地选择读研的道路，更容易被国内外高校、科研院所录取。从某种程度而言，文科生大学期间比理科生表现得更为突出。

最后，在进入劳动力市场后，理科生的优势得以充分体现，他们的起薪要比文科生高 8%~10%。在剥离语言能力的情况下，文科生与理科生在薪酬上的差距更加明显。研究认为，相对的语言能力是文科生所具备的能力特征，而理科生在剔除语言能力之外的相对能力能够得到劳动力市场检验，产生就业起薪的工资溢价。此外，文理科学生在选择行业、单位及工作岗位时仍有所差异。

需要说明的是，本章探究的重点在于文理科学生在大学期间及就业发展方面存在的差异，也是对文理分科研究的初步探索。未来我们还将进一步探讨学生文理分科选择的原因，以及文理分科对学生能力和发展产生作用的机制。

虽然 2017 年高考改革试点省份的考试中不再设置文理分科的考试形式，但是正如许多学者认为的，文理分科有其合理性。许多学生、家长乃至学校仍将继续保持以文理科为导向的课程选择、教学和学习。毕竟长期以来中学文理分科被认可，成为一种兴趣和能力选择方式。所以，在未来很长一段时间里，文理分科依然会"名亡实存"，还有待深入研究。

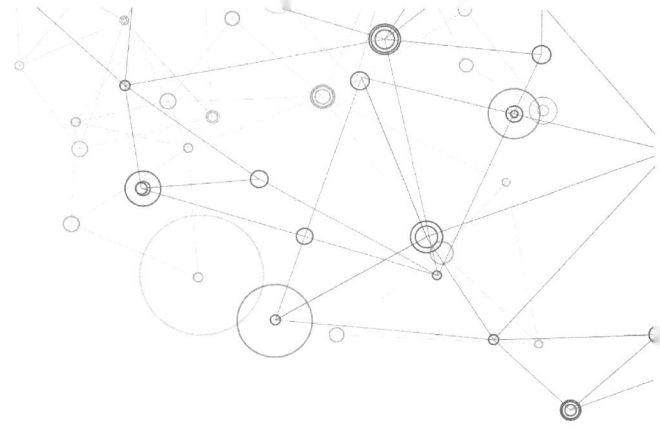

第二章　复读经历对生涯发展的影响 *

第一节　复读经历选择的相关背景

复读还是不复读，这是许多学生高考之后要面对的抉择。有人因为高考落榜而选择复读；有人即使高考获得高分，但因没有考上理想大学而复读；还有人甚至上了大学，却由于各种原因退学复读，再次参加高考。根据已有文献的统计数据显示，2002—2006 年，年均复读人数达 210 万人，5 年间共计 1000 多万人（米红和徐益能，2006），2007 年往届生人数为 289 万人，占当年考生的 28.6%。❶ 随着近年高考改革的逐步实施，有报道称高考复读市场有了新的活跃迹象，如 2017 年浙江省准备复读的学生人数明显增加，高分学生复读更是增长一倍。❷

复读是学生高中时期重要的教育选择，可能会对他们高中后的生涯发展产生影响，这其中包括大学学涯与就业职涯。舒伯（Super，1976）提出生涯发展理论，他认为生涯是终人一生不同时期不同角色的组合，个体生涯发展是由生命广度和生活空间交织而成的一个复杂过程。学生从高中进

＊ 本章主要内容发表于《教育与经济》2019 年第 2 期，此处有删改。

❶ 雷宇. 复读怪圈加剧高考惨烈度［N］. 中国青年报，2007-08-05.

❷ 梁建伟. 考了 631 分还不甘心高分复读生比去年增加一倍［EB/OL］. http：//zjnews. zjol. com.cn/zjnews/201709/t20170905_4975716. shtml.2017-09-05/2017-09-10.

入大学需要进行角色转换，影响了他们的大学学业乃至未来在社会中的发展（李颖和高春娣，2017）。有研究发现家庭环境、个人性格、心理健康等因素对大学生生涯发展存在显著影响（Whiston and Keller，2004；李栩等，2013）。另一方面，经济学家们认为个人的教育选择能直接影响生涯发展，因此进行了最优化教育选择问题的研究。教育作为重要的人力资本投资选择，可以扭转或弥补原本劣势条件带来的发展差异，如残疾、城乡等因素对就业选择与收入的影响（邢芸和汪斯斯，2016；方超和黄斌，2017）。还有学者研究了更为具体的教育选择如学费、奖学金、高中文理分科等对学生学习或就业的影响（Fuller et al.，1982；崔盛等，2017）。

现有对复读的研究主要从复读产生的原因及其合理性等宏观层面或复读对高中生的微观影响两方面入手。有研究认为复读是高考政策偏差、社会人才观念、学校利益驱动以及考生博弈心理的产物（刘婷和尧新瑜，2010），此类研究对复读持批判态度，认为复读是对有限教育资源的浪费（张克新和朱成科，2007）。但也有学者认为高考复读是考生规避考试风险，追求受教育机会的一种策略（符太胜和王培芳，2006），反映了国民对教育的认识和需求程度正在逐渐提高（邱纪香和康玉唐，2012），是对"一考定终身"的必要补充和修正（邓建生，2002）。而对于复读的微观实证研究主要集中在高三复读学生的心理健康方面，复读生与应届生最大的区别在于已经经历过高考，他们的心态和精神压力有着明显的差异（赵勇和陈卫，2012）。有研究发现复读生普遍存在压力大、抑郁焦虑程度高等症状，他们缺乏自信，自尊程度低，甚至容易产生人际关系淡漠等问题（封永昌和丁林，2007；王冲，2003），而学业压力、人际关系、家庭氛围和社会环境是影响复读生心理健康的主要因素，因此，他们需要更多关怀与干预（彭春妹等，2006；余欣欣，2008）。但也有研究认为在经历过高考失利后，复读生更懂得调节自身心理状态应对新的高考挑战，那些主动复读的学生心理得分更高（吴颢和肖蓉，2010），并且自我调节学习效能感更强（伏平，2013）。

综上所述，以往对复读生的研究大多集中在复读宏观层面的思辨讨论，很少采用实证研究方法，缺乏定量数据的支持；而在微观层面的实证研究也仅是针对高三复读学生的调查分析，更多关注的是复读的短期影响。可以确定是，复读经历对学生心理健康方面产生了显著的影响，这些影响很可能伴随学生进入大学阶段，并进一步影响他们在大学的表现，乃至未来的人生发展。所以，本章拟探讨高中复读经历究竟是否影响了学生的生涯发展？复读生在高中后的学涯与职涯表现是否与非复读生存在差异？以此来解释复读经历可能存在的长期影响，进一步揭示复读的作用机制，为学生的复读选择提供参考与建议。

第二节　复读经历选择的原因与现状

从复读的实质来看，学生通过再次的学习，投入更多的时间与精力换取多次的高考机会，期望达成既定的高考目标。有研究发现越来越多的学生，特别是农村学生形成一种观念，只有通过复读才能实现接受高等教育的梦想，而就业市场的激烈竞争和社会用人观念存在的偏差，更是从外部强化了高等教育质量差异性的牵引作用，促使选择复读来坚守高考目标的学生越来越多。可见，从教育选择对学生生涯的影响来研究复读的长期作用具有重要的指导意义，分析复读是否是一种有利于学生长远发展的最优教育策略。

研究样本中（如表 2–1 所示），复读生有 401 人，非复读生有 2072 人。其中，复读生男生比例较高，理科生比例较高，但是他们就读于重点中学的比例低于非复读生群体。从标准化高考成绩来看，复读生为 –0.240，明显比非复读生要低。从家庭条件来看，复读生中农村学生的比例为 47.1%，比非复读生高出 25.0 个百分点，他们的家庭年收入为 6.112 万元，比非复读生低 4.825 万元，复读生的父母亲接受高等教育比例分别为 35.2% 及 25.9%，比非复读生父母分别相差 23.3 个百分点与 26.4 个百分点。从两类学生的大学情况来看，非复读生通过自主招生入学的比例更高，就读于"985""211"工程大学的比例更高，而复读生中担任学生干部或是党员的比例更高，另外两类学生大学专业类型差异不大。从就业薪酬来看，复读生平均就业薪酬为4844.161元，而非复读生为5426.464元，两类群体相差582.303元，差距明显。

表2-1　复读生与非复读生的描述统计

变量	复读生					非复读生				
	样本量	均值	标准差	最小值	最大值	样本量	均值	标准差	最小值	最大值
性别（男=1）	401	0.561	0.497	0	1	2072	0.522	0.500	0	1
文理科（理科=1）	376	0.761	0.427	0	1	1946	0.737	0.440	0	1
高中类型（省重点及以上=1）	401	0.848	0.360	0	1	2072	0.904	0.295	0	1
高考成绩（标准化）	399	-0.240	1.132	-7.827	1.718	1915	0.009	0.974	-4.593	6.095
户籍（城镇=1）	399	0.529	0.500	0	1	2061	0.779	0.415	0	1
家庭年收入（万元）	401	6.112	10.305	0.150	110.000	2067	10.937	17.828	0.000	336.667
父亲受教育水平（是=1）	401	0.352	0.478	0	1	2072	0.585	0.493	0	1
母亲受教育水平（是=1）	401	0.249	0.433	0	1	2072	0.513	0.500	0	1
大学学业成绩	401	0.463	0.225	0.025	1.000	2057	0.443	0.226	0.022	1.000
招生方式（自主招生=1）	401	0.065	0.247	0	1	2072	0.118	0.322	0	1
学生干部（是=1）	401	0.681	0.467	0	1	2072	0.667	0.471	0	1
政治面貌（党员=1）	369	0.396	0.490	0	1	1901	0.351	0.477	0	1
大学层次（"985""211"=1）	401	0.554	0.498	0	1	2072	0.676	0.468	0	1
专业类型（理工农医=1）	401	0.524	0.500	0	1	2072	0.525	0.500	0	1
就业薪酬（元）	118	4844.161	3150.070	11	25 000	476	5426.464	4887.486	0	60 000

第三节　复读经历对生涯发展的具体影响

一、复读经历对学生学涯的影响

研究选取大学学业成绩、学生干部任职、入党、大学期间获奖情况、计算机证书与专业资格证书的获得情况来评价大学生的学涯发展，以此来分析复读经历对学生学涯的影响。其中，大学学业成绩是反映学生大学学习水平的最好工具，本章采用多元线性回归模型进行探究，模型如（2.1）和（2.2）。

$$\text{Ranking}_{i,t} = \beta_0 + \beta_1 \text{Restudy}_{i,t} + \beta_k X_{k,i,t} + \varepsilon_i \tag{2.1}$$

$$\text{Performance}_{i,t} = \beta_0 + \beta_1 \text{Restudy}_i + \beta_k X_{k,i} + \varepsilon_i \tag{2.2}$$

在模型（2.1）中，因变量为大学学业排名（Ranking），需要指出的是，BCSPS 调查中以学生的学业排名来反映大学学业成绩，本章对其标准化处理，即用排名除以本班人数作为相对学业排名，以此解决学生样本来源不同学校学分绩点标准难以统一的问题，相对学业排名数值越小意味着排名越靠前，学业成绩更好。在不同回归方程中分别为各年学业排名及大学四年平均学业排名。

核心自变量为是否有复读经历（Restudy，是 =1），i 表示学生个体，t 表示年级（时间），k 代表不同的控制变量，具体分为个体特征变量、家庭背景变量、大学相关变量三部分。其中，个体特征变量包括性别（男 =1）、高中文理科（理科 =1）、高中类型（省重点及以上 =1）与标准化高考成绩。需要特别注意的是，本研究对学生高考成绩进行标准化处理，将各试卷体系的分数（包括原始分、标准分）转换为高考满分 750 分的原始分系统，统一分数的范围，再对处理过的原始分进行 Z 分数处理，转换为分析使用的标准化高考成绩，给出每个学生在样本群体中的相对位置，借此判断学生成绩的相对优劣。同时，本研究控制了以户籍（城镇 =1）、家庭年收入（取对数处理）、父亲及母亲受教育水平（大专及以上 =1）为代表的家庭背景变量，以及以招生方式（自主招生 =1）、学生干部（是 =1）、政治面貌（党员 =1）、大学层次（"985""211"高校 =1）及专业类型（理工农医 =1）为代表的大学相关变量。

而在模型 2.2 中，本研究采用 logit 回归对学生大学期间是否担任学生干部、是否入党、是否获奖、是否获得计算机证书与专业资格证书进行分析，通过这五个方面来综合评价复读经历对学生学涯的影响。除了在大学相关变量中不再控制学生干部与政治面貌外，其余控制变量与 2.1 相同。

从表 2-2 的回归结果来看，复读经历对学生的大学学业成绩存在显著的负向影响，特别是对大二、大三成绩及平均学业成绩的作用尤为显著，从大学平均学业排名来看，复读生要比非复读生低 0.0217。在控制了学生个体、家庭及大学相关变量的情况下，复读生的大学学业成绩依然比非复读生更低，说明复读经历对大学学习产生消极作用。

表 2-2　复读经历对学生大学成绩的影响

变量	（1） 大一学业	（2） 大二学业	（3） 大三学业	（4） 大四学业	（5） 大学平均学业
复读	0.016	0.028**	0.024*	0.015	0.022*
	（0.014）	（0.014）	（0.014）	（0.014）	（0.013）
性别	0.070***	0.087***	0.097***	0.102***	0.077***
	（0.011）	（0.011）	（0.011）	（0.011）	（0.010）
文理分科	−0.039**	−0.024	−0.038**	−0.049***	−0.034**
	（0.016）	（0.015）	（0.015）	（0.015）	（0.014）
高中类型	−0.055***	−0.065***	−0.037**	−0.023	−0.058***
	（0.018）	（0.017）	（0.017）	（0.018）	（0.016）
高考成绩	−0.019***	−0.003	−0.006	−0.004	−0.010
	（0.007）	（0.007）	（0.007）	（0.007）	（0.006）
户籍	0.022	0.023*	0.011	0.022	0.022*
	（0.014）	（0.014）	（0.014）	（0.014）	（0.013）

续表

变量	（1）大一学业	（2）大二学业	（3）大三学业	（4）大四学业	（5）大学平均学业
家庭年收入	0.005	0.022***	0.015***	0.010*	0.012*
	（0.006）	（0.006）	（0.006）	（0.006）	（0.006）
父亲受教育水平	0.002	−0.009	−0.009	−0.028*	−0.005
	（0.015）	（0.014）	（0.015）	（0.015）	（0.014）
母亲受教育水平	−0.012	−0.021	−0.016	0.001	−0.021
	（0.015）	（0.014）	（0.014）	（0.015）	（0.014）
招生方式	−0.023	−0.023	−0.020	−0.021	−0.020
	（0.018）	（0.017）	（0.017）	（0.017）	（0.016）
学生干部	−0.065***	−0.069***	−0.061***	−0.040***	−0.036***
	（0.011）	（0.010）	（0.010）	（0.010）	（0.010）
政治面貌	−0.023	−0.093***	−0.112***	−0.120***	−0.112***
	（0.020）	（0.015）	（0.012）	（0.011）	（0.010）
大学层次	0.017	−0.004	0.014	0.023*	0.011
	（0.013）	（0.013）	（0.013）	（0.013）	（0.012）
专业类型	0.019	0.005	0.017	0.015	0.009
	（0.014）	（0.013）	（0.014）	（0.014）	（0.013）
常数项	0.478***	0.471***	0.449***	0.424***	0.508***
	（0.023）	（0.023）	（0.023）	（0.024）	（0.022）
样本量	2047	2109	2043	1977	2034
R^2	0.056	0.103	0.124	0.125	0.124

注：括号内为标准误，*** $p<0.01$，** $p<0.05$，* $p<0.1$。

除了学业成绩之外，复读经历是否对学生大学期间的综合表现产生影响？从表2-3的结果中可以看出复读经历的作用并不显著，可见在担任学生干部、入党、获奖、考计算机证书与专业资格证书方面，复读生与非复读生没有明显差异。

表2-3　复读经历对学生综合表现的影响

变量	（1）学生干部	（2）入党	（3）获奖	（4）计算机证书	（5）专业资格证书
复读	0.086	0.124	−0.199	−0.014	−0.111
	（0.128）	（0.129）	（0.142）	（0.161）	（0.216）

变量	（1）学生干部	（2）入党	（3）获奖	（4）计算机证书	（5）专业资格证书
控制变量	是	是	是	是	是
常数项	0.721***	−0.064	1.559***	−2.169***	−1.318***
	（0.208）	（0.223）	（0.232）	（0.285）	（0.308）
样本量	2,169	2,041	2,169	2,169	2,169
R^2	0.026	0.036	0.030	0.037	0.082

注：括号内为标准误，*** $p<0.01$，** $p<0.05$，* $p<0.1$。

综上，复读经历对学生的大学学涯存在一定的负面作用，集中表现在学习成绩方面，但并不显著影响学习之外的其他表现。从复读经历对四年成绩的影响趋势来看，消极影响逐渐降低。那么，复读的作用在学生大四时出现的明显变化是否会持续影响他们的就业？

二、复读经历对学生职涯的影响

学生到了大四，重心无疑从学习转移到了就业上。本研究选取学生的毕业选择与就业准备情况来评价学生职涯发展，如是否被院校录取为研究生、是否决定读研以及是否参与实习、收到笔面试机会与录用机会的数量、是否留京等指标，其中对笔面试机会与录用机会数量采用多元线性回归分析，其他因变量采用 logit 回归分析，控制变量与模型 2.2 相同。

此外，从对大学生职涯的评价来说，最能反映他们就业相对质量的就是就业薪酬，所以本研究采用多元线性回归对学生初次进入劳动力市场的就业薪酬进行分析，以探究复读经历是否对学生的职涯产生影响。模型如（2.3）。

$$\ln \text{Wage}_i = \beta_0 + \beta_1 \text{Restudy}_i + \beta_k X_{k,i} + \varepsilon_i \qquad （2.3）$$

在模型（2.3）中，因变量为学生第一年的就业薪酬（Wage，取对数处理），lnWage 越大意味薪酬越高。核心自变量为是否有复读经历，控制变量在模型（2.1）的基础上额外控制大学学业成绩以及就业相关变量，包括就业的单位性质（如党政机关、国企、民营企业等）和行业类别（如金融业、房地产业、制造业、信息传输与计算机业等）。

　　从表 2-4 学生的职涯选择表现来看，复读生与非复读生的表现没有明显的差异，若仅从回归系数来看，复读生被院校录取为研究生的概率更高、更多地参与实习、获得了更多的录用机会，但是他们选择读研的概率更低、获得笔面试机会更少、留京的概率更低。

表 2-4　复读经历对学生毕业选择及就业准备的影响

变量	（1） 院校录取	（2） 读研	（4） 实习	（5） 笔面试机会	（6） 录用机会	（2） 留京
复读	0.089	−0.001	0.209	−0.285	0.207	−0.094
	（0.150）	（0.146）	（0.161）	（0.391）	（0.231）	（0.287）
控制变量	是	是	是	是	是	是
常数项	−0.479	−0.768**	2.039***	4.246***	1.150**	2.759***
	（0.324）	（0.301）	（0.325）	（0.864）	（0.448）	（0.632）
样本量	1978	1978	2013	1051	1051	540
R^2	0.176	0.199	0.091	0.121	0.048	0.172

注：括号内为标准误，*** $p<0.01$，** $p<0.05$，* $p<0.1$。

　　而从表 2-5 复读经历对就业薪酬的影响中，研究发现在不同控制变量的情况下，复读生与非复读生的薪酬差异并不明显，与毕业选择的结果类似。仅从回归系数来看，复读经历对学生的就业薪酬产生了负向影响，但这种作用并不显著。

表 2-5　复读经历对学生就业薪酬的影响

变量	（1）	（2）	（3）	（4）	（5）	（6）
复读	−0.103	−0.092	−0.059	−0.097	−0.069	−0.078
	（0.065）	（0.065）	（0.066）	（0.065）	（0.066）	（0.067）
个体控制变量	—	是	—	—	—	是

变量	（1）	（2）	（3）	（4）	（5）	（6）
家庭控制变量	—	—	是	—	—	是
大学控制变量	—	—	—	是	—	是
就业控制变量	—	—	—	—	是	是
常数项	8.418***	8.253***	8.156***	8.431***	8.352***	8.076***
	（0.029）	（0.085）	（0.067）	（0.090）	（0.098）	（0.171）
样本量	592	549	586	581	592	535
R^2	0.004	0.056	0.052	0.050	0.097	0.203

注：括号内为标准误，*** $p<0.01$，** $p<0.05$，* $p<0.1$。

综上所述，复读经历对学生大学职涯的表现与发展没有明显影响，从就业准备、就业选择与进入劳动力市场后的薪酬情况来看，复读生与非复读生无异。实际上复读与否并不会体现在用人单位的招聘标准中，这一结论符合实际情况。从实证结果来看，复读经历更多地对大学期间学生的学习产生负面影响。那么，复读生考上了大学，说明他们通过了高考的检验，但是他们大学的学习表现不佳，其中的成因又是什么？

第四节　复读经历对生涯发展影响机制的探讨

通过已有文献可以知道，复读经历对高三学生的心理健康产生显著的影响，特别是他们存在的一些心理健康问题。那么学生在进入大学后，复读经历是否依然对他们的心理健康产生负面作用？

在 BCSPS 的调查数据中使用洛维邦等人（Lovibond et al.，1995）编制的 DASS 量表（Depression Anxiety Stress Scale）测量学生的抑郁、焦虑和压力水平，量表包括 42 条陈述过去一周心理感受的语句，每条语句分值为 0~3 分，得分越高意味着相应心理问题越严重（Lovibond and

Lovibond，1995）；采用罗森博格（Rosenberg，1965）编制的自尊量表（Self–Esteem Scale）来测量学生的自尊水平，量表由 10 条陈述句构成，每条分值为 1~5 分，得分越高说明自尊水平越高（Rosenberg，1965）；采用学生评价个人与宿舍同学、本班同学、本班外同学的人际交往评分作为人际关系的评价参考，每题分值为 1~5 分，得分越高说明与相关人群的人际关系更好。本章采用这三组得分作为评价学生心理健康程度的依据，并展开进一步探究。

一、复读经历对心理健康的影响

研究采用多元线性回归来分析复读经历对学生心理健康的影响。模型如（2.4）。

$$\text{Mental Health}_i = \beta_0 + \beta_1 \text{Restudy}_i + \beta_k X_{ki} + \varepsilon_i \qquad （2.4）$$

其中，因变量为学生大学期间心理健康的平均得分，包括抑郁、焦虑、压力、自尊与人际关系 5 个方面，核心自变量为是否有复读经历，控制变量与模型（2.1）一致。

从表 2-6 的回归结果来看，复读经历对学生大学期间的心理健康存在显著影响，特别是对于自尊与人际关系而言，复读经历具有显著的负向作用，复读生的自尊水平更低，人际关系评价也更低。虽然复读经历对抑郁、焦虑、压力没有显著的作用，但从回归系数来看复读生在这三方面的得分也更高，他们的心理健康状况不容乐观。可见，大学期间复读生依然存在一定的心理健康问题，即使复读只是对于高考而言，但复读经历给学生带来一种长期的心理影响，这种影响在复读生大学期间仍然存在。

表 2-6　复读经历对学生心理健康的影响

变量	（1）抑郁	（2）焦虑	（3）压力	（4）自尊	（5）人际关系
复读	0.467	0.360	0.556	−0.703**	−0.179*
	（0.331）	（0.291）	（0.357）	（0.310）	（0.099）
控制变量	是	是	是	是	是
常数项	9.377***	9.075***	12.940***	37.467***	10.328***
	（0.578）	（0.508）	（0.624）	（0.542）	（0.173）
样本量	2041	2041	2041	2041	2041
R^2	0.031	0.017	0.016	0.060	0.069

注：括号内为标准误，*** $p<0.01$，** $p<0.05$，* $p<0.1$。

二、复读生心理健康的变化趋势

复读经历对复读生大学期间的心理健康依然存在影响，但是随着他们大学的学习与成长，心理健康状况是可能发生改变的。图 2-1 反映的是大学四年不同类型学生在抑郁、焦虑与压力方面的得分变化，可以明显发现复读生的抑郁、焦虑与压力得分普遍高于非复读生，并且从大一到大三呈明显上升趋势（大三时存在显著差异，$p<0.1$）。可见，相比于非复读生，复读生的心理健康状况更糟糕。但是到大四时出现了一个明显的降低，且两类群体的差异也有所减弱（$p>0.1$），这与学生的重心从学习转向就业有关。

图 2-2 反映的是学生的自尊水平，可以明显发现复读生的自尊水平较低，体现在他们对自己的认同度不高，不够自信，复读生更容易面临自卑的心理问题，从回归结果也证实复读经历对学生的自尊水平存在显著负向影响。但是随着年级的增长，两类群体的差异也在缩小，由大一时相差 1.181 分且存在显著差异（$p<0.001$），缩小至大四时的相差 0.563 分（$p>0.1$）。

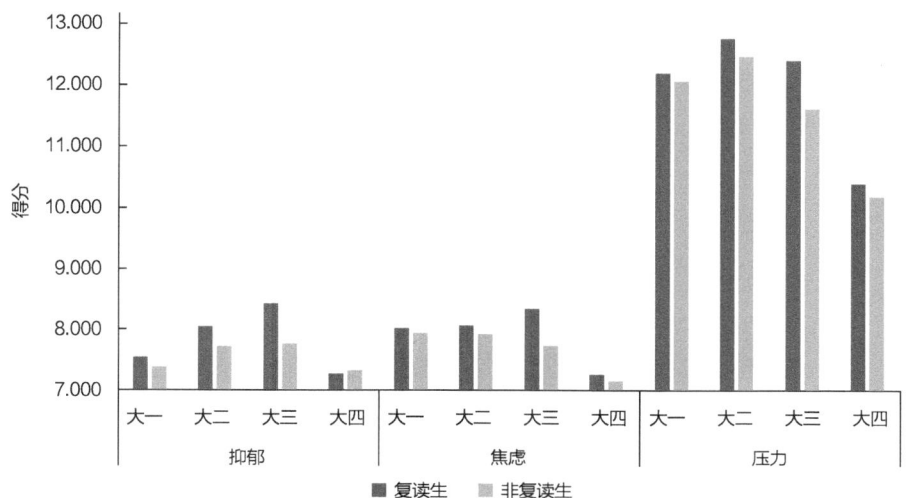

图 2-1 复读生与非复读生抑郁、焦虑、压力水平的比较

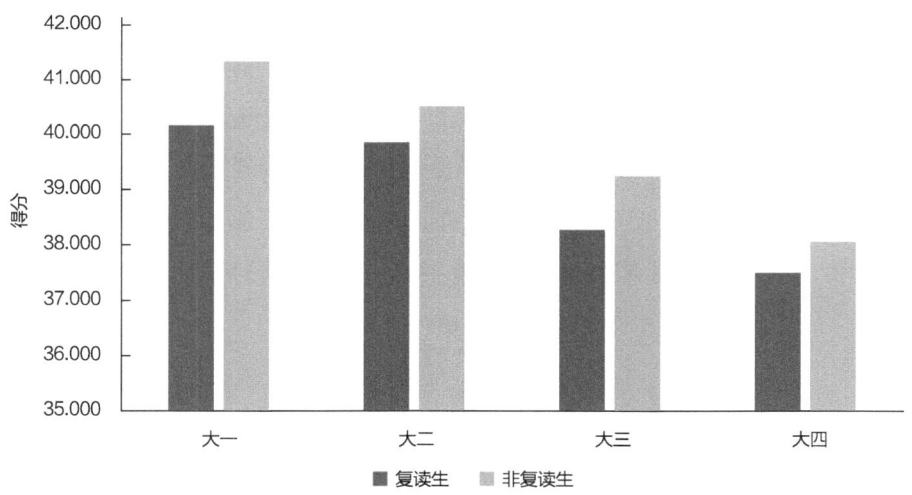

图 2-2 复读生与非复读生自尊水平的比较

而从复读生与非复读生大一、大四时的人际关系评价来看（如图 2-3 所示），并没有什么明显的区别，甚至复读生大一与同学的人际关系评价略高于非复读生，但是到了大四，非复读生对本班同学及班外同学的人际关系评价均有较大提升，而复读生却有所下降。

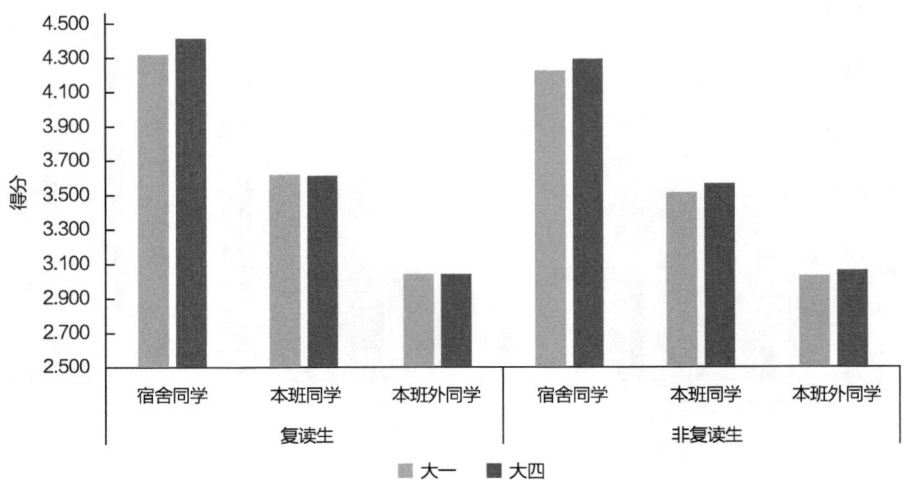

图 2-3　复读生与非复读生人际关系水平的比较

　　综上，从复读经历对学生心理健康的影响来看，研究发现复读生即使进入大学依然延续了高三时就已经存在的一些心理健康问题，他们的抑郁、压力、焦虑水平较高，自尊水平更低，并且复读经历对自尊与人际关系存在显著负效应。但随着大学四年的成长与发展，复读生的心理状态有所变化，部分心理健康指标有一定改善，大四时他们与非复读生在抑郁、焦虑、压力以及自尊水平的差异均有所减小。

三、复读生心理健康的中介影响

　　根据上文的实证结果，研究发现复读经历对学生的大学学业表现产生了显著的负向影响，复读生的学习成绩不如非复读生。在控制了相关变量的情况下，复读经历并没有对他们的综合表现以及就业发展产生明显的负面作用。可见，找到复读生大学学业表现不佳的原因便是找到能帮助他们实现良好过度的关键所在。同时，研究还发现复读生在大学期间依然存在一些心理健康问题。所以，结合本章引文中的探讨，似乎复读生进入大学后依然延续了高三复读时存在的两个特征：学习表现不佳与心理健康困扰。那么，这两者是否存在关联，心理健康水平是否就是影响复读生学业表现的核心因素？

　　参考相关文献，有研究证实心理健康对人的生涯发展产生巨大影响（俞国良和曾盼盼，2008），特别是有研究发现大学生心理健康水平会显著影响到他们的学习成绩（曾武 等，2003），学生可能因为自身经历等原因产生情绪低落，引发意志消沉，进而否定自我价值，导致他们对学习缺乏兴趣（沈永健 等，2006），严重的将产生学习失败等问题（李海星，2001）。结合已有文献与本章实证结果，心理健康水平影响学业表现是有一定的理论基础，而复读生在大学期间的心理健康依然受到复读经历的影响。那么，复读生的心理健康很可能就是解释其大学学业表现不佳的真正原因。所以，研究将 5 项心理健康测评指标加入不含复读经历变量的模型2.1 中，先检验心理健康机制对学生学业成绩的影响。

　　从表 2-7 的结果来看，心理健康机制对学习成绩存在显著的影响，抑郁水平越高、焦虑程度越高的学生成绩更差，而压力程度越高、自尊水平越高、人际关系评价越好的学生成绩更好，压力的作用与抑郁、焦虑相反。那么，在心理健康机制的干预下，复读经历的影响将如何变化？研究在上述模型中增加复读经历变量，并比对不同心理健康机制干预下，复读经历对学生大学学业成绩影响的差异。

表 2-7　心理健康机制对学生大学成绩的影响

变量	（1）	（2）	（3）	（4）	（5）	（6）
抑郁	0.011***	0.009***	—	—	—	—
	（0.001）	（0.001）	—	—	—	—
焦虑	0.005***	0.004**	—	—	—	—
	（0.002）	（0.002）	—	—	—	—
压力	−0.011***	−0.010***	—	—	—	—
	（0.001）	（0.002）	—	—	—	—

变量	（1）	（2）	（3）	（4）	（5）	（6）
自尊	—	—	-0.009***	-0.007***	—	—
	—	—	（0.001）	（0.001）	—	—
人际关系	—	—	—	—	-0.007***	-0.003
	—	—	—	—	（0.002）	（0.002）
控制变量	—	是	—	是	—	是
常数项	0.459***	0.530***	0.796***	0.765***	0.537***	0.551***
	（0.010）	（0.024）	（0.034）	（0.040）	（0.028）	（0.035）
样本量	2458	2034	2458	2034	2458	2034
R^2	0.038	0.147	0.042	0.145	0.004	0.123

注：括号内为标准误，*** $p<0.01$，** $p<0.05$，* $p<0.1$。

从表2-8的回归结果来看，在控制自尊、人际关系等心理机制影响下，复读经历对大学学业表现的影响被削弱，特别是在控制了自尊的情况下，复读经历对平均学业成绩没有显著作用，其回归系数也由0.022（表2-2结果5）降至0.017，降低22.7%。

表2-8　心理健康机制作用下复读经历对学生大学成绩的影响

变量	（1）	（2）	（3）	（4）	（5）
复读	0.022*	0.022*	0.017	0.021*	0.019
	（0.013）	（0.013）	（0.013）	（0.013）	（0.013）
抑郁	—	0.009***	—	—	0.003*
	—	（0.001）	—	—	（0.002）
焦虑	—	0.004**	—	—	0.004**
	—	（0.002）	—	—	（0.002）
压力	—	-0.010***	—	—	-0.009***
	—	（0.002）	—	—	（0.002）
自尊	—	—	-0.007***	—	-0.007***
	—	—	（0.001）	—	（0.001）
人际关系	—	—	—	-0.003	-0.001
	—	—	—	（0.002）	（0.002）
控制变量	是	是	是	是	是

变量	（1）	（2）	（3）	（4）	（5）
常数项	0.508***	0.523***	0.756***	0.542***	0.839***
	（0.022）	（0.024）	（0.041）	（0.036）	（0.062）
样本量	2034	2034	2034	2034	2034
R^2	0.124	0.148	0.146	0.124	0.163

注：括号内为标准误，*** $p<0.01$，** $p<0.05$，* $p<0.1$。

　　为了检验结果的稳健性，本章分学年再次检验复读经历对学生大学成绩的影响。从表2-9的结果来看，大部分回归结果中复读经历的影响被削弱。在控制所有心理机制的情况下，复读经历在各阶段均对学生的大学学业成绩没有显著影响，结果稳定。单独看不同心理机制的中介作用，自尊的效应最为明显，与表2-6复读经历显著影响学生自尊的结果相吻合。

表2-9　心理健康机制作用下复读经历对学生大学各年成绩的影响

变量	（1）大一学业	（2）大二学业	（3）大三学业	（4）大四学业	（5）大学平均学业
不控制	0.016	0.028**	0.024*	0.015	0.022*
	（0.014）	（0.014）	（0.014）	（0.014）	（0.013）
控制抑郁、压力、焦虑	0.016	0.024*	0.024*	0.016	0.022*
	（0.014）	（0.013）	（0.014）	（0.014）	（0.013）
控制自尊	0.012	0.025*	0.019	0.013	0.017
	（0.014）	（0.013）	（0.013）	（0.014）	（0.013）
控制人际关系	0.015	0.027**	0.022	0.014	0.021*
	（0.014）	（0.014）	（0.014）	（0.014）	（0.013）
控制所有心理机制	0.013	0.022	0.021	0.013	0.019
	（0.014）	（0.013）	（0.013）	（0.014）	（0.013）

注：括号内为标准误，*** $p<0.01$，** $p<0.05$，* $p<0.1$。

　　综上，复读经历既对学生的大学成绩产生直接作用，同时更多地通过学生的心理健康这种中介机制间接影响了他们的学业表现，特别是自尊的中介作用最强。梳理其复读的影响机制与过程，本研究认为复读生出于高考失利等原因，通过复读再次参加高考，但是在经历复读的过程中产生了一些心理问题，具体表现为自卑心态，复读生的自尊水平较低。复读后，他们即使考上了大学，依然不够自信，怀疑自己的学习能力，进而否定自己，对大学期间的学业表现产生负面影响。但是，好在复读经历并未对他们的综合表现与就业发展产生负面作用。所以，复读生想在大学阶段迈过复读这道"坎儿"，其关键在于调整自己的心态，恢复对学习的自信心，走出复读的"成绩阴影"。

第五节　总结与讨论

综上，本章通过首都大学生的实证数据探讨复读经历对学生生涯发展的影响。相比于以往实证研究只关注复读生的高中表现，本章揭示了复读经历可能存在的长期影响及其作用机制。

首先，本研究发现，复读经历对学生的生涯发展存在一定影响，主要是对学涯存在负面作用。复读生在大学期间的学业表现更差，但在担任学生干部、入党、获奖、考证等方面与非复读生没有显著差异。同时，从学生的就业准备、毕业选择与就业薪酬来看，复读生与非复读生也没有明显区别。可见，复读经历的影响更多地表现在学生的学习成绩上，这与复读的本质是吻合的。

其次，复读生在大学期间依然存在一些心理健康问题，特别反映在自尊与人际关系方面，但是随着年级的增长，复读生在抑郁、焦虑、压力等心理健康指标方面呈现好转趋势。

最后，本研究认为复读经历对复读生大学学业成绩造成的负面影响，一部分是通过心理健康机制产生的间接作用，其中自尊的中介效应最强。复读生的心理健康水平更低，导致他们在大学学业上的表现不够理想，但随着年级的增长，复读生的心理健康水平也有所改善，其学习成绩也有所提升。

　　当然，复读与否是学生高考后的最重要教育选择之一，不管出于什么样的原因复读，学生们都希望能够通过再一次的高考来获得更好的结果。对于复读生而言，他们花费的不仅仅是时间成本，更是给自己的身心带来了巨大的压力与考验，这种经历对他们的确会产生一定的负面效应。即使进入大学，复读经历的影响依然体现在学生的学习上。本章的研究结论是对复读生的重要参考，同时也是提醒广大高校教育工作者不能忽视对这一部分学生群体的心理辅导与学业辅导。

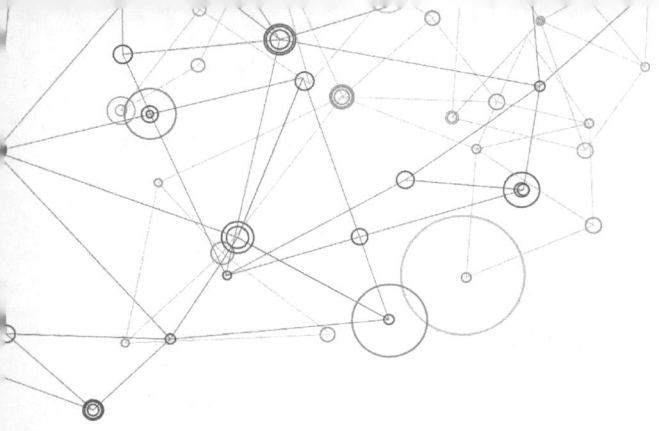

第三章　自主招生对生涯发展的影响*

第一节　自主招生政策的相关背景

相较于传统高考，自主招生的选拔环节分为材料初选、笔试、面试三个主要部分，更注重考生的专业知识、创新能力及综合素质。高校旨在通过这样一种自主、灵活的方式选拔一批优秀的人才，给予考生们更多发挥才华的空间和被录取的机会（吴秋翔 等，2016）。在这样一套复杂化、标准化及流程化的选拔方式下，通过自主招生的学生（以下简称"自招生"）理应比普通高考招收的学生（以下简称"普招生"）更加符合招生高校的需求。但是如何来检验自主招生的效果，这是众多学者关注的，主要集中在自招生的特征与入学后的表现两方面。

首先，自招生比起普招生而言有着显著的共同点，他们普遍是独生子女，出自重点中学，高中时期学业表现突出，成绩排名靠前，综合表现出色，有许多竞赛获奖；户口以城镇为主，比例高达80%，家庭多居住在大中城市，特别是集中在东部及中部经济发达地区；家庭经济条件普遍较好，拥有丰富社会关系及文化资本，特别是父亲的职业及教育层次较高

---

　　* 本章主要内容发表于《复旦教育论坛》2017 年第 2 期，此处有删改。

（荀振芳和汪庆华，2011；尹银 等，2014；鲍威，2012；汪庆华和荀振芳，2011）。但这部分研究只是描述了自招生和普招生在入学前的差异，是招生的结果，只能说明自招生在一些背景和外在因素上与普招生有差异，并不能检验出他们能力上的优势。

　　而从学生入校后的表现上来看，黄晓婷等比较某大学连续 5 届自招生与普招生发现，自招生大学第一年的自招生显著优于普招生（黄晓婷 等，2015）。不仅如此，还有学者发现自招生在高考成绩上也显著高于普招生（马磊 等，2009）。不过，李雄鹰的研究结果表示自招生的高考成绩和大学学业成绩都不如普招生，由于他们使用了加分的优惠政策才得以进入大学，所以他们大学的学业表现起初并不理想（李雄鹰，2013）。虽然各类研究都想归结到自招生拥有更强的学习能力，但大学学习成绩的差异并不能有效地说明自招生的学生有过人表现，单一就学习成绩来论自主招生的效果显然是不够充分的。

　　除学习成绩外，通过 9 所高校的数据发现，自招生具备更强的沟通和合作学习能力；具备更强的学术兴趣和学术自觉性；更倾向于"海外学习"等增加教育体验丰富程度（文雯和管浏斯，2011）。他们对学校的教育教学有更高的认知，并有更好的学习主动性；具有更良好的学习心理状态；具有更高的教育收获（文雯和管浏斯，2012）。同时，有学者发现自招生更乐于参与校园活动与社会实践，心理素质高于普招生，个人能力发展及认知等方面也表现出差异，有进一步深造学习的愿望（马磊，2009）。自招生对其就业前景更多地持乐观态度，期望获得更高层次的教育，计划出国留学的比例显著高于普招生（侯佳伟，2011）。这些研究结论能够丰富自招生的评价维度，并且找到了自招生的一些突出表现，逐步与自主招生选拔定位相结合。可是，由于这些评价指标大多是主观的评价，比起学习成绩来不够客观，缺乏说服力，相关结果过分依赖于样本群体的特征，所以这样的多角度评价方式也有所局限。

　　综上，受限于自主招生多样的选拔方式、研究选取的不同样本，仅仅用学业成绩和大学期间的综合表现来评价自招生的能力是不够的，不同学者通过实证研究得到的结论也各异。在这样的情况下，能否找到一个具有广泛适用性的评价方式来检验自主招生的效果？大学培养的人才最终都会进入劳动力市场，所以，是否可以用就业薪酬来检验自主招生的效果，是本章研究的重点所在。在以往研究中，对自招生就业的讨论仅关注学生在校期间的就业倾向与选择，缺乏对就业薪酬影响的实证研究。本章利用2006级和2008级本科学生样本数据进行研究分析，重新检验自招生与普招生的群体特征及大学期间的学业表现，同时利用就业薪酬从另一个角度检验自主招生的效果。

第二节　自主招生实施的基本情况

自主招生是为了适应创新人才培养和选才标准多样化的要求而产生，在以往的招生模式中增加了选择性与适应性，一定程度上弥补了高考的不足。目前具有自主招生资格的试点高校共计90所，其中北京大学、中国人民大学、清华大学等77所高校面向全国招生，另有北京工业大学、黑龙江大学等13所高校只在本省实行自主选拔。

从描述统计上来看（如表3-1所示），整体数据男女比例相当，城镇户籍比例达70%，学生近90%都来自省级及以上的重点高中，70%以上是理科生。其中，自招生在户籍、性别、文理分科、重点高中的比例与普招生没有太大差异，在父亲及母亲的受教育水平要高于普招生。从标准化高考成绩上来看，自招生却要比普招生低。从大学期间的表现上来说，自招生只是略微好于普招生，在政治面貌及学生干部担任上也没有显著优势。但是从就业薪酬上而言，自招生毕业后进入劳动力市场且有工资数据的有646人，普招生有1452人，自招生的平均工资为5293.2元，普招生则为4521.5元，自招生的工资明显高于普招生。

表3-1　部分变量的描述统计

变量	自招生					普招生				
	样本量	均值	标准差	最小值	最大值	样本量	均值	标准差	最小值	最大值
性别（男=1）	1552	0.526	0.499	0	1	3240	0.534	0.499	0	1
户籍（城镇=1）	1549	0.716	0.451	0	1	3222	0.702	0.457	0	1
家庭收入的对数	1424	2.184	1.226	-2.303	12.206	3059	2.338	2.289	-2.303	43.749
父亲受教育水平（大专及以上=1）	1552	0.512	0.500	0	1	3240	0.466	0.499	0	1
母亲受教育水平（大专及以上=1）	1552	0.438	0.496	0	1	3240	0.376	0.485	0	1
重点高中（省级及以上=1）	1552	0.892	0.311	0	1	3240	0.887	0.317	0	1
文理科（理科=1）	1482	0.758	0.428	0	1	3044	0.774	0.419	0	1
标准化高考成绩	1478	-0.032	1.061	-7.961	2.662	3080	0.008	0.981	-7.961	3.289
大学学业排名	1549	0.413	0.219	0.007	1	3236	0.417	0.221	0.007	1
政治面貌（党员=1）	1530	0.388	0.487	0	1	3208	0.373	0.484	0	1
学生干部（是=1）	1547	0.411	0.492	0	1	3230	0.498	0.500	0	1
工资（元）	646	5293.201	4534.970	0	60 000	1452	4521.485	3800.141	0	60 000

第三节　自主招生学生的基本特征

一、实证模型

　　高校旨在通过自主招生找到符合学校需求的优秀学生，这种优秀不仅仅表现在高考成绩，需要有更多"突出"才能，他们的特点应该极具差异化。但在高校稳定、统一的招生标准下，自招生们本质上应该有许多共性的特征，这些特征最终反映的都是学生"能力"强的特点，是"能力"的代理变量。所以，从学生固有特征研究什么样的学生可以通过自主招生考试、自招生与普招生有什么特征上的差异是有意义的，这些特征往往表现的是自招生所特有的"能力"，也是他们的优势。相关研究通常将户籍、家庭经济条件、高考成绩、文理分科、高中类型等因素加入分析框架（荀振芳和汪庆华，2011；尹银 等，2014；鲍威，2012；侯佳伟，2011）。本章借鉴相关研究，采用二元 logit 回归方法进行分析，研究什么因素影响学生成为自招生，计量模型如（3.1）。

$$\text{lad}_{y=1} = \beta_0 + X_i y + \varepsilon_i \qquad (3.1)$$

其中，招生方式（lad，自招生 =1）为因变量，主要解释变量有性别（男 =1）、户籍（城镇 =1）、父亲及母亲受教育水平（大专及以上 =1）、高中类型（省级及以上重点 =1）、文理分科情况（理科 =1）、家庭收入的对数、标准化高考成绩。需要特别指出的是，由于样本来自全国各地，使用的高考试卷不同，导致高考分数的标准各异，所以有必要对样本的高考分数进行统一处理。首先，将各试卷体系的分数（包括原始分、标准分）转换为高考满分 750 分的原始分系统，统一分数的范围。❶ 其次，再对处理过的原

---

　　❶　2006 年高考中，上海卷总分 630 分，广东卷和海南卷采用标准分，总分 900 分；2008 年，上海卷总分 630 分，江苏卷总分 480 分（语文 160，数学 160，英语 120；文科语文总分加 40 为 200 分，理科数学总分加 40 分为 200 分），海南采用标准分 900 分并附加毕业会考成绩，总分 940 分。

始分进行 Z 分数处理，转换为分析使用的标准化高考成绩，给出每个学生在样本群体中的相对位置，借此判断学生成绩的相对优劣。

二、实证结果

从表 3-2 的 logit 回归分析结果可以看出，文理科在各模型中均有显著影响，文科学生更容易成为自招生；在总体和 2008 级学生中，城镇户籍、高考成绩越高或是男生越容易成为自招生。城乡学生接受的教育质量有较大差异，这是公认的事实，城镇户籍学生在自主招生方面有许多明显的优势，也一直被学者们所诟病，结果检验符合实际。同时，高考成绩无疑能直接反映学生现阶段的某种能力水平，高考成绩越高，意味着这种能力越强，也决定着他更有可能通过自主招生。从某种意义上讲，自主招生的选拔已经检验了包括以高考为代表的部分能力。

此外，与已有研究相类似的是，母亲的高等教育水平对是否成为自招生产生正效应。但不同的是，家庭经济状况、高中是否是重点中学及父亲受教育水平对成为自招生没有产生显著作用，没有检验出家庭经济水平越高、重点高中的学生或是父亲受过高等教育的学生越容易成为自招生。通常我们认为，学生家庭经济状况、父母受教育水平可以影响学生接收教育的机会与层次，这些学生往往在前期接受了更高质量的教育，学生也就更可能在重点高中就读，相对而言他们的能力水平应该更突出。但实际数据检验中并未发现，从某种意义而言，家庭社会经济地位包括家庭收入、父母受教育程度等对学生能力的影响越来越弱。同时也说明高校自主招生没有以学生的家庭经济情况为判断依据。

表 3-2 影响成为自招生的因素分析

变量	（1）	（2）	（3）
	总体	2006 级	2008 级
性别	0.299*	−0.0659	0.671***
	（0.165）	（0.230）	（0.246）
户籍	0.666***	0.505	0.783**
	（0.250）	（0.346）	（0.373）
家庭收入的对数	0.0127	0.00869	0.113
	（0.0324）	（0.0349）	（0.128）
父亲受教育水平	0.345	0.486	0.152
	（0.218）	（0.303）	（0.321）
母亲受教育水平	0.440**	0.458*	0.397
	（0.202）	（0.277）	（0.303）
高中类型	0.276	0.0795	0.619
	（0.332）	（0.399）	（0.615）
文理科	−0.690***	−0.782***	−0.670**
	（0.174）	（0.235）	（0.265）
标准化高考成绩	0.463***	0.204	0.762***
	（0.0998）	（0.133）	（0.157）
2008 级	0.391**	—	—
	（0.155）	—	—
常数项	−3.772***	−3.212***	−4.249***
	（0.402）	（0.495）	（0.703）
N	2827	1616	1211
R^2	0.080	0.062	0.117

注：括号内为标准误，* $p<0.05$，** $p<0.01$，*** $p<0.001$。

第四节 自主招生学生对学业表现的影响

一、实证模型

评价学生能力的维度有很多，包括大学学业表现、学术表现、综合能力、心理状态等，与多维度测量的综合能力、心理状态等评价指标所不同，学习成绩是评价不同学生表现的最主要且简单常用的依据。以往研究集中讨论自主招生是否对大学学业有着显著影响，特别是自招生是不是比起普招生有更好的学习成绩。本文采用多元线性回归的方法，计量模型（3.2）。

$$\text{Ranking} = \beta_0 + \beta_1 \text{lad}_i + X_i y + \varepsilon_i \tag{3.2}$$

其中，大学学业排名（Ranking）表示大学四年总学分绩是在本班的前百分之几，数值上越小意味排名越靠前，学习成绩相对越好。与已有研究使用大学学分绩点作为因变量所不同，由于本章样本来源于不同学校，学分绩点标准难以统一，所以采取的是学分绩排名进行分析。核心解释变量为招生方式，其他控制变量由三个部分组成，第一部分为个人相关因素：性别、文理科、高中类型、标准化高考成绩、政治面貌（党员 =1）、学生干部（是 =1）及调查批次；第二部分为家庭因素：户籍、家庭收入对数、父亲及母亲的受教育水平（父亲接受过大专及以上教育 =1，母亲接受过大专及以上教育 =1），需要控制家庭经济情况以及父母受教育程度带来的影响；第三部分为学校因素：高校层次（是 "985" 或 "211" =1）及专业类型（理工农医 =1，回归分析中简化为理工农医、人文社会两类）。

二、实证结果

根据表 3-3 回归结果可以看出，在不控制相关影响因素的情况下，招生方式具有显著影响，且自招生比普招生成绩更好，这一结论跟之前的大部分实证研究一致。但大学学业成绩是否真能评价招生方式呢？在控制了标准化高考成绩等其他相关因素的情况下，招生方式对学业表现并没有显著影响。这里需要指出的是，高考成绩对学业表现有正效应，同时也对成为自招生有正向影响，在控制高考成绩后，招生方式对大学学业成绩的影响不再显著，说明影响大学学业表现的真正因素可能是代表学生应试能力的高考成绩和其他相关因素，而非招生方式。由此可见，大学学习成绩与其是自招生还是普招生关系不大，简单以大学学业表现来反映自主招生效果并不理想。以往部分研究在缺失高考成绩的前提下，分析自招生与普招生大学学业成绩的好坏，认为招生方式最终影响学生的学业表现，这些结论有待商榷。

另外，从自主招生目的而言，仅以学习成绩来论自主招生的效果和自招生能力，显然也是片面的，不符合自主招生的需求和对"人才"的定位。所以，单纯以大学学业表现来评价自主招生的效果存在局限性，大学人才培养效果的评价机制也有待进一步研究。

此外，性别、高中类型、政治面貌、学生干部、户籍及高校层次等因素对学业表现有显著影响。其中，女生拥有更好的成绩排名；重点高中的学生大学期间的学业表现也更好；党员身份的学生学业排名更靠前；学生干部身份的学生学业排名也更好；农村学生成绩更好；非"985"或"211"高校成绩排名靠前，本章不再一一讨论。

表 3-3　自主招生对学业表现的影响

变量	（1）	（2）	（3）	（4）	（5）
招生方式	−0.0297**	−0.00373	−0.00867	−0.00852	−0.0132
	（0.0147）	（0.0143）	（0.0150）	（0.0144）	（0.0151）
性别	—	0.108***	0.109***	0.108***	0.109***
	—	（0.00766）	（0.00788）	（0.00787）	（0.00810）
文理科	—	−0.00865	−0.0120	−0.00430	−0.00941
	—	（0.00900）	（0.00921）	（0.0111）	（0.0113）
高中类型	—	−0.0493***	−0.0492***	−0.0509***	−0.0507***
	—	（0.0120）	（0.0123）	（0.0120）	（0.0123）
标准化高考成绩	—	−0.0156***	−0.0169***	−0.0217***	−0.0230***
	—	（0.00413）	（0.00426）	（0.00491）	（0.00504）
政治面貌	—	−0.127***	−0.127***	−0.127***	−0.127***
	—	（0.00783）	（0.00802）	（0.00784）	（0.00803）
学生干部	—	−0.0190**	−0.0194**	−0.0188**	−0.0194**
	—	（0.00768）	（0.00789）	（0.00768）	（0.00788）

续表

变量	（1）	（2）	（3）	（4）	（5）
2008 级	—	−0.00379	−0.00408	−0.00379	−0.00406
	—	（0.00752）	（0.00778）	（0.00752）	（0.00778）
户籍	—	—	0.0267***	—	0.0263***
	—	—	（0.00945）	—	（0.00946）
家庭收入的对数	—	—	−0.000997	—	−0.00111
	—	—	（0.00171）	—	（0.00171）
父亲受教育水平	—	—	−0.0110	—	−0.0115
	—	—	（0.0103）	—	（0.0103）
母亲受教育水平	—	—	0.00682	—	0.00629
	—	—	（0.0105）	—	（0.0105）
高校层次	—	—	—	0.0222**	0.0224**
	—	—	—	（0.00944）	（0.00970）
专业类型	—	—	—	−0.00613	−0.00363
	—	—	—	（0.00968）	（0.00995）
常数项	0.418***	0.469***	0.458***	0.458***	0.447***
	（0.00396）	（0.0144）	（0.0164）	（0.0153）	（0.0170）
N	3357	2958	2817	2958	2817
R^2	0.001	0.174	0.179	0.175	0.181

注：括号内为标准误，* $p<0.05$，** $p<0.01$，*** $p<0.001$。

第五节 自主招生学生对就业薪酬的影响

一、实证模型

除了学业表现外，能否找到一个简单且有效的评价指标来检验自招生的能力特征与优势，是本章需要解决的核心问题。已有研究对自招生的就业选择有一些描述分析，发现他们更愿意选择出国或攻读研究生来继续自己的学习经历等。考虑到所有学生最后都要流入劳动力市场，可尝试从就业薪酬的角度来检验招生方式的效果与差异。因为就业薪酬是一项比较客观、稳定的指标，可以直观评价就业的相对质量。此外，研究需要控制的影响因素包括性别、户籍、工作部门（袁晖光，2012）、父母受教育程度、家庭收入（郑洁，2004）、学习成绩、政治面貌、学生干部、学校性质等因素（闵维方 等，2006；岳昌君 等，2004）。在控制这些影响因素的基础上加入招生方式，使用多元线性回归的方法，具体模型如（3.3）。

$$\ln C = \beta_0 + \beta_1 \mathrm{lad}_i + X_i y + \varepsilon_i \qquad (3.3)$$

因变量 $\ln C$ 是大学毕业生毕业第一年的工资的对数，核心解释变量为招生方式，控制变量由个人相关因素、家庭背景因素及学校因素构成，同时控制了就业的企业性质（如党政机关、国企、民营企业等）和行业类别（如金融业、房地产业、制造业、信息传输与计算机业等）。

另外，大学生毕业后可能选择出国、读研、继续考研等原因而没有进入劳动力市场，而已有研究也证实，自招生毕业更愿意出国或读研继续深造，所以这部分群体的就业起薪确实可能导致典型的样本选择偏差。本章样本中，1552 名自招生有 646 人参加工作并获取工资，就业比例为 41.6%；3240 名普招生有 1452 人参加工作并获取工资，就业比例为 44.8%，略高于自招生的比例。本章采用赫克曼（Heckman）提出的两步估计法，通过估计逆米尔斯比率（mills lambda），并将此比例加入回归方程解决样本选择偏差问题（Heckman et al.，2006）。

同时，本研究还关注招生类别对工资增长的影响。已有研究证实，如按学生能力分类，部分非认知的显性能力，例如语言能力可能只影响学生的就业起薪，并不影响未来工资增长，而跟认知能力相关的因素不仅能够影响就业起薪，还会带来未来工资的增长（潘昆峰和崔盛，2016）。这里用 2006 级学生毕业后第三年工资减去第一年工资的对数作为工资增长的因变量，其余解释变量与之前模型相同，计量模型如（3.4）。

$$\ln\,(C_3 - C_1) = \beta_0 + \beta_1 \mathrm{lad}_i + X_i y + \varepsilon_i \qquad (3.4)$$

二、实证结果

在表3-4自主招生对就业薪酬的影响中，回归结果（1）、回归结果（2）、回归结果（3）采用的是OLS方法估计，以招生方式为核心解释变量，加入不同的控制变量。在各回归结果中，招生方式均对就业起薪起到了显著的正向影响作用，说明在影响就业薪酬的因素中，招生方式的效果是稳定一致的。由此可见，在大学生毕业进入劳动力市场后，自招生的起薪显著高于普招生，自招生的优势得到充分体现。回归结果（4）呈现的是采用赫克曼两步估计法纠正后的系数，结果显示逆米尔斯比率不显著，说明样本不存在选择性偏误，结果不需要进行校正。

另外，这样的影响是否在工作后几年仍然存在？回归结果（5）、回归结果（6）是分别以2006级毕业生就业第一年薪酬的对数以及毕业三年的薪酬增长（第三年与第一年薪酬的差值）的对数为因变量，探讨招生方式的不同对起薪及薪酬增长的影响作用。从结果上看，招生方式不仅对2006级学生第一年薪酬产生显著正向影响，还对薪酬的增长产生了显著作用，系数显示自招生的工资增长额度比普招生要高近50%。就业薪酬的提升可以很好地反映学生的就业发展，控制了企业性质与行业类别下，招生方式依然存在显著影响，说明自招生比起普招生将获得更多持续性的优势，恰恰证明了这类学生具备更强的能力，这种能力可以更好地促进学生的就业发展，而这种能力可能就是我们想从自招生身上检验出来的。相比于大学学业成绩，学生就业薪酬囊括的评价维度更为广泛，评价更综合，在劳动力市场检验下适用范围更广，可以有效地反映自招生的能力特点与优势。自招生所具备的这种能力不一定能很好地反映在大学学业表现上，但在学生进入劳动力市场中将有效体现出来，并且具有持续影响的作用。比起大学学业表现，学生在劳动力市场中获得的就业薪酬及薪酬增长可以更好地反映自主招生的能力特点，检验自主招生的效果。

此外，性别、高中类型、高考成绩、家庭收入和大学学业显著地影响就业起薪。同时，性别、高考成绩、家庭收入和大学学业还显著影响薪酬增长。这些因素的影响机制不是本章的研究重点，就不再一一讨论。

表 3-4　自主招生对就业薪酬的影响

变量	（1）OLS	（2）OLS	（3）OLS	（4）赫克曼	（5）2006 级第一年薪酬	（6）2006 级薪酬增长
招生方式	0.159**	0.108	0.144*	0.144**	0.201**	0.470**
	（0.0766）	（0.0746）	（0.0736）	（0.0725）	（0.0889）	（0.232）
性别	0.0309	0.0956***	0.119***	0.118***	0.107**	0.195**
	（0.0330）	（0.0341）	（0.0340）	（0.0335）	（0.0424）	（0.0968）
文理科	0.0353	0.0929**	0.0834*	0.0826*	0.0256	−0.0559
	（0.0390）	（0.0435）	（0.0433）	（0.0432）	（0.0540）	（0.134）
高中类型	0.169***	0.122***	0.125***	0.125***	0.105**	0.147
	（0.0442）	（0.0421）	（0.0415）	（0.0408）	（0.0520）	（0.116）
标准化高考成绩	0.149***	0.134***	0.112***	0.112***	0.141***	0.179***
	（0.0177）	（0.0199）	（0.0200）	（0.0196）	（0.0244）	（0.0589）
政治面貌	−0.0105	−0.0412	−0.0235	−0.0234	−0.0291	0.0641
	（0.0364）	（0.0362）	（0.0360）	（0.0354）	（0.0447）	（0.101）
学生干部	0.0503	0.0580*	0.0555*	0.0554*	0.0573	−0.0624
	（0.0333）	（0.0317）	（0.0314）	（0.0309）	（0.0388）	（0.0909）
2008 级	0.295***	0.283***	0.262***	0.263***	——	——
	（0.0332）	（0.0319）	（0.0316）	（0.0312）	——	——
户籍	—	0.0107	−0.00342	−0.00323	0.0689	−0.0211
	—	（0.0371）	（0.0365）	（0.0359）	（0.0445）	（0.108）
家庭收入的对数	—	0.0332***	0.0316***	0.0315***	0.0175	0.164***
	—	（0.0108）	（0.0106）	（0.0105）	（0.0109）	（0.0484）
父亲高教水平	—	0.00315	−0.00598	−0.00583	−0.0416	0.152
	—	（0.0415）	（0.0409）	（0.0402）	（0.0486）	（0.115）
母亲高教水平	—	0.0544	0.0620	0.0620	0.0730	0.116
	—	（0.0441）	（0.0432）	（0.0425）	（0.0523）	（0.125）
高校层次	—	−0.00311	−0.000453	−0.000198	0.00292	0.109
	—	（0.0377）	（0.0381）	（0.0376）	（0.0466）	（0.112）

续表

变量	（1）OLS	（2）OLS	（3）OLS	（4）赫克曼	（5）2006级第一年薪酬	（6）2006级薪酬增长
大学学业排名	—	−0.294***	−0.255***	−0.254***	−0.256***	−0.372*
	—	（0.0796）	（0.0786）	（0.0774）	（0.0941）	（0.214）
专业类型	—	−0.0990***	−0.0901**	−0.0898**	−0.0202	−0.0834
	—	（0.0379）	（0.0398）	（0.0392）	（0.0488）	（0.118）
企业性质	—	—	是	是	是	是
行业类别	—	—	是	是	是	是
常数项	7.955***	8.032***	7.909***	7.909***	7.919***	6.540***
	（0.0576）	（0.0741）	（0.0929）	（0.0914）	（0.112）	（0.279）
逆米尔斯比率	—	—	—	−0.0653	—	—
	—	—	—	（0.606）	—	—
N	1339	1312	1312	2823	771	387
R^2	0.130	0.147	0.209	—	0.209	0.295

注：括号内为标准误，* $p<0.05$，** $p<0.01$，*** $p<0.001$。

第六节 总结与讨论

自主招生是国家招生政策迈出的一大步，是高校招生自主权的重要体现，高校通过自主招生旨在招到更符合招收意愿的学生，而非仅以高考论成败。自主招生实施多年来，众多研究想通过对自招生和普招生的对比研究，检验自主招生录取的学生能力。但大部分实证研究的结论缺乏说服力，即使是使用的大学学业成绩，不同文献研究的结论也不尽相同。本章基于2006级和2008级北京高校学生追踪调查数据，尝试通过就业薪酬合理评价自主招生学生的真实能力。

首先，研究发现文理科、高考成绩、性别、户籍及母亲受教育水平正向影响学生成为自招生，但相比于以往研究，家庭收入、重点高中及父亲高等教育水平并不能对成为自招生产生显著作用。

其次，在控制高考成绩后，自主招生对大学学业没有显著影响作用，说明大学学业表现不能有效反映自主招生的效果，而起到真正作用的是以高考成绩为表现的应试能力。同时，自主招生与高考成绩相关，导致以往研究在缺失高考成绩的前提下，高估了自主招生对大学学业成绩的影响。大学期间自主招生效果也有待人才培养评价机制的改进。

最后，自主招生对就业薪酬及其增长有着显著的正效应。自招生进入劳动力市场后，可以获得更高的就业起薪，并且在就业后的几年里，有更高的薪酬增长。虽然，本章并不能够明确指出自招生所具有的能力究竟是什么，但这种能力能够很好地在就业市场中体现，同时就业薪酬成为有效检验自主招生效果的方式。

自主招生对于高校改革与人才培养有着风向标的作用，自主选拔的效果不能仅仅用自招生大学学业表现的好坏来评价，更要从多个角度来分析这部分人所具有的能力。这也恰恰说明高校自主招生并不是招到了一批"学习机器"，而是真正地招到了一批"能力"更强的学生，他们的这种"能力"更多地将在进入劳动力市场后体现出来。自主招生显著影响就业起薪和薪酬增长，对从一个新角度评价自主招生效果具有现实意义。

本章检验了影响成为自招生的因素、自主招生对学业表现和就业薪酬的影响。但是，结论主要注重同以往实证研究对比，以期发现一些新视角，而缺乏对于自招生所具备"能力"的进一步讨论，这也是未来有待继续研究的。

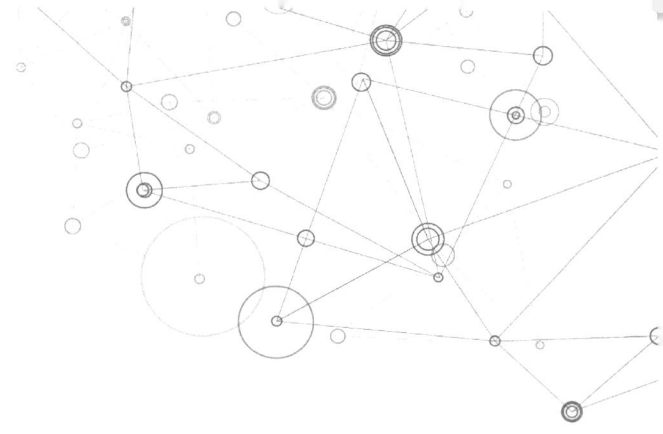

第四章　学生专业匹配对生涯发展的影响*

第一节　大学专业匹配的相关背景

高中学生一旦选择了文科或理冬,很大程度上将影响其大学专业的可选范围。通过文理分科制度将高中基础教育与大学专业教育建立起自然联系,也促使文理分科与大学专业形成了一种匹配关系,构成不同的"高中文理科—大学专业"组合,进而文理分科通过大学专业产生差异化的作用,这种匹配机制影响着学生大学期间乃至就业时的表现与发展。所以,本章尝试探讨在高考改革前原有分科制度下,高中学生选择文科、理科与他们大学专业间的关系与作用,从文理科学生进入大学专业的情况、不同专业中文理分科对学业成绩及就业薪酬的影响三个方面来反映专业匹配程度。

高中文理分科实质上是课程分轨(Curricular Tracking)的具体形式,根据学生在校学习的课程内容进行区分,不同类型的学生学习不同的课程,通常表现为文、理学科的分轨,被东亚各国在高中教育阶段广泛采用(Letendre et al.,2003;Shim and Paik,2014),有学者认为高中后期文

＊　本章主要内容发表于《教育发展研究》2018 年第 21 期,此处有删改。

理分科教学有利于基础教育与专业教育的有效衔接（郝文武，2010）。关于学生分科的选择机制，有学者认为是由于认知方式导致的差异，独立性者更喜欢自然科学（理科），依存性者则偏好重视社会交往技能的人文、教育等学科（文科）（Witkin et al.，1980）。也有学者认为这是一种基于学生能力的分层，能力强的学生更倾向选择数学、科学等理科课程（Carbonaro，2005）。事实上，高中文理科的选择与大学专业选择之间存在很强的相关性，那些高中选择理科的学生在大学专业的选择上有更大的灵活性和选择空间（马莉萍 等，2016），能力强的学生更愿意在大学期间选择理工科专业（Arcidiacono，2004）。虽然，2017 年高考试点中取消文理科分科考试，促使学生填报志愿由以往的"总分匹配"向"专业导向"转变，学生拥有了"七选三"的选考自主权，但也对高校专业（类）的科目设置与学生需求的匹配提出要求（王存宽 等，2016）。在两项对于高中学生文理分科与大学专业选择的调查中，绝大多数的高中生赞同文理分科，认为文理分科更适合大学阶段的分专业培养模式（于康平，2015），即使增加了高考科目的选择性，并没有完全改变学生"文科"或"理科"的专业发展方向（刘宝剑，2015）。

除了对专业选择的影响，高中文理分科对学生大学期间与就业时的表现也有显著作用。近年来，发达国家如加拿大和美国普遍意识到理工类课程（Science，Technology，Engineering，Mathematics，STEM）在基础教育中的重要性（Wiswall et al.，2014），学生在中学阶段尽早接触和体验理工类课程将对未来的学业表现产生积极影响（Crisp et al.，2009）。高中阶段学习高等数学和科学的学生、对理工科专业和理工科职业有兴趣的高中生更有可能在大学完成严格的数学、科学等理工类课程（Burkam and Lee，2003；Federman，2007）。有学者认为高中文理分科教育对学生的认知方式有深远影响，进而也会影响到大学课程的学习表现（吴伟伟和周浩杰，2015），在对中国高校学生成绩的实证研究中也发现文科学生的成绩明显低于理科学生（Bai et al.，2014）。同时，有研究发现早期的科学兴趣对是否从事相关职业有预测作用（OECD，2006），也有研究指出高中选择理科的学生就业起薪更高，理科生的能力可以被市场更有效地检验（崔盛等，2017），理科生无论进入大学文或理专业都比进入文科专业的文科生拥有更高的起薪（刘佳辰 等，2017）。

从上述文献中，我们不难发现高中文理科在不同专业内的表现是有所区别的，文理分科与大学专业产生的某种匹配关系很可能影响了学生的大学学业与就业表现。梳理专业匹配的相关文献，有学者从学生专业选择与实际就读专业视角提出了大学专业匹配的概念，认为不同专业匹配对学生投入度有显著正效应（杜鑫和罗靳雯，2017），而高考第一志愿匹配的学生成绩显著高于非第一志愿的学生（李学会，2013）。也有学者基于专业学习方式提出专业匹配概念，认为专业匹配与学业成绩呈显著的正相关（薛艳 等，2009）。更多学者从专业与就业的视角来讨论专业匹配，国外学者通过受教育水平是否符合岗位要求和能力发挥两个维度定义匹配概念（Iammarino and Marinelli，2015），不匹配程度会对收入产生负面效应（Leuven，2011）。国内学者则认为专业匹配是指毕业生专业与用人单位需求的符合程度，学生专业对口情况越好，就业满意度越高（于洪霞和丁小浩，2011），还有学者发现专业匹配对提升大学生当前工资水平有显著的推动作用（王子成和杨伟国，2014）。但在有关专业匹配的研究中并没有纳入高中文理分科这一重要因素，这也是本章想要补充的核心要素。

综上，高中文理分科是一种较为成熟的课程分轨，这种机制对学生专业选择、大学期间的学业表现乃至未来的就业表现都有显著影响。虽然，目前，我国高考改革中取消了文理分科考试，但由于大学专业的特点与需求势必会对学生高中学习的科目（高考考试科目）有所要求或限制，即大学专业对高中生修读课程提出更细致的专业化要求（冯生尧，2009）。然而，已有研究仅仅从文理分科或大学专业单一维度讨论对学生的影响，而忽略了文理分科与大学专业存在的匹配关系，这种匹配关系既影响学生今后的发展，也关系到大学专业招生的政策制定。所以，本章基于高中文理分科与大学专业构建专业匹配，从文理科学生进入大学专业的情况、不同专业中文理分科对学业成绩和就业薪酬的影响三个维度探讨专业匹配。

第二节　大学专业匹配的基本情况

长久以来，我国采取以文理分考的招生考试制度，在高考指挥棒的影响下，高中教育逐步形成了以文理分科的教学模式。即使面对当前的高考改革，逐步取消文理分科考试，但为了使学生高中学习的知识更好地与大学专业适应与接轨，文理分科制度却"形灭神在"。以上海新高考改革方案为例，在"3+3"的选科规则下，除了语数外三科外，学生另外三门课程的选科结果总会以两门理科科目加一门文科科目、两门文科科目加一门理科科目或是全文科、全理科科目4种形式呈现，表现出选科的偏文性与偏理性。同时，许多大学的专业招生又对学生高中学习的科目及高考选考科目有所要求，最明显的就是理工科专业主要招收理科生，或要求学生必考某一理科科目，而人文社会科学专业多是文理兼收，没有明确限制。

根据《普通高等学校本科专业目录（2012年）》所列专业，本章将大学专业按12个学科门类划分，故大学专业具体指的是学科门类❶，由此构建高中文理科与大学专业的匹配组合。但是，考虑到理工农医类专业基本只招收理科学生，在相关数据中高中文科生进入理工农医类专业的情况极少，不具有比较分析的价值，所以研究将大学专业限定在那些文理兼收的

---

❶　12个学科门类为：哲学、经济学、法学、教育学、文学、历史学、理学、工学、农学、医学、管理学。

人文社会类专业，即哲学、经济学、法学、教育学、文学、历史学、管理学、艺术学，可以构成 16 个匹配组，但由于实际数据抽样中并未抽到哲学门类专业的学生，故匹配组为 14 组。从图 4-1 中，我们可以发现在教育学、管理学、经济学中理科生的比例较高，而历史学、文学、法学及艺术学中文科生的比例较高。

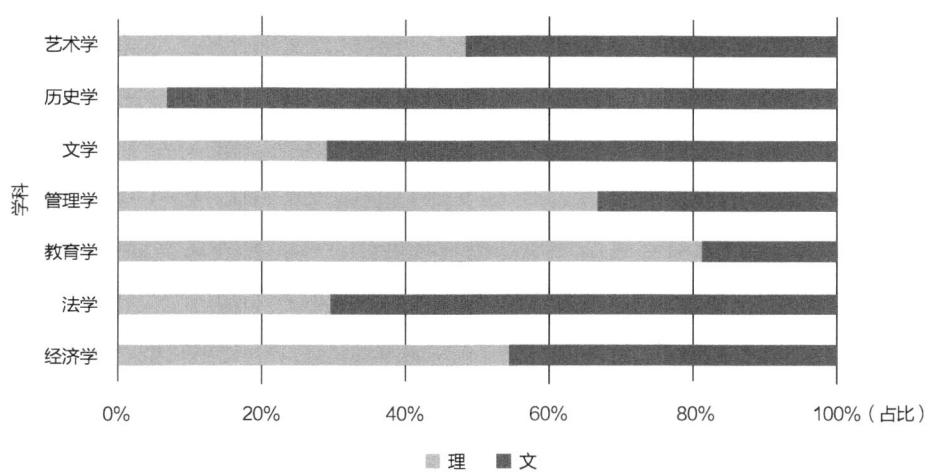

图 4-1   高中文理科学生在人文社会类专业的占比

第三节   高中文理科对专业选择的影响

一、实证模型

根据已有文献，高中文理分科对大学专业的选择有明显关联，高中文理科的分化某种意义上来说就是大学专业的前置分化，大学理工农医类专业限制文科生的报考，而大部分人文社会科学类专业采取文理兼收的方式，如此看来理科生在选择大学专业时有更大的空间，文科生反而处于一个"不利"的状态。本章采用 logit 回归模型，具体探讨在文理科学生进入

不同大学专业的概率。模型如（4.1）

$$Major_i = \beta_0 + \beta_1 Subject_i + \beta_k X_{ki} + \varepsilon_i \qquad (4.1)$$

模型（4.1）中，i 为学生个体，因变量为是否就读某一大学专业（Major，是 =1）。为了更细致地探讨文理分科对专业进入的影响，研究分别检验人文类专业、社会类专业（Major，人文类 =1，社会类 =1）与经济学、法学、教育学、管理学、文学、历史学、艺术学 7 个专业（Major，该专业 =1）中文理科学生的进入差异。研究核心自变量为文理分科（Subject，理科 =1），同时控制了性别（男 =1）、户籍（城镇 =1）、高中类型（省重点及以上 =1）、标准化高考成绩、家庭经济条件（家庭年收入的对数）、父亲及母亲的受教育水平（大专及以上 =1）及调查批次（2008 级 =1）。需要特别指出的是，研究对学生高考成绩进行标准化处理，将各试卷体系的分数（包括原始分、标准分）转换为高考满分 750 分的原始分系统，统一分数的范围❶，再对处理过的原始分进行 Z 分数处理，转换为分析使用的标准化高考成绩，给出每个学生在样本群体中的相对位置，借此判断学生成绩的相对优劣。

此外，考虑大学专业招生对文理科学生的名额分配有所不同（吴斌珍和钟笑寒，2012），仅凭进入概率还不足以从专业进入角度反映专业匹配程度，故研究选取学生自评考入现专业的难易程度作为一个补充变量，该变量为 1~10 的分类变量，1 为很容易，10 为很难，采用 logit 模型进行回归分析。研究认为，学生自评考入现专业的难易程度可以从另一个角度反映专业匹配程度，考入现专业越容易意味着匹配程度越高。模型如（4.2）。

$$Major * Difficulty_{mi} = \beta_0 + \beta_1 Subject_i + \beta_k X_{ki} + \varepsilon_i \qquad (4.2)$$

模型（4.2）是在不同专业中检验文理科学生自评进入本专业的难易程

---

❶　2006 年高考中，上海卷总分 630 分，广东卷和海南卷采用标准分，总分 900 分；2008 年，上海卷总分 630 分，江苏卷总分 480 分（语文 160，数学 160，英语 120；文科语文总分加 40 分为 200 分，理科数学总分加 40 分为 200 分），海南采用标准分 900 分并附加毕业会考成绩，总分 940 分。

度，因变量为学生自评考入现专业的难易程度（Difficulty，1~10 即很容易—很困难），核心自变量高中文理科（理科 =1），其余控制变量与模型（4.2）相同。

二、实证结果

表 4-1 中，回归结果（1）、回归结果（2）显示高中理科生比文科生进入人文类专业或社会类专业的概率更高，特别是在控制了高考成绩的情况下，理科生的影响依然显著，与以往认知有所不同。当研究进一步细分为经济学、法学等 7 个学科专业，文理分科的影响呈现显著差异，在经济学、教育学、管理学中，理科生就读的概率更大，而文科生进入法学、文学、历史学专业的概率更大。这个结果与描述统计中不同专业的文理科学生比例反映的趋势一致，但实际上文理科学生进入专业的概率受到专业招生对文理科名额分配的直接影响，所以 logit 回归结果仅反映出一个招生结果与现象，并不能解释文理科学生具备的差异化能力。所以，研究进一步借助学生自评考入本专业的难易程度来辅助判断文理科学生进入大学专业的差异。

从图 4-2 图 4-3 学生的自评分分布来看，文理科学生的评分有显著不同，理科生的自评分普遍较低，认为自己进入本专业较容易。而从表 4-2 回归结果来看，除教育学外，无论是在整体样本还是分专业样本中理科生自评比文科生更好，认为考入现专业较容易，特别是在整体及经济学、文学中具有显著影响。研究认为，在控制了以高考成绩后，理科生自评分比文科生更低，且影响显著，说明高中理科与相关专业的匹配程度更高，也反映出理科生具备更高的能力。

表4-1　高中文理分科对进入大学专业的影响

变量	人文类专业	社会类专业	社会类专业				人文类专业		
	(1)	(2)	(3) 经济学	(4) 法学	(5) 教育学	(6) 管理学	(7) 文学	(8) 历史学	(9) 艺术学
高中文理分科	0.775***	0.888***	0.361***	-0.886***	1.271*	1.027***	-1.092***	-3.388***	-0.00214
	(0.166)	(0.126)	(0.137)	(0.195)	(0.670)	(0.133)	(0.151)	(1.036)	(0.236)
控制变量	是	是	是	是	是	是	是	是	是
常数项	-3.252***	0.864***	-0.772***	-1.714***	-6.364***	-1.347***	-1.015***	-2.561***	-4.923***
	(0.381)	(0.259)	(0.254)	(0.350)	(1.235)	(0.259)	(0.311)	(0.728)	(0.600)
样本量	1243	1243	1243	1243	1243	1243	1243	1243	1243
R^2	0.0458	0.0511	0.0258	0.0333	0.0826	0.0624	0.0844	0.1628	0.1256

注：1. 括号内为标准误差：*** $p<0.01$，** $p<0.05$，* $p<0.1$；2. 除表格所给变量外，研究还控制了性别、户籍等变量，由于篇幅有限，不再列出。

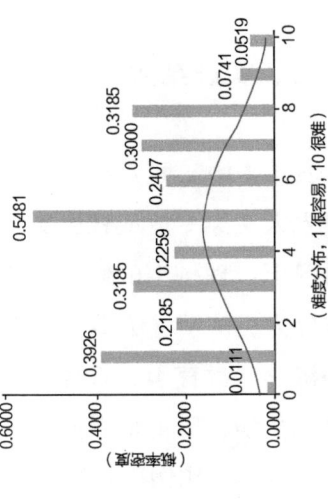

图4-3　文科生的自评分分布

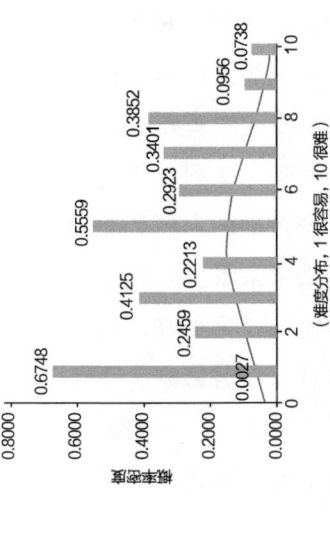

图4-2　理科生的自评分分布

表 4-2　不同专业中高中文理分科对考入专业难易程度的影响

变量	总体	社会类专业				人文类专业		
	（1）	（2）	（3）	（4）	（5）	（6）	（7）	（8）
		经济学	法学	教育学	管理学	文学	历史学	艺术学
高中文理分科	−0.319***	−0.372*	−0.107	1.362	−0.0497	−0.520**	−0.502	−0.126
	（0.101）	（0.212）	（0.348）	（2.121）	（0.199）	（0.243）	（1.893）	（0.434）
控制变量	是	是	是	是	是	是	是	是
常数项	是	是	是	是	是	是	是	是
样本量	1243	294	143	13	359	285	25	88
R^2	0.0101	0.0454	0.0141	0.3438	0.0243	0.0111	0.0881	0.0436

注：1. 括号内为标准误：*** $p<0.01$，** $p<0.05$，* $p<0.1$；2. 除表格所给变量外，研究还控制了性别、户籍等变量，由于篇幅有限，不再列出。

综上，从进入专业概率角度来看，高中理科与经济学、教育学及管理学匹配度程度更高，文科与法学、文学、历史学及艺术学匹配程度更高。从学生自评考入本专业难易程度来看，理科与经济学、法学、管理学、文学、历史学及艺术学的匹配程度更高，文科与教育学匹配程度更高。其中，理科与经济学、管理学的专业匹配得到了一致性的结论。

第四节　专业匹配对学业成绩的影响

一、实证模型

学生在大学期间的表现既受到高中文理分科的影响，也受到大学专业的影响。所以，一方面可以通过大学学业成绩检验不同专业情况下文理科学生的差异，另一方面也可以反映出专业匹配程度。

$$\text{Ranking}_i = \beta_0 + \beta_1 \text{Subject}_i + \beta_2 \text{Major}_i + \beta_k X_{ki} + \varepsilon_i \quad （4.3）$$

$$\text{Major} * \text{Ranking}_i = \beta_0 + \beta_1 \text{Subject}_i + \beta_k X_{ki} + \varepsilon_i \quad （4.4）$$

式（4.3）的因变量为大学学业排名（Ranking），表示大学四年总学分绩是在本班的前百分之几，数值越小意味着排名越靠前，学业成绩相对较好。与已有研究使用大学学分绩点作为因变量所不同，由于本章样本来源于不同学校，学分绩点标准难以统一，所以采取的是学分绩排名进行分析。核心解释变量为高中文理科（理科 =1）与大学不同专业（是 =1）。控制变量分为两部分，第一部分是学生个体因素，包括性别（男 =1）、招生方式（自主招生 =1）、高中类型（省重点及以上 =1）、标准化高考成绩、政治面貌（中共党员 =1）、学生干部（是 =1）、调查批次（2008 级 =1）以及就读高校层次（"985"或"211"=1），第二部分为家庭因素，包括户籍（城镇 =1）、家庭经济条件（家庭年收入的对数）、父亲及母亲的高等教育程度（大专及以上学历 =1）。此外，模型（4.2）是在不同专业中检验文理科学生的差异，核心解释变量为高中文理科（理科 =1）。

二、实证结果

从表 4-3 回归结果（1）、回归结果（3）来看，在没有额外控制大学专业的情况下，高中文理分科对学业成绩具有显著作用，理科生的学业成绩优于文科生。但回归结果（2）、回归结果（4）控制了大学专业，高中文理分科的作用就不明显了，取而代之的是大学不同专业对学业成绩有显著作用，历史学、文学、管理学、经济学学生的学业成绩普遍低于艺术学学生。此外，研究在回归结果（3）、回归结果（4）加入了专业进入的代理变量——自评考入本专业的难易程度，发现该变量均有显著影响，且自评考入专业越难（匹配程度低）的学生学业成绩更差。

表 4-3　高中文理分科与大学专业对学业成绩的影响

变量	（1）	（2）	（3）	（4）
高中文理分科	−0.0227**	−0.0197	−0.0212*	−0.0179
	（0.0114）	（0.0121）	（0.0114）	（0.0121）
经济学（对照组艺术学）	—	0.0502**	—	0.0497**
	—	（0.0223）	—	（0.0223）
法学	—	0.0294	—	0.0349
	—	（0.0249）	—	（0.0250）
教育学	—	−0.0426	—	−0.0416
	—	（0.0572）	—	（0.0571）
管理学	—	0.0587***	—	0.0633***
	—	（0.0219）	—	（0.0219）
文学	—	0.0645***	—	0.0665***
	—	（0.0226）	—	（0.0226）
历史学	—	0.0759*	—	0.0801*
	—	（0.0454）	—	（0.0453）
进入专业难易程度	—	—	0.00459**	0.00507**
	—	—	（0.00230）	（0.00233）
控制变量	是	是	是	是
常数项	0.471***	0.408***	0.453***	0.386***
	（0.0243）	（0.0329）	（0.0258）	（0.0343）
样本量	1236	1236	1236	1236
R^2	0.169	0.178	0.172	0.181

注：1. 括号内为标准误：*** $p<0.01$，** $p<0.05$，* $p<0.1$；2. 除表格所给变量外，研究还控制了性别、户籍等变量，由于篇幅有限，不再列出。

　　相同专业内文理科学生的学业排名具有一定可比性，从表 4-4 回归结果来看，在不同专业中文理科的影响效果也存在差异，在经济学、法学、管理学、文学中，理科生的学业成绩更高，特别是在管理学与文学专业中存在显著作用，而在艺术学、历史学中，文科生的成绩更靠前。从回归系数来看，在社会类专业中理科生的学业表现普遍更好。

表4-4　不同专业中高中文理分科对学业成绩的影响 ❶

变量	社会类专业			人文类专业		
	（1）	（2）	（3）	（4）	（5）	（6）
	经济学	法学	管理学	文学	历史学	艺术学
高中文理分科	−0.000227	−0.0396	−0.0402*	−0.0787***	0.345	0.121**
	（0.0232）	（0.0354）	（0.0217）	（0.0262）	（0.621）	（0.0464）
控制变量	是	是	是	是	是	是
常数项	0.388***	0.563***	0.426***	0.536***	0.526	0.294**
	（0.0459）	（0.0670）	（0.0436）	（0.0588）	（0.327）	（0.140）
样本量	292	142	358	284	23	88
R^2	0.196	0.367	0.239	0.196	0.420	0.335

注：1. 括号内为标准误：*** $p<0.01$，** $p<0.05$，* $p<0.1$；2. 除表格所给变量外，研究还控制了性别、户籍等变量，由于篇幅有限，不再列出。

综上，本研究从学业成绩的维度发现，理科与经济学、法学、管理学及文学匹配程度更高，而文科与历史学、艺术学匹配程度更高。其中，理科与经济学、管理学的匹配程度与专业进入维度所得结论一致。

第五节　专业匹配对就业薪酬的影响

一、实证模型

除了学业表现外，诸多研究认为就业情况是评价学生能力与发展的较好方式，学生进入劳动力市场后，将获得一个较为稳定的评价——就业薪酬，在控制相关因素的情况下，可以较好地反映专业匹配程度。模型如（4.5）、（4.6）。

$$\ln \text{Wage}_i = \beta_0 + \beta_1 \text{Subject}_i + \beta_2 \text{Major}_i + \beta_k X_{ki} + \varepsilon_i \qquad (4.5)$$

---

❶　由于教育学样本量过少，无法对学业排名进行 OLS 回归。

$$\text{Major} * \text{lnWage}_i = \beta_0 + \beta_1 \text{Subject}_i + \beta_k X_{ki} + \varepsilon_i \qquad (4.6)$$

模型（4.5）中，因变量为学生就业薪酬（Wage，取对数处理），核心解释变量为高中文理科（理科 =1）与大学专业（是 =1）。控制变量在模型（4.5）的基础上额外增加就业的单位性质（如党政机关、国企、民营企业等）和行业类别（如金融业、房地产业、制造业、信息传输与计算机业等）。考虑到大学生毕业后可能因出国、读研、继续考研等原因没有进入劳动力市场，本章采用赫克曼提出的两步估计法，通过估计逆米尔斯比率（Mills Lambda），并将此比例加入回归方程解决样本选择偏差问题（Heckman et al.，2006）。而模型（4.6）则是在不同专业中检验文理科学生的表现差异，核心自变量为高中文理科（理科 =1），其余控制变量与模型（4.6）相同。

二、实证结果

表 4-5 中各模型均采用赫克曼两步法纠正后的结果，逆米尔斯比率不显著，说明样本不存在选择性偏误，不需要校正。从上述结果来看，在不控制大学专业的情况下，高中文理分科对薪酬有显著影响，且理科生的就业薪酬更高，与已有研究结论类似（崔盛 等，2017）。但是当具体控制了大学学科专业后，高中文理科的作用被削弱，而不同专业对就业薪酬具有显著影响，相对于教育学而言，经济学、法学、管理学、艺术学的薪酬更高。高中文理分科影响的削弱变化与学业成绩的所得情况一致，说明文理分科的作用更多的是通过大学专业来实现，也支持了高中文理分科与大学专业存在匹配关系的观点。

表4-5　高中文理分科与大学专业对就业薪酬的影响

变量	（1）	（2）	（3）	（4）
高中文理分科	0.0881*	0.0749	0.0805*	0.0812
	（0.0474）	（0.0499）	（0.0487）	（0.0509）
经济学	—	0.333**	—	0.271*
（对照组教育学）	—	（0.148）	—	（0.153）
法学	—	0.273*	—	0.323*
	—	（0.160）	—	（0.166）
文学	—	0.205	—	0.210
	—	（0.151）	—	（0.157）
历史学	—	0.239	—	0.250
	—	（0.256）	—	（0.260）
管理学	—	0.303**	—	0.266*
	—	（0.145）	—	（0.149）
艺术学	—	0.309*	—	0.299*
	—	（0.168）	—	（0.178）
其他控制变量	是	是	是	是
行业类型	—	—	是	是
单位性质	—	—	是	是
常数项	7.740***	7.757***	7.709***	7.439***
	（0.0929）	（0.0916）	（0.124）	（0.195）
逆米尔斯比率	−0.370	−0.351	−0.536	−0.546
	（0.925）	（0.945）	（0.873）	（0.895）
样本量	653	689	653	653
R^2	0.151	0.150	0.222	0.228

注：1. 括号内为标准误，*** $p<0.01$，** $p<0.05$，* $p<0.1$；2. 除表格所给变量外，研究还控制了性别、户籍等变量，由于篇幅有限，不再列出。

在表4-6结果中，本研究并未发现相同专业中高中文理分科对就业薪酬产生的显著影响，从回归系数来看，理科生的薪酬更高一些。可见，相同专业的文理科学生在进入劳动力市场后并没有明显的薪酬差异，恰恰说明大学专业是影响就业薪酬的主要因素，文理分科的作用是通过大学专业来体现，某种程度而言可能高估了文理分科的长期作用。

表 4-6　不同专业中高中文理分科对就业薪酬的影响 ❶

变量	社会类专业			人文类专业	
	（1）	（2）	（3）	（4）	（5）
	经济学	法学	管理学	文学	艺术学
高中文理分科	0.0619	0.272	0.0565	0.187	0.122
	（0.0660）	（0.186）	（0.0895）	（0.172）	（0.324）
控制变量	是	是	是	是	是
常数项	7.678***	6.798***	7.778***	6.982***	8.874***
	（0.186）	（0.379）	（0.202）	（0.516）	（1.206）
样本量	166	57	230	128	45
R^2	0.472	0.814	0.368	0.443	0.661

注：1. 括号内为标准误，*** $p<0.01$，** $p<0.05$，* $p<0.1$；2. 除表格所给变量外，研究还控制了性别、户籍等变量，由于篇幅有限，不再列出。

综上，本研究从就业薪酬的角度发现理科与经济学、法学、文学、管理学及艺术学的匹配程度更高。其中，理科与经济学、管理学的匹配程度得到与其他两个维度相同的结论。

第六节　总结与讨论

本章探讨在文理兼收的人文社会科学专业中高中文理分科与大学专业形成的专业匹配，检验了原有的文理分科在不同专业中对学生的学业成绩与就业薪酬的影响，并从专业进入、学业成绩与就业薪酬三个维度探讨了专业匹配程度。

本研究发现，高中文理科学生在不同专业的学业成绩存在显著差异，在管理学、文学专业中理科生的学习成绩更出色，而在艺术学中文科生表现更优秀。但从就业薪酬来看，文理科学生在相同专业中没有显著差异。在没有控制大学专业的情况下，理科生的学业成绩及就业薪酬都显著高于

---

❶　由于教育学、历史学样本量过少，无法对就业薪酬进行 OLS 回归。

文科生，可一旦控制了大学专业，文理分科的影响效果就被削弱，说明文理分科的作用更多的是通过大学专业来体现。其次，研究从进入专业情况、学业成绩与就业薪酬三个维度分析了高中文理科与大学专业的专业匹配程度，发现理科与经济学、管理学的匹配度更高，理科生进入经济学、法学、管理学、文学或可获得更高收益。当然，研究仅能比较在同一专业与文理科的匹配程度，尚无法做到跨专业比较，有待完善。

虽然在新的高考改革中，文理分科考试将逐渐退出历史舞台，但鉴于现行选科制度，学生的选科结果依然呈现偏文、偏理或全文、全理的情况，所以文理分科依然"形灭神在"。另外，高中选科关系到学生大学专业的选择，而大学专业又影响了学生未来的就业与发展，可见高中选科的重要性。从本章的研究成果来看，高中课程与大学专业存在着较强的匹配关系，考虑到知识的积累与衔接，大学专业的高度分化势必会对高中重点学习的科目有所限制与要求，这样也会促使学生以报考专业的导向选择高中的主修科目，那么学生们最简单的选择方式便是保持着或文或理的二分选科惯性。此外，伴随着高考改革的深入推进，传统文理分科制度也在转型，由一种二分的、粗放式的教学分轨向多元化、高匹配程度的模式转变，未来可能形成以高中科目与大学专业为载体的更多、更复杂的匹配组合，例如美国正在实践的大学先修课程体系（Advanced Placement）或成为重要的参考形式。未来，就当前中国的教育现状，进一步探讨原有文理分科与大学专业的匹配将更具实践意义，可以为学生选择高中科目、选择大学专业提供参考，也可为大学专业招生政策的制定提供依据。

在校篇

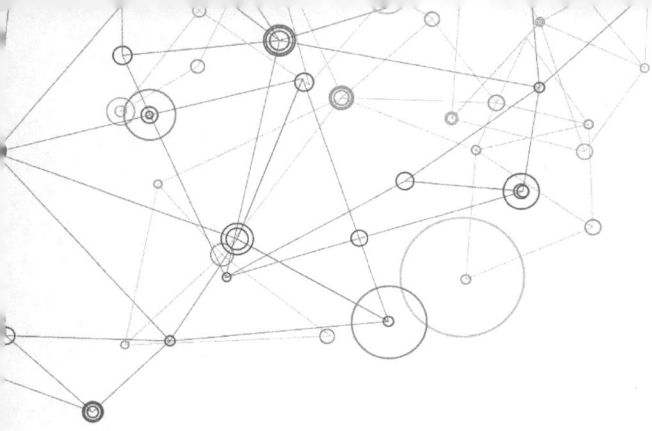

第五章　农村大学生教育选择对生涯发展的影响＊

第一节　农村大学生教育选择的相关背景

在我国城乡二元的格局下，农村学生从出生到成长，从接受基础教育到参加高考，从进入大学学习到就业找工作都受到了城乡因素的强烈影响。读书似乎成为农村学生改变个人命运、实现社会纵向流动的唯一途径。考上大学意味着鲤鱼跃龙门，意味着出人头地，甚至可以改变整个农村家庭的命运。所以，农村学生的教育问题一直牵动着许多人的心，为此我国政府承诺"要办好人民满意的教育，让每个人都有平等机会通过教育改变自身命运、成就人生梦想"。那么，上大学对于农村学生而言究竟意味着什么？大学教育能给农村学生带来什么？农村子弟能否通过大学的教育实现人生真正的"逆袭"？

城乡看似是一个简单的身份划分，实际上包含了丰富的内涵与复杂的因素，许多实证研究通常以户籍对城乡进行简化处理与代替。从社会学与经济学的研究视角看来，城乡户籍可以看成一种社会分层方式或社会身份（陆益龙，2008），也可以视为人力资本与社会资本的集中表现（秦永，裴

＊　本章主要内容发表于《华东师范大学学报（教育科学版）》2019 年第 1 期，此处有删改。

育，2011），抑或是文化资本的差异（吴愈晓 等，2017）。从教育学的研究视角来看，城乡户籍意味着家庭资源和公共教育资源分配的差异，代表了不同的自我身份认定与发展期望，还意味着一系列的制度约束和文化安排（高勇，2015），集中表现为宏观层面的教育资源分配与微观层面的学生成长差异两方面（刘精明，2008；马道明，2015），特别是在严格的户籍制度管理下，通过高等教育实现"农转非"是农民子弟改变社会地位、实现社会向上流动的主要途径（吴晓刚，2007）。所以，许多学者以高等教育阶段为载体探讨城乡学生的成长与发展，如关注城乡学生的高等教育入学机会与就业表现，通过对大学入口及出口两个时点的比较，来进一步解释城乡学生的发展差异。

首先，高等教育入学机会上的城乡差异，侧重于宏观层面的教育资源分配与公平性的探讨。随着我国高等教育的蓬勃发展，2016 年高等教育毛入学率已达到 42.7%。如果不考虑高等院校内部分层的因素，无论是城镇还是农村居民获得高等教育的机会都有了显著的提高（丁小浩，梁彦，2010）。多年来，农村考生录取人数实际年均增幅高于城市考生，2003 年以后进入高等学校大门的新生中超过一半来自中国农村（茍人民，2006），城乡子女在高等教育入学机会数量方面的差异一直在缩小，到 2010 年时差异已基本消失（王伟宜，吴雪，2014）。但也有学者认为城乡学生高等教育机会的不平等长期存在，并在高等教育扩招后有所扩大（李春玲，2014；马宇航，杨东平，2015），且面临着向教育机会质量的不均等转移（王伟宜，2015）。所以，政府开始实施农村和贫困地区专项招生计划等倾斜性招生计划，提供农村学生上重点大学的机会，保障城乡学生的高等教育机会公平（崔盛，吴秋翔，2018）。

其次，有关城乡大学生的毕业选择与就业质量的研究，农村学生的毕业出路是衡量大学作用的有效维度之一。众所周知，劳动力市场中户籍影响显著，户籍制度是劳动力市场上就业保护的制度基础（蔡昉 等，2001），农户个体收入显著更低（万海远，李实，2013）。然而，有研究认为当达到一定教育水平，可以消除由户籍制度的差别所产生的收入差距（薛进军，园田正，2008）。所以，学者们会更加关注城乡学生的就业情况，看教育是否弥补了户籍的影响。但是，学者们发现在就业阶段农村大学生仍然处于劣势地位（黄敬宝，2015），特别是他们的就业薪酬更低（岳昌君，张恺，2014）。究其原因，无论是农村学生个人，还是他们所在的家庭，都缺少有效的社会资本（阎凤桥，毛丹，2008），家庭经济条件是衡量社会资本水平的最重要标准，显著地影响了学生的就业（陈成文，谭日辉，2004）。然而，有学者指出农村大学生的就业在后致因素中实习经历、竞赛成绩、担任学生干部要比先天因素更重要（袁红清，李荔波，2013），他们的就业质量与职业资格证书、奖学金、社会实践、专业兴趣等教育储备呈正相关关系（钱芳，2015），这些教育投入有正面积极的影响，说明农村大学生可以通过个人努力获得较好的职业发展。

一方面政府和高校给农村孩子提供了上大学的机会，解决上学难、上好学校难的问题，但这只是招生的直观结果。另一方面关注城乡学生的就业情况，以此来讨论城乡学生的就业差异，并不能完全说明高校在培养农村学生上发挥的作用。这两方面的研究只抓住了高等教育对农村学生影响的两端，却把高校内部看作"黑箱"（叶晓阳，丁延庆，2015），忽视了学生在学期间大学的作用。所以，一些研究开始对城乡学生大学的学习表现进行探讨，但他们基于不同的数据样本得到各异的结论。有学者发现农村学生成绩的起始水平与变化显著高于城市学生（权小娟，朱晓文，2016），进入前50%的概率也更大（权小娟，边燕杰，2017）；也有学者得出农村学生成绩显著低于城市学生的相反结论，他们是大学的学习弱势群体（卢晓东等，2016）；还有研究认为城乡学生在大学四年的学习总成绩不存在显著差异（谭荣波，蔡华清，2015）。这些结论主要反映了两种观点，一种观点认为城市学生在学习习惯、家庭背景、基础教育等方面具有全方位优势，这种优势将在大学延续；另一种观点认为，即使基础教育阶段城乡学生存在差异，进入大学后大家站在同一条起跑线上，但农村学生进入大学后愿意付出更多努力（卢晓东等，2016）。还有研究证实城乡学生学习成绩的差异还与其学习投入有关（杨立军，张薇，2016），农村大学生受高中应试教育思想左右，更侧重基础性课程的学习和考试结果（初云宝，2011）。

综上，现有研究都是分阶段来看大学对农村学生的影响与机制，单独讨论入学机会、大学表现或就业表现，并没有基于动态的眼光观察农村学生从入学开始、到接受大学的教育及最终进入劳动力市场的成长与发展过程，没有充分阐述大学给农村学生带来怎样的教育增量。当然，这些研究极大程度上依赖数据的特征与有效性。所以，本章以动态视角分析城乡学生从入学、大学期间再到毕业时的变化，通过比较不同阶段城乡学生的差异，将研究核心聚焦于农村学生在大学期间发生的改变，以回答上大学究竟能给农村学生带来什么，农村孩子能否通过大学教育实现人生"逆袭"。

第二节　农村大学生教育选择影响的模型

一、研究设计

本研究通过比较城乡学生进入大学、大学成长与就业发展三个阶段来综合讨论两类群体的差异。

第一，比较城乡学生入学时点差异，以家庭经济条件、父母受教育水平为代表的家庭背景变量和以高考成绩为代表的学习成绩变量。其中，家庭经济条件、父母受教育水平是较为稳定的因素，其很少会发生显著变化，代表了城乡学生长期以来的阶层差异。而高考成绩则能较为直观反映学生入学时的学习成绩差异。这两类变量代表的差异，在城乡学生未来发展中都可能产生不同程度的长期影响。

第二，比较城乡学生大学成长时的差异，以大学学业排名为代表的学业表现变量和以担任学生干部、入党等行为为代表的综合能力变量，以此检验农村学生在这些方面是否与城市学生产生明显的劣势，当然他们也可能通过这些方式获得了显著的教育增量。其中，学业排名则能反映学生在本班的相对位次，是衡量大学学习的直观指标，而担任学生干部、入党、获奖、考计算机证书等指标从另一个方面反映学生在大学阶段的综合表现，反映除学习之外的其他能力。

第三，比较城乡学生就业发展时的差异，以就业薪酬为代表的就业质量变量，薪酬是劳动力市场对学生能力较为客观的定价，可以反映学生就业质量的相对高低。此外，为了进一步解释城乡学生就业选择的差异，研究比较了两类学生群体就业准备情况以及就业观念，详细呈现农村学生在就业方面是否依然与城市学生存在差距，具体研究思路如图 5-1 所示。

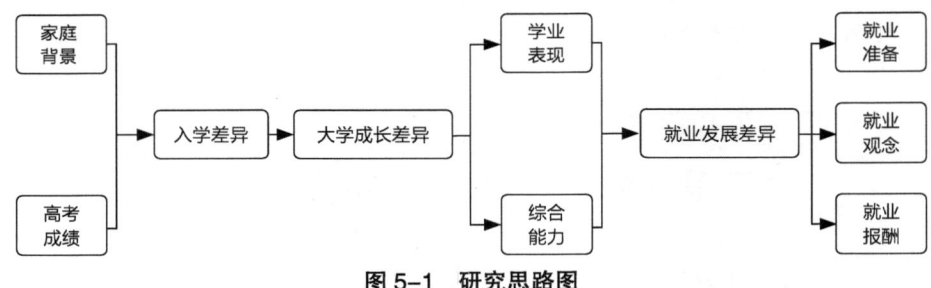

图 5-1　研究思路图

二、实证模型

为了统一直观地比较城乡学生的差异，本章主要采用单因素方差分析、多元线性回归、logit 回归等方法具体研究农村学生对相关结果变量的影响，具体回归模型如（5.1）。

$$\text{StdScore}_i = \beta_0 + \beta_1 \text{Rural}_i + \sum \beta_k \cdot X_{k,i} + \sum \beta_p \cdot M_{p,i} + \varepsilon_i \qquad （5.1）$$

各模型中，核心自变量均为农村学生（Rural，农村 =1），i 为学生个体，而因变量与控制变量有所差异。在模型（5.1）中，因变量为标准化高考成绩（StdScore），研究对学生高考成绩进行标准化处理，将各试卷体系的分数（包括原始分、标准分）转换为高考满分 750 分的原始分系统，统一分数的范围 ❶，在回归分析中对调整后的原始分进行 Z 分数处理，转换为分析使用的标准化高考成绩，给出每个学生在样本群体中的相对位置，借此判断学生成绩的相对优劣。对控制变量作如下分类及处理：第一，控制学生入学时的个体差异（$X_{k,i}$），包括性别（男性 =1）、高中类型（省重点及以上 =1）、文理分科情况（理科 =1），以及调查批次（2008 级 =1）；第二，控制学生的家庭背景（$M_{p,i}$），包括家庭年收入（取对数处理）、父母亲教育水平（高等教育 =1），此外考虑到样本为北京高校学生，北京生源比例较高，故额外控制学生是否为京籍（京籍 =1）。

$$\text{Ranking}_i = \beta_0 + \beta_1 \text{Rural}_i + \sum \beta_k \cdot X_{k,i} + \sum \beta_p \cdot M_{p,i} + \sum \beta_q \cdot N_{q,i} + \varepsilon_i \qquad (5.2)$$

在模型（5.2）中，本研究以学生大学的学业排名（Ranking）作为衡量学业表现的因变量，即以学生实际排名除以本班人数，并逆向处理 ❷，数值越大意味学业成绩更好，以此解决学生样本来源不同学校学分绩点标准难以统一的问题。控制变量在原有的个体差异、家庭条件的基础上增加大学相关变量（$N_{q,i}$），包括学生入学的招生类别（自主招生 =1）、学生就读的大学层次（"985""211"工程高校 =1）与专业类别（理工农医类专业 =1）。

$$\text{Development}_i = \beta_0 + \beta_1 \text{Rural}_i + \sum \beta_k \cdot X_{k,i} + \sum \beta_p \cdot M_{p,i} + \sum \beta_q \cdot N_{q,i} + \varepsilon_i \qquad (5.3)$$

模型（5.3）采用 logit 回归法对学生成长发展选择（Development）进行分析，因变量是反映学生综合能力表现的指标，包括大学期间是否担任学生干部（学生干部 =1），是否入党（入党 =1），是否获得各类奖励（获奖 =1），以及是否考计算机资格证书（考证 =1）。控制变量与模型（5.2）相同。

$$\ln\text{Wage}_i = \beta_0 + \beta_1 \text{Rural}_i + \sum \beta_k \cdot X_{k,i} + \sum \beta_p \cdot M_{p,i} + \sum \beta_q \cdot N_{q,i} + \sum \beta_s \cdot O_{s,i} + \varepsilon_i$$
$$(5.4)$$

---

❶　2006 年高考中，上海卷总分 630 分，广东卷和海南卷采用标准分，总分 900 分；2008 年，上海卷总分 630 分，江苏卷总分 480 分（语文 160，数学 160，英语 120；文科语文总分加 40 分为 200 分，理科数学总分加 40 分为 200 分），海南采用标准分 900 分并附加会考成绩，总分 940 分。

❷　大学学业排名 =1-（学生排名 / 本班人数）。

模型（5.4）中，因变量取学生毕业的就业薪酬（Wage，取对数处理），控制变量在模型（5.2）的基础上，在大学相关变量中增加大学期间的学业表现与综合能力，包括学业排名、学生干部任职、党员身份、是否获奖、是否考取计算机证书等。同时，还控制就业相关变量（O_s），包括就业的单位性质（如党政机关、国企、民营企业等）和行业类别（如金融业、房地产业、制造业、信息传输与计算机业等）。

第三节　农村大学生的基本情况

一、家庭背景

北京市公办大学的农村生源比例究竟有多少？根据 BCSPS 调查结果（如图 5–2 所示）显示北京市高校整体农村学生比例为 26.77%，2006 级农村学生比例为 27.45%，2008 级农村学生比例为 26.14%，分年差异不大。分大学层次来看❶，北京大学、中国人民大学、清华大学三校（图5–2中简称"北人清"三校）农村学生的比例最低，仅为 16.39%，而其他部属大学、市属大学农村学生比例较高，分别为 31.82%、29.54%。从京籍与非京籍学生来看，非京籍农村生源比例更高，其中市属大学非京籍生源的农村学生比例最高，达 40.43%。可见，在层次越高的大学中，农村学生的比例越低。

---

❶ "北人清"三校为：北京大学、中国人民大学、清华大学；部属大学为：北京航空航天大学、北京理工大学、北京化工大学、北京邮电大学、北京语言大学、中国传媒大学、中央民族大学、中国矿业大学（北京）；市属大学为：北方工业大学、北京石油化工学院、北京农学院、首都经济贸易大学。

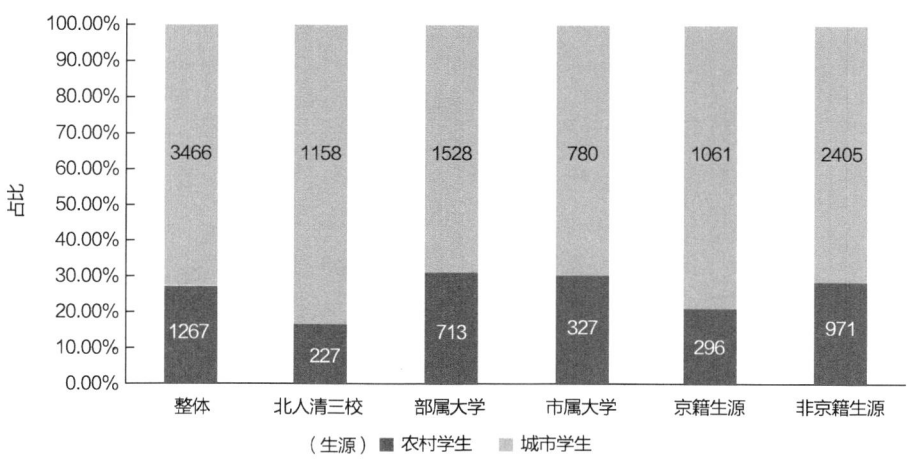

图 5-2　城乡学生分布

从表 5-1 城乡学生相关变量的描述统计中，我们发现农村学生男生比例较高，理科生比例较高，但他们的高考成绩明显低于城市学生。从家庭背景来看，农村学生普遍处于劣势，家庭年收入明显不如城市学生，仅为 3.972 万元，父亲、母亲受过高等教育的比例仅为 11.1%、5.4%，而城市学生家庭年收入达 11.081 万元，父母亲受高等教育占比为 66.3%、55.9%，城市学生家庭年收入是农村学生家庭的 3 倍左右，且他们父母的受教育程度更高，充分说明家庭背景变量是讨论城乡学生差异时不可或缺的重要影响因素。从大学入学的相关变量来看，农村学生通过自主招生的比例极低，仅为 3.9%，就读理工农医类专业的比例更高，而城市学生就读学校的层次更高。

表 5-1　城乡学生相关变量的描述统计

变量	农村学生					城市学生				
	样本量	平均值	标准差	最小值	最大值	样本量	平均值	标准差	最小值	最大值
性别（男=1）	1267	0.606	0.489	0	1	3466	0.497	0.500	0	1
文理科（理科=1）	1187	0.799	0.401	0	1	3146	0.737	0.440	0	1
高中类型（省重点及以上=1）	1267	0.873	0.333	0	1	3466	0.898	0.303	0	1
高考成绩（标准化）	1249	-0.055	0.961	-7.827	6.095	3227	0.022	1.014	-6.968	3.235
调查批次（2008级=1）	1267	0.507	0.500	0	1	3466	0.524	0.499	0	1
家庭年收入（万元）	1267	3.972	7.455	0.080	115.000	3447	11.081	16.505	0.000	336.667
父亲受教育水平（高等教育=1）	1267	0.111	0.315	0	1	3465	0.663	0.473	0	1
母亲受教育水平（高等教育=1）	1267	0.054	0.225	0	1	3449	0.559	0.497	0	1
京籍（京籍=1）	1267	0.234	0.423	0	1	3466	0.306	0.461	0	1
招生方式（自主招生=1）	1267	0.039	0.193	0	1	3466	0.107	0.310	0	1
学校层次（"985""211"工程高校=1）	1267	0.591	0.492	0	1	3466	0.666	0.472	0	1
专业类型（理工农医类专业=1）	1267	0.626	0.484	0	1	3466	0.503	0.500	0	1

二、学业成绩

那么，北京市城乡大学生入学能力究竟是否有明显差异？为了更为直观地体现城乡学生高考分数的区别，研究分入学年份及京籍情况讨论。❶无一例外均是农村学生的高考成绩要比城镇学生低，特别是在两届京籍学生的成绩上，存在显著差异（$p<0.001$）。城乡学生高考成绩比较如图5-3所示。

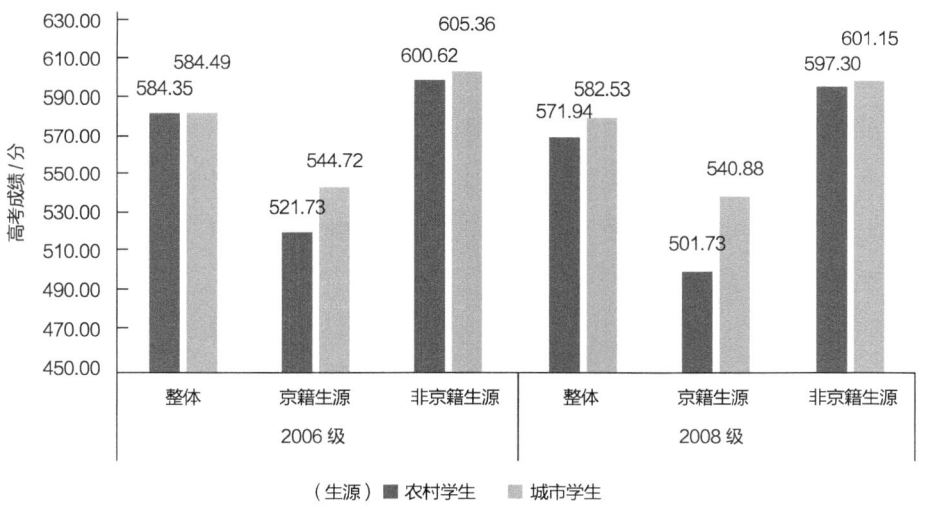

图 5-3　城乡学生高考成绩比较

本研究以标准化高考成绩为因变量，在控制了个体差异与家庭背景的情况下，进一步检验农村学生对高考成绩的影响。从表5-2的结果中，我们能观察到农村学生的高考成绩明显不如城市学生，但实际上这种结果主

---

❶　由于本章样本为北京市大学生样本，学生来自全国各地，高考标准难以统一，且京籍学生比例较高，故研究在此处区分京籍与非京籍样本，对高考原始分进行初步的描述分析，因此京籍学生的考分更具可比性。在后文回归分析中采用标准化高考成绩统一不同省份学生的高考成绩。

要由家庭背景的劣势引起。在回归结果（1）、回归结果（2）中，没有控制家庭背景变量的情况下，农村学生的高考成绩显著低于城市学生，符合我们描述统计中观察到的差异。而在回归结果（3）、回归结果（4）中，本研究控制了家庭经济条件、父母受教育水平等变量，农村学生显著的负效应消失，城乡学生高考成绩不再具有明显差异，同时家庭年收入、父母受教育程度均显著正向影响学生的高考成绩，说明造成城乡学生高考成绩差异的核心因素应该是学生的家庭背景。

　　事实上，表 5-2 的回归结果反映一个事实，并非农村学生的高考成绩一定不佳，起到关键作用的是家庭背景，这一系列变量的背后包含了复杂的经济、文化等因素的影响。这也说明城乡学生高考成绩的差异并非不可改变，即使是农村家庭，若家庭经济条件较好，父母受教育水平较高，那么孩子的高考表现应该更加理想。其实，家庭经济条件与父代教育程度并非不可改变，实证结果给我们解释农村学生学业表现提供了依据。当然，本研究的样本是基于已经考上北京市大学的学生样本，并不能代表那些没有考上大学的农村学生。

表 5-2　城乡学生对标准化高考成绩的影响

变量	（1）	（2）	（3）	（4）
农村学生	−0.0774**	−0.120***	0.0516	−0.00165
	（0.0333）	（0.0306）	（0.0358）	（0.0333）
性别	—	0.202***	—	0.133***
	—	（0.0289）	—	（0.0261）
文理科	—	0.0638*	—	0.123***
	—	（0.0333）	—	（0.0300）
高中类型	—	0.977***	—	0.594***
	—	（0.0439）	—	（0.0412）
调查批次	—	−0.103***	—	−0.144***
	—	（0.0276）	—	（0.0250）
家庭年收入	—	—	0.0917***	0.0811***
	—	—	（0.0160）	（0.0154）

续表

变量	（1）	（2）	（3）	（4）
父亲受教育水平	—	—	0.0700*	0.0719**
	—	—	（0.0378）	（0.0353）
母亲受教育水平	—	—	0.164***	0.143***
	—	—	（0.0376）	（0.0353）
京籍	—	—	−1.000***	−0.884***
	—	—	（0.0297）	（0.0290）
常数项	0.0221	−0.897***	0.0333	−0.539***
	（0.0176）	（0.0510）	（0.0346）	（0.0551）
样本量	4476	4104	4453	4095
R^2	0.001	0.126	0.216	0.298

注：括号内为标准误，*** $p<0.01$，** $p<0.05$，* $p<0.1$。

综上，从北京市城乡学生的入学差异与表现来看，家庭背景是农村学生的必然劣势，在这些因素的影响下，农村学生在进入大学时的成绩起点就已经产生明显差距，同时在大学期间他们的家庭背景也很难有较大的改善。那么，农村学生一跃龙门进入大学学习，身上背负的差距是否会在他们大学的成长与发展中进一步体现，从而扩大两类群体之间的差异，值得深入讨论。

第四节 农村大学生学涯发展的具体影响

一、学业表现

即使与城市学生考入同一水平的大学，农村学生依然在家庭背景与高考成绩上存在明显的劣势，那么农村学生在大学期间是否依然表现得差强人意，研究从两类学生群体的学业表现与综合能力展开进一步讨论。

从表5-3的回归结果来看，在不同控制变量的情况下，农村学生大学的学业成绩均显著好于城市学生，平均学业排名要高出 0.02 左右，且这种效应稳定、显著。同样的情况在 2006 级与 2008 级学生子样本中得到一致性的检验。所以，农村学生从高考成绩的劣势到大学学习的超越，实现了学习上的逆转。

表 5-3　城乡学生对大学学业表现的影响

变量	（1）	（2）	（3）	（4） 2006 级	（5） 2008 级
农村学生	0.0284***	0.0218**	0.0216**	0.0222*	0.0219*
	（0.00759）	（0.00909）	（0.00908）	（0.0125）	（0.0132）
性别	−0.106***	−0.109***	−0.108***	−0.130***	−0.0877***
	（0.00721）	（0.00718）	（0.00735）	（0.0102）	（0.0106）
文理科	0.0120	0.0164**	0.0157	−0.00474	0.0319**
	（0.00830）	（0.00827）	（0.0102）	（0.0144）	（0.0145）
高中类型	0.0542***	0.0432***	0.0442***	0.0401**	0.0439***
	（0.0115）	（0.0116）	（0.0116）	（0.0159）	（0.0169）
高考成绩	0.0231***	0.0105**	0.0174***	0.0282***	0.00689
	（0.00384）	（0.00428）	（0.00468）	（0.00661）	（0.00663）
调查批次	−0.0213***	−0.0228***	−0.0231***	—	—
	（0.00683）	（0.00687）	（0.00687）	—	—
家庭年收入	—	−0.0107**	−0.0101**	−0.0131**	−0.00742
	—	（0.00426）	（0.00427）	（0.00576）	（0.00636）
父亲受教育水平	—	−0.00253	−0.00254	−0.00648	0.00114
	—	（0.00966）	（0.00965）	（0.0133）	（0.0140）
母亲受教育水平	—	0.0260***	0.0272***	0.0300**	0.0258*
	—	（0.00969）	（0.00970）	（0.0135）	（0.0139）
京籍	—	−0.0566***	−0.0685***	−0.0462***	−0.0910***
	—	（0.00885）	（0.00933）	（0.0131）	（0.0133）
招生方式	—	—	0.0198	−0.00462	0.0342**
	—	—	（0.0126）	（0.0201）	（0.0164）
学校层次	—	—	−0.0369***	−0.0380***	−0.0353***
	—	—	（0.00926）	（0.0130）	（0.0132）

续表

变量	（1）	（2）	（3）	（4） 2006 级	（5） 2008 级
专业类型	—	—	0.00222	0.0126	−0.00852
	—	—	（0.00907）	（0.0126）	（0.0130）
常数项	0.566***	0.603***	0.624***	0.649***	0.583***
	（0.0131）	（0.0153）	（0.0162）	（0.0224）	（0.0232）
样本量	3946	3939	3939	1925	2014
R^2	0.072	0.086	0.090	0.111	0.075

注：括号内为标准误，*** $p<0.01$，** $p<0.05$，* $p<0.1$。

　　那么，究竟是什么原因让农村学生在大学学习中实现"逆袭"？本研究认为，这或与农村学生的学习态度与努力程度有关。BCSPS 调查中对学生的学业效能以及课堂出勤情况进行调查，其中学业效能通过 PALS 量表中的学业效能感（Academic Efficacy）分量表获得，由 5 道 5 点评估的题项组成，学业效能感越高说明学生对自己的学业能力更有信心，可处理学习中遇到的困难，并掌握有关知识（李路路，2013）。样本中，农村学生大学平均学业效能为 18.18 分，而城市学生为 18.04 分，农村学生的学业效能感更强。而课堂出勤分为调查期间学生公共课与专业课的全勤情况，从图 5-4 的比较中，我们可以明显发现无论是公共课还是专业课，农村学生的全勤率都显著高于城市学生。所以，从学习态度与努力程度来看，农村学生的学业效能感更高，对待学习更为认真端正，以勤补拙，这是他们获得更好学习成绩的主要原因。为了检验其中介影响作用，本研究分别将学业效能、公共课全勤（全勤 =1）、专业课全勤（全勤 =1）加入回归模型中，进一步检验农村学生对学业成绩的影响机制。

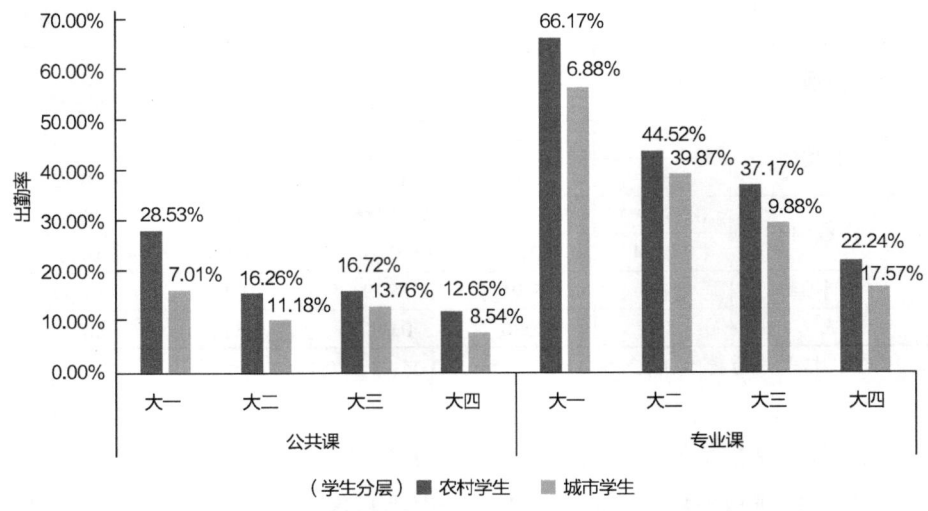

图 5-4　城乡学生课程全勤比例

　　从表 5-4 的回归结果来看，以回归结果（1）作为农村学生影响效果的基准，在各模型中加入学业效能、公共课全勤、专业课全勤等变量，农村学生对学业成绩的影响均有所降低，且这些中介变量均显著正向影响学生的学业表现。在回归结果（4）中，控制了所有中介变量时，农村学生的影响不再显著，且回归系数由 0.0216 下降至 0.00991，作用极弱。所以，回归结果进一步证实，农村学生以更高的学业效能、更多的学习投入，通过自己的努力获得更好的大学学习表现，在学习上实现对城市学生的超越。

表 5-4　中介作用下城乡学生对大学学业表现的影响

变量	（1）	（2）	（3）	（4）
农村学生	0.0216**	0.0144*	0.0158*	0.00991
	（0.00908）	（0.00859）	（0.00880）	（0.00841）
学业效能	—	0.0208***	—	0.0184***
	—	（0.000958）	—	（0.000955）
公共课全勤	—	—	0.101***	0.0856***
	—	—	（0.0143）	（0.0137）

续表

变量	（1）	（2）	（3）	（4）
专业课全勤	—	—	0.119***	0.0952***
	—	—	（0.0113）	（0.0109）
个体差异变量	是	是	是	是
家庭背景变量	是	是	是	是
大学相关变量	是	是	是	是
常数项	0.624***	0.258***	0.569***	0.256***
	（0.0162）	（0.0228）	（0.0161）	（0.0224）
样本量	3939	3939	3887	3887
R^2	0.090	0.187	0.155	0.229

注：括号内为标准误，*** $p<0.01$，** $p<0.05$，* $p<0.1$。

二、综合能力

除了学业表现外，本研究选取学生干部任职、入党、获奖以及考计算机证书作为衡量学生综合表现的代理变量。从表5-5中，可以看出在控制了相关变量的情况下，农村学生并没有在综合表现上与城市学生产生明显差距，相反他们更热衷于担任学生干部，更愿意入党，甚至更大概率考取计算机证书，说明农村学生通过这些教育选择来进一步提升自己的人力资本，以便于今后更好地参与劳动力市场的竞争。

表5-5　城乡学生对综合表现的影响

变量	（1）学生干部	（2）入党	（3）获奖	（4）计算机证书
农村学生	0.0555	0.0993	−0.00817	0.229**
	（0.0914）	（0.0907）	（0.142）	（0.115）
个体差异变量	是	是	是	是
家庭背景变量	是	是	是	是
大学相关变量	是	是	是	是
常数项	−0.694***	−0.0947	3.796***	−1.664***
	（0.164）	（0.167）	（0.261）	（0.213）

变量	（1）	（2）	（3）	（4）
	学生干部	入党	获奖	计算机证书
样本量	3946	3946	3946	3946
R^2	0.0912	0.0335	0.1149	0.0327

注：括号内为标准误，*** $p<0.01$，** $p<0.05$，* $p<0.1$。

可见，虽然农村学生入学时产生明显的劣势，这种劣势主要源于家庭背景。但是在大学的成长中，他们逐渐一步步实现"逆袭"，在学习上通过自己的努力奋斗赶超城市学生，在综合能力的培养中也不甘示弱，通过多种方式提升自己的人力资本。实际上，大学就是这样一个开放式的成长环境，给予不同资源与能力禀赋的学生以广阔的发展空间，给农村学生带来了实现人生"逆袭"的可能，这种转变既是他们踏实勤勉的回报，也是对他们"先天"劣势的弥补。

第五节　农村大学生职涯发展的具体影响

一、就业准备与观念

前文的结果中已经证实农村学生由入学时的劣势，到大学成长过程中实现"逆袭"，那么到毕业就业时，他们的表现与城市学生又会有怎样的差异，是依然回到劣势的原点，还是能够获得一个圆满的就业结果？

从城乡学生的就业准备来看，两类学生群体形成明显的差异，农村学生在就业准备中投入更多。农村学生平均投简历的数量为47.17次，是城市学生的1.39倍，获得笔面试的机会为9.95次，是城市学生的1.17倍，而获得录用机会的数量也超过了城市学生。从这些行为来看，农村学生在就业过程中投入更多，但是若是以录用机会数量除以投简历数来衡量他们

的求职效率，农村学生求职效率为 18.14%，而城市学生为 23.31%，两者
存在显著差异（$p<0.001$），城市学生的求职效率更高。可见，农村学生在
求职过程中，依然通过更多的尝试来提升自己的求职结果，其实质依然是
以勤补拙（如图 5-5 所示）。

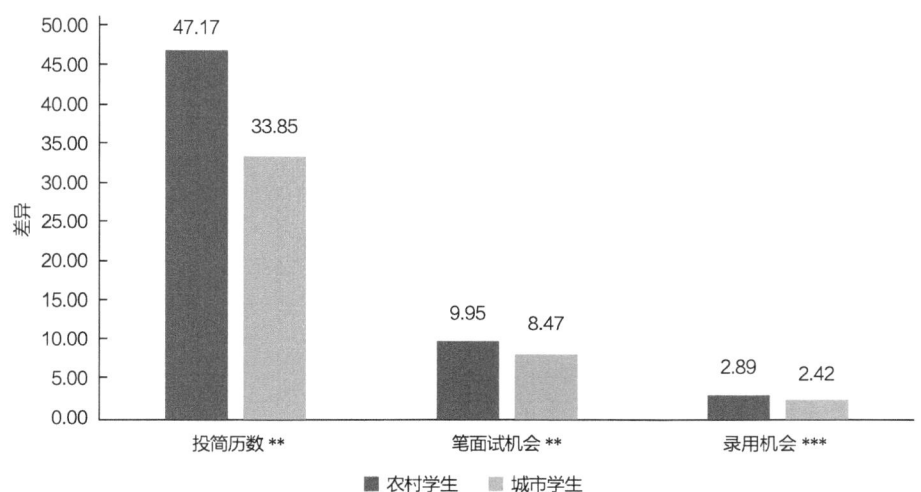

注：*** $p<0.01$，** $p<0.05$，* $p<0.1$

图 5-5　城乡学生就业准备差异

从表 5-6 可知，城乡学生的求职渠道也存在明显区别，农村学生较城
市学生而言更多地通过面向毕业生的招聘会、面向社会的人才市场或招聘
会、学校的就业信息网站以及社会的求职招聘网站等公共途径。

表 5-6　城乡学生求职渠道差异 ❶

求职渠道	农村学生	城市学生	城乡学生分差	单因素方差分析
面向毕业生的招聘会	3.518	3.102	0.416	0.000***

❶　该题组是学生找工作过程中对上述渠道的使用情况，为 1~5 评分，1 为几乎不使用，5 为
使用非常多。

续表

求职渠道	农村学生	城市学生	城乡学生分差	单因素方差分析
面向社会的人才市场或招聘会	2.413	2.163	0.250	0.000***
本校或外校的就业信息网站	3.831	3.599	0.232	0.000***
市场和社会的求职招聘网站	3.751	3.614	0.138	0.020**
学校或政府的安排、介绍	2.524	2.465	0.060	0.332
报纸上的招聘信息	1.527	1.522	0.004	0.919
用人单位的网站招聘信息	3.261	3.261	0.000	0.999
家人、师长或朋友的私人介绍	2.524	2.860	−0.336	0.000***

*** $p<0.01$，** $p<0.05$，* $p<0.1$。

从表 5-7 可知，两类学生的就业观念也存在明显不同，在评价影响事业成功的因素方面，相较于城市学生，农村学生认为政治表现、努力工作、有进取心和事业心更重要，特别是政治表现方面存在显著差异。而城市学生则明显更注重一些外部因素，包括出生在好地方、父母教育程度高、家境富裕、容貌、运气、性别、年龄、个人的聪明才智以及社会关系多，其中包括许多家庭背景相关的因素，是农村学生极度缺乏的资本储备。显然，农村学生们更在意的是那些通过后天努力可以获得的能力与品质。

表 5-7　城乡学生影响事业成功的因素差异 ❶

影响事业成功的因素	农村学生	城市学生	城乡学生分差	单因素方差分析
政治表现	3.504	3.448	0.056	0.079*
努力工作	4.500	4.489	0.011	0.650

---

❶ 该题组为学生看来上述因素对一个人获得事业成功的重要性，1~5 分评分，1 为毫不重要，5 为极为重要。

续表

影响事业成功的因素	农村学生	城市学生	城乡学生分差	单因素方差分析
有进取心、有事业心	4.538	4.536	0.002	0.931
自己受过良好教育	4.297	4.314	−0.017	0.489
社会关系多	4.255	4.298	−0.044	0.077*
个人的聪明才智	4.262	4.308	−0.046	0.061*
年龄	3.207	3.260	−0.053	0.076*
性别	3.011	3.106	−0.095	0.004***
运气	3.789	3.904	−0.115	0.000***
容貌	3.103	3.232	−0.128	0.000***
家境富裕	3.402	3.545	−0.143	0.000***
父母教育程度高	3.556	3.757	−0.201	0.000***
出生在好地方	3.344	3.578	−0.234	0.000***

*** $p<0.01$，* $p<0.1$。

二、就业薪酬

就业薪酬可以反映学生就业质量的相对高低，从表5-8的回归结果来看，城乡学生的就业薪酬并没有明显的差异，在控制了相关变量的情况下，农村学生并没有对就业薪酬产生负效应。从回归结果（1）的单变量模型来看，农村学生的就业薪酬更低，但不具有显著差异，符合描述统计结果。回归结果（2）中控制了学生的个体差异时，农村学生产生显著的负向影响。回归结果（3）中控制家庭背景，农村学生却产生显著的正向影响。就回归结果而言，若城乡学生处在同一家庭经济条件，农村学生将获得比城市学生更高的工资溢价，进一步说明在影响城乡学生就业薪酬的因素中，家庭背景是农村孩子最大的劣势。此外，在额外控制了学生的大学表现以及就业去向时，农村学生与城市学生依然没有显著差异。

本章城乡学生就业薪酬的结果与以往文献中农村学生就业薪酬较低的结论有所不同，这种差异可能由样本差异所致的。相较于全国性抽样样本或某一学校样本，本章样本学生全部来自北京市的公办大学，有其特殊性，反映了在北京就读城乡学生的就业薪酬，其优势在于控制了样本学生就读学校的所在地，降低了因农村学生更集中在普通本科院校或专科院校而导致的样本偏差。实际上，本章将进入大学的城乡学生置于同一起跑线，由此进一步比较他们在起点相同的情况下，接受大学教育而产生的就业分化，能够更为准确地讨论农村学生的大学"逆袭"如何实现。

表5-8　城乡学生对就业薪酬的影响

变量	（1）	（2）	（3）	（4）	（5）	（6）
农村学生	−0.0485	−0.0603*	0.0856**	0.0267	0.0277	0.0397
	（0.0348）	（0.0342）	（0.0400）	（0.0402）	（0.0400）	（0.0393）
性别	—	0.0349	—	0.0358	0.0868**	0.111***
	—	（0.0334）	—	（0.0334）	（0.0358）	（0.0357）
文理科	—	0.0260	—	0.0329	0.0953**	0.0873*
	—	（0.0392）	—	（0.0391）	（0.0459）	（0.0457）
高中类型	—	0.171***	—	0.163***	0.149***	0.151***
	—	（0.0446）	—	（0.0446）	（0.0444）	（0.0437）
高考成绩	—	0.151***	—	0.147***	0.151***	0.120***
	—	（0.0179）	—	（0.0204）	（0.0217）	（0.0218）
调查批次	—	0.281***	—	0.261***	0.258***	0.241***
	—	（0.0329）	—	（0.0330）	（0.0385）	（0.0380）
家庭年收入	—	—	0.117***	0.0765***	0.0725***	0.0709***
	—	—	（0.0188）	（0.0193）	（0.0194）	（0.0190）
父亲受教育水平	—	—	0.0302	0.00629	0.00311	−0.0106
	—	—	（0.0442）	（0.0443）	（0.0442）	（0.0435）
母亲受教育水平	—	—	0.0713	0.0380	0.0348	0.0441
	—	—	（0.0463）	（0.0471）	（0.0471）	（0.0461）
京籍	—	—	−0.219***	−0.0132	−0.0128	−0.0459
	—	—	（0.0327）	（0.0395）	（0.0439）	（0.0444）
招生方式	—	—	—	—	0.120	0.161**
	—	—	—	—	（0.0787）	（0.0776）
学业排名	—	—	—	—	0.241***	0.205**
	—	—	—	—	（0.0839）	（0.0830）
学生干部	—	—	—	—	0.0629*	0.0577*
	—	—	—	—	（0.0352）	（0.0348）

续表

变量	（1）	（2）	（3）	（4）	（5）	（6）
党员	—	—	—	—	−0.0413	−0.0289
	—	—	—	—	（0.0379）	（0.0373）
获奖	—	—	—	—	0.0298	0.0369
	—	—	—	—	（0.0590）	（0.0579）
计算机证书	—	—	—	—	0.0477	0.0623
	—	—	—	—	（0.0441）	（0.0437）
学校层次	—	—	—	—	−0.0180	−0.0294
	—	—	—	—	（0.0446）	（0.0453）
专业类型	—	—	—	—	−0.0885**	−0.0834**
	—	—	—	—	（0.0401）	（0.0418）
单位性质	—	—	—	—	—	是
行业类别	—	—	—	—	—	是
常数项	8.264***	8.013***	8.111***	7.874***	7.697***	7.539***
	（0.0200）	（0.0545）	（0.0397）	（0.0640）	（0.102）	（0.116）
样本量	1493	1340	1491	1340	1339	1339
R^2	0.001	0.123	0.060	0.138	0.152	0.214

注：括号内为标准误，*** $p<0.01$，** $p<0.05$，* $p<0.1$。

综上，从城乡学生的就业结果来看，两类学生存在一定差异，但这种差异并不意味着差距，农村学生在就业准备中投入更多，依靠公开的求职渠道，来获得更好的就业回报，他们认为个人的努力与品质是影响事业成功的关键因素。然而城市学生的就业效率更高，普遍认为家庭背景等因素对就业来说更为重要。从就业结果来看，在控制了相关变量的情况下，两类学生群体的就业薪酬没有显著差异。

第六节　总结与讨论

综上，本章基于首都大学生成长跟踪调查，以北京市的公办大学学生为研究对象，通过动态跟踪研究分析城乡学生从进入大学到踏上社会的全过程。农村学生由入学时的相对劣势，经过大学的成长与发展，最终获得与城市学生几乎没有差异的就业结果，从鲤鱼跃龙门到实现了人生的"逆袭"。

本研究发现，农村学生入学时确实存在明显的劣势，这种劣势主要表现在家庭背景方面。家庭背景是农村学生几乎无法改变或摆脱的限制性条件，包含了复杂的经济、文化等因素的影响，农村学生家庭经济条件更差，父母受教育程度更低，对他们的成长与发展都存在产生显著的影响。同时，他们的高考成绩也受到家庭背景的显著影响，即使农村学生能够与城市学生进入同一水平的大学，相比而言他们的成绩更低。

但是，农村学生更努力，在大学这一开放式的学习环境中，以更强的学习效能、更端正的学习态度投入到大学学习中去。虽然，农村学生高考成绩不如城市学生，但是他们的大学学业表现却更为出色，可见学习是帮助农村学生成功实现人生"逆袭"的关键。同时，农村学生在担任学生干部、入党、获奖、考证等综合能力的锻炼与培养方面，也没有与城市学生产生明显的差距，甚至他们更愿意通过参加这一类教育活动来提升自己的人力资本。

最终，在控制相关变量的情况下，农村学生在毕业时获得与城市学生相同水平的就业薪酬，不过仍能看出两类学生的就业差异。他们在大学期间积累的人力资本有效弥补了家庭背景带来的制约，同时他们在就业准备中投入更多，准备更充分，依然通过努力付出、以勤补拙来获取较为满意的求职结果。当然，从两类学生的求职渠道与就业观念来看，农村学生更依赖外部公共的求职媒介，认为个人能力与品质是影响事业成功的关键因素，与城市学生利用社会关系及私人渠道、看重家庭等外在因素所不同，形成了两种成功就业的可行途径。

仔细观察农村学生的大学"逆袭"之路，其实他们走得十分艰辛，是依靠自己的勤奋和努力一点一滴奋斗出来。本研究认为，大学对于农村学生而言可以发挥更为主动积极的作用，应着眼于四个方面帮助他们实现人生的进一步追赶。

第一，做好农村学生的心态过渡。农村学生从农村来到城市，由于生活环境的巨大改变，接触到的人和事物与家乡存在天壤之别，面对大城市的经济发展与物欲横流，他们的心态容易产生较大波动与落差，加上大学较为宽松的学习环境，容易产生懈怠。这时更需要靠一线辅导员们的关怀，引导他们调整心态，积极融入大学生活，教导他们既不能妄自菲薄，觉得自己低人一等，也要经得住物质诱惑、沉下心来。

第二，搭建农村学生非认知能力增长平台。与原有基础教育阶段单一的知识学习所不同，大学是传授学生专业知识、培养综合能力的教育场所，特别是提升学生的非认知能力，这恰恰也是农村学生急需弥补的个人能力短板。大学应鼓励农村学生通过参加学生社团、担任学生干部、从事志愿服务、开展社会实践等途径融入丰富多彩的大学生活，通过非课堂的教育方式培养人际交往、合作、适应等非认知能力，实现个人能力的综合发展，在条件允许的情况下，对这类学生组织专题或倾斜支持社会调研、国际交流等高成本活动。

第三，给予农村学生发展型资助支持。家庭背景的劣势是长期影响农村学生成长发展的重要瓶颈，家庭经济条件甚至直接影响到农村学生的生活水平。随着当前高校学生资助制度的不断完善，在传统保障型资助基础上，应进一步给予农村学生隐形资助，保护学生的隐私，以发展型资助促进他们的成长成才，实现资助育人全过程，通过资助既保障农村学生基本生活水平，又让受助学生同样享有人生出彩的机会，把资助工作落脚到人才培养的核心任务上。

第四，加强农村学生就业指导与帮助。显著影响学生就业的因素包括人力资本与社会资本，而农村学生能够倚靠的就是通过大学努力而获得的人力资本增量，那么对于社会资本的劣势是可以通过学校的就业指导与支持来缓解，通过实习岗位推荐、就业能力训练、求职技能培训、就业机会推介等方式，帮助农村学生提升就业能力，拓展社会关系。同时，可以有意识地引导并鼓励农村学生返乡就业创业，并提供资金、政策支持，帮助他们做出更为理性的就业选择。

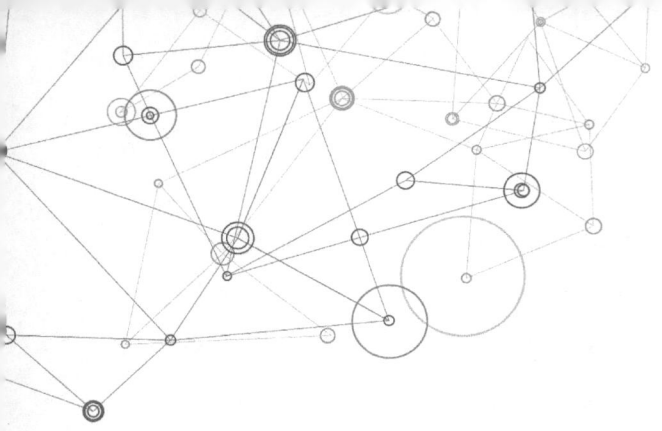

第六章　高校学生干部选择对大学学业成绩的影响 *

第一节　高校学生干部的基本特征

随着全国高校思想政治工作会议的召开以及《关于加强和改进新形势下高校思想政治工作的意见》的实施，共青团、学生会组织和学生社团的阵地作用不断加强，其中有关学生干部的队伍建设与人才培养无疑成为高校育人工作与思想政治教育工作的重要抓手。学生干部长期活跃在学校学院、学生组织、班级等各类组织与团体中，他们既有"学生"的身份，在学生中起到"表率"作用，同时又兼具"干部"属性，承担了一部分学校行政管理、思想政治教育与学生自我管理的工作与职能。这种身份的双重性使得学生干部备受关注，特别集中在学生干部的学业表现上。许多高校管理者把学业成绩作为选拔干部的重要标准，要求学生干部正确把握学习与工作的平衡。许多学者探讨学生干部与学业成绩之间的应然关系，更有人质疑当前学生干部的学业成绩不理想，难以成为广大同学的榜样。因此，学生干部与学业成绩之间的因果关系十分模糊，好学生更容易成为学生干部。担任学生干部会影响学习，难道学生干部与学业成绩真的

　　*　本章主要内容发表于《复旦教育论坛》2019 年第 4 期，此处有删改。

是"鱼"和"熊掌"不可兼得？这些疑问存在于人们的普遍认知中，没有在实证研究中得到验证。综上，本章使用"中国教育追踪调查"（Chinese Educational Panel Survey，CEPS）数据，以北京市 2008 级大学生为样本，通过分析 4 年追踪数据来解释担任学生干部对学业成绩的真正影响，为理论的探讨提供实证检验与数据支持。

在"首都大学生成长跟踪调查"（Beijing College Students Panel Survey，BCSPS）中，学生干部是一个广义概念，泛指高校各类学生组织中承担一定职责的学生（李路路，2013）。本章样本中，大学四年担任过各类干部职务的学生有 1655 人，比例高达 66.92%，从始至终未担任过学生干部的有 818 人，平均每年在任学生干部的占比达 39.45%（如图 6-1 所示）。

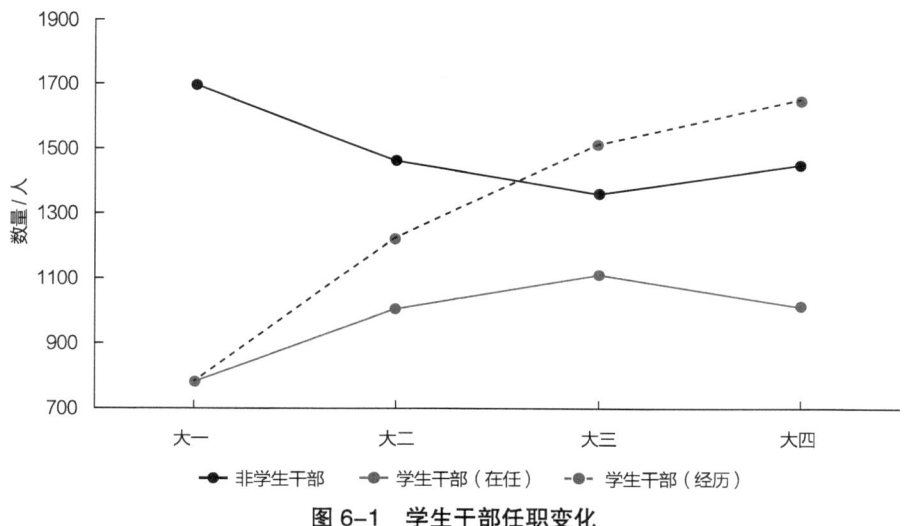

图 6-1　学生干部任职变化

那么，什么样的学生能成为学生干部？已有研究认为成为学生干部的同学本身都具备较好的素质，如学业成绩、政治面貌和过往学生干部经历都是影响成为学生干部的主要因素，特别是成绩越好的学生越有可能获得担任学生干部的机会（肖如恩 等，2016），因为学业成绩是选拔干部的基本原则（李阳 等，2003）。此外，还有研究认为性别、种族、高中经历等个人因素对担任学生干部及其能力水平高低存在显著作用（Posner，2014），而家庭背景如户籍、父母亲学历与职业、家庭经济条件、社会关系也显著影响担任干部的机会（高耀 等，2011；唐承祚，2017）。那么，是否学业成绩好、具有优势背景的学生更容易成为学生干部？研究采用 logit 回归模型，对成为学生干部的因素进行检验，模型如（6.1）

$$\text{Cadre}_{i,t} = \beta_0 + \beta_1 \text{Ranking}_{i,t-1} + \beta_k X_{k,i,t} + \varepsilon_i \tag{6.1}$$

其中，被解释变量为是否担任学生干部（Cadre，是 =1），i 表示学生个体，t 表示时间（年级），核心解释变量为大学学业成绩，以学生的学业排名（Ranking）来表示。本章对学业排名标准化处理，即用排名除以本班人数作为相对学业排名，以此解决学生样本来自不同学校、学分绩点标准难以统一的问题，相对学业排名数值越小意味排名越靠前，学业成绩相对更好。考虑到（$t-1$）时期的学业成绩可能对 t 时期的学生干部任职产生影响，所以研究在大二、大三、大四的模型中额外控制了前一年的学业排名（Ranking $_{i,t-1}$），在大学期间干部任职模型中控制了平均学业排名❶。此外，k 代表不同的控制变量，具体分为三部分，包括性别（男 =1）、高中文理科（理科 =1）、高中类型（省重点及以上 =1）与标准化高考成绩为代表的个体特征变量❷，户籍（城镇 =1）、家庭年收入（对数处理）❸、父亲及母亲的受教育水平（大专及以上 =1）为代表的家庭背景变量，以及招生方式（自主招生 =1）、政治面貌（党员 =1）、大学层次（"985""211"高校 =1）及专业类型（理工农医 =1）为代表的大学相关变量。

从表 6-1 的回归结果来看，前一年的学业成绩、高考成绩显著影响了下一年担任干部的概率，成绩越好的学生更有可能成为学生干部。此外，

---

❶　在大一是否担任学生干部的模型中，不控制前一年的学业排名。

❷　研究对学生高考成绩进行标准化处理，将各试卷体系的分数（包括原始分、标准分）转换为高考满分 750 分的原始分系统，再对处理过的原始分进行 Z 分数处理，转换为分析使用的标准化高考成绩，给出每个学生在样本群体中的相对位置。

❸　在对大学期间担任干部总体回归中，家庭年收入为大学期间均值取并取对数处理。

性别、高中文理分科、高中类型、家庭年收入、政治面貌、大学层次及专业类型等因素也显著影响了成为学生干部的概率。那么，学生干部的学业成绩究竟如何？

表 6-1　影响成为学生干部的因素

变量	（1）大一干部	（2）大二干部	（3）大三干部	（4）大四干部	（5）大学干部
学业排名	—	−1.355***	−0.850***	−0.751***	−0.796***
	—	（0.206）	（0.206）	（0.209）	（0.239）
性别	−0.189*	−0.203*	−0.00520	0.0368	−0.0309
	（0.105）	（0.104）	（0.104）	（0.106）	（0.113）
文理分科	−0.120	−0.0808	0.223	0.234*	0.336**
	（0.142）	（0.141）	（0.138）	（0.142）	（0.156）
高中类型	0.361**	0.252	0.0188	−0.0357	0.0388
	（0.179）	（0.169）	（0.162）	（0.164）	（0.167）
高考成绩	0.191***	0.230***	0.147**	0.0315	0.298***
	（0.0672）	（0.0646）	（0.0620）	（0.0628）	（0.0677）
户籍	0.118	0.0986	0.0144	0.0712	0.0564
	（0.134）	（0.131）	（0.126）	（0.127）	（0.137）
家庭年收入	0.116**	0.0820	0.0338	0.0179	0.175***
	（0.0514）	（0.0527）	（0.0541）	（0.0524）	（0.0656）
父亲受教育水平	−0.0385	−0.0551	−0.115	−0.0348	−0.178
	（0.138）	（0.137）	（0.134）	（0.136）	（0.147）
母亲受教育水平	−0.0234	0.0186	0.125	−0.0446	−0.00228
	（0.136）	（0.135）	（0.133）	（0.135）	（0.147）
招生方式	−0.0444	0.159	−0.0437	0.190	0.00719
	（0.156）	（0.160）	（0.157）	（0.159）	（0.176）
政治面貌	0.542***	1.130***	0.994***	0.756***	1.122***
	（0.175）	（0.146）	（0.112）	（0.103）	（0.121）
大学层次	−0.0962	−0.264**	−0.00703	−0.122	−0.166
	（0.126）	（0.124）	（0.120）	（0.124）	（0.130）
专业类型	0.124	−0.0935	−0.238*	−0.203	−0.490***
	（0.131）	（0.127）	（0.125）	（0.127）	（0.141）
常数项	−1.209***	0.103	−0.0657	−0.164	0.672***
	（0.219）	（0.232）	（0.227）	（0.235）	（0.252）

续表

变量	（1）	（2）	（3）	（4）	（5）
	大一干部	大二干部	大三干部	大四干部	大学干部
样本量	2125	2047	2036	1936	2034
R^2	0.0180	0.0681	0.0547	0.0361	0.0755

注：括号内为标准误，*** $p<0.01$，** $p<0.05$，* $p<0.1$。

第二节　高校学生干部的学业成绩

学生干部是学生中的优秀群体，有研究发现他们的学习策略使用水平更高（周海涛 等，2014），在学习主动性上强于普通学生（Ferrari and Diazmorales，2007），正因为他们是大学生中的优秀分子，出于对自己的负责，并没有放松对学业成绩的要求（Connelly et al.，2007），在那些层次越好的院校中学生干部的影响就越明显（蒋承等，2015）。那么与普通同学相比，学生干部的成绩究竟是好是坏？

图6-2展示的是学生干部与非学生干部各年大学平均学业成绩的比较，两类群体存在显著差异（$p<0.001$），学生干部的学业成绩明显更好，平均学业排名比非学生干部高出15.2个百分点。

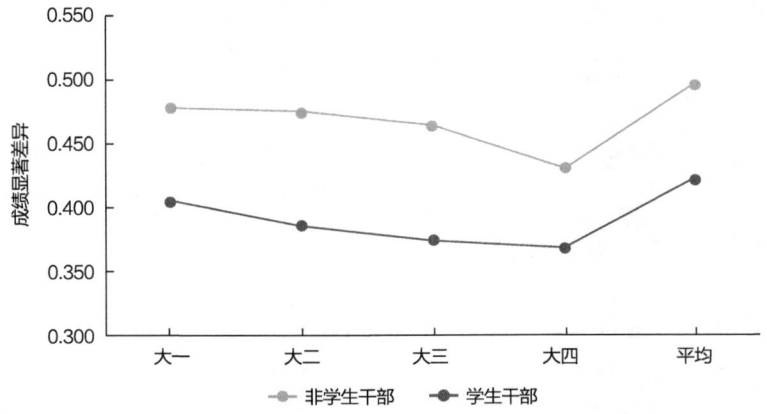

图6-2　学生干部与非学生干部学业成绩变化

研究采用多元线性回归分析学生干部对学业成绩的影响，模型如（6.2）。

$$Ranking_{i,t} = \beta_0 + \beta_1 Cadre_{i,t} + \beta_k X_{k,i,t} + \varepsilon_i \qquad （6.2）$$

其中，被解释变量为大学学业排名（Ranking），在不同回归方程中分别为各年学业排名及大学平均学业排名，核心解释变量当年是否担任学生干部（Cadre，是 =1），平均学业成绩解释模型中为大学期间是否担任过学生干部。模型中的控制变量分为个体特征、家庭背景及大学相关变量三部分，与模型（6.1）一致。

表 6-2　学生干部对学业成绩的影响

变量	（1）大一学业成绩	（2）大二学业成绩	（3）大三学业成绩	（4）大四学业成绩	（5）平均学业成绩
学生干部	−0.0649***	−0.0674***	−0.0602***	−0.0398***	−0.0359***
	（0.0112）	（0.0103）	（0.0104）	（0.0104）	（0.0104）
性别	0.0707***	0.0879***	0.0976***	0.102***	0.0772***
	（0.0113）	（0.0109）	（0.0111）	（0.0112）	（0.0102）
文理分科	−0.0386**	−0.0233	−0.0379**	−0.0493***	−0.0342**
	（0.0155）	（0.0148）	（0.0150）	（0.0153）	（0.0140）
高中类型	−0.0552***	−0.0651***	−0.0372**	−0.0229	−0.0580***
	（0.0176）	（0.0171）	（0.0173）	（0.0176）	（0.0161）
高考成绩	−0.0193***	−0.00361	−0.00587	−0.00387	−0.00992
	（0.00692）	（0.00654）	（0.00668）	（0.00676）	（0.00638）
户籍	0.0201	0.0199	0.00854	0.0200	0.0202
	（0.0142）	（0.0136）	（0.0137）	（0.0138）	（0.0128）
家庭年收入	0.00450	0.0210***	0.0147**	0.00975*	0.0105*
	（0.00552）	（0.00555）	（0.00593）	（0.00569）	（0.00602）
父亲受教育水平	0.00209	−0.00870	−0.00858	−0.0280*	−0.00432
	（0.0150）	（0.0144）	（0.0145）	（0.0148）	（0.0135）
母亲受教育水平	−0.0126	−0.0224	−0.0169	0.000649	−0.0216
	（0.0149）	（0.0143）	（0.0144）	（0.0146）	（0.0135）
招生方式	−0.0234	−0.0236	−0.0208	−0.0214	−0.0212
	（0.0176）	（0.0167）	（0.0169）	（0.0173）	（0.0157）

续表

变量	（1）大一学业成绩	（2）大二学业成绩	（3）大三学业成绩	（4）大四学业成绩	（5）平均学业成绩
政治面貌	−0.0231	−0.0935***	−0.112***	−0.120***	−0.111***
	（0.0203）	（0.0150）	（0.0119）	（0.0110）	（0.0102）
大学层次	0.0159	−0.00506	0.0132	0.0216	0.0100
	（0.0134）	（0.0128）	（0.0131）	（0.0134）	（0.0122）
专业类型	0.0184	0.00357	0.0162	0.0145	0.00868
	（0.0139）	（0.0133）	（0.0136）	（0.0138）	（0.0126）
常数项	0.484***	0.481***	0.457***	0.429***	0.516***
	（0.0225）	（0.0220）	（0.0226）	（0.0236）	（0.0220）
样本量	2047	2109	2043	1977	2034
R^2	0.056	0.101	0.123	0.124	0.122

注：括号内为标准误，*** $p<0.01$，** $p<0.05$，* $p<0.1$。

从表 6-2 的回归结果来看，担任学生干部对学业成绩产生稳定显著的正效应，学生干部的学业成绩更出色。但综合表 6-1、表 6-2 结果来看，性别、高中文理分科、高中类型、高考成绩、家庭年收入、政治面貌、大学层次及专业类型等因素同时对成为学生干部与学业成绩产生显著作用。因此，这些变量可能会影响学生干部对学业成绩效应的估计结果。此外，学生干部在学习之余承担了许多学生工作，这也意味着他们的学习更容易受到来自学生工作的冲击和影响，难道担任学生干部从事学生工作不会耽误学业成绩么？

第三节　高校学生干部选择对学业成绩的影响

在相关研究与报道中，我们经常能看到学生干部因为繁重的学生工作而耽误学习、荒废学业的情况（吕鹏，2001；林宇晖，2010）。很多学生到大学后不适应放养式的学习环境，将精力过多地投入到学生工作和参与课外活动中，从而降低了对自身学业的要求（张兵和章姗，2012），即使他们原本成绩很好，学生工作还是会影响学习，从而导致成绩的下降（袁俊夫，1990）。也有研究认为，学生干部学业表现不佳是由于当前评价学生的标准中学业成绩不再是硬指标，学生干部自然容易放低学习要求（周留军，2014）。

从图6-3中可以发现，学生干部平均每周花在学生工作与社团活动的时间明显高于非学生干部群体，两者存在显著差异（$p<0.001$）。所以，有必要检验学生干部的工作时间是否影响其学业成绩。

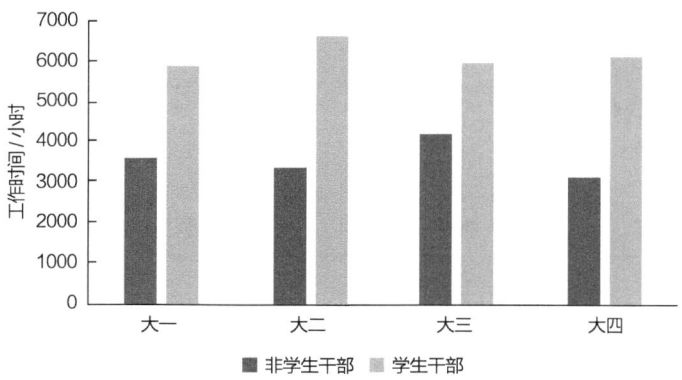

图6-3　每周用于社团活动与学生工作的时间

研究在不同学生样本中采用多元线性回归方法探讨学生工作时间的影响，模型如（6.3）。

$$Ranking_{i,t} = \beta_0 + \beta_1 Time_{i,t} + \beta_2 Cadre_{i,t} + \beta_k X_{k,i,t} + \varepsilon_i \qquad (6.3)$$

其中，被解释变量为大学学业排名，在不同回归方程中分别为各年学业排名及大学四年平均学业排名，核心解释变量为学生每周花在学生工作与社团活动的时间（Time），控制变量与模型（6.2）一致。

从表6-3和表6-4的回归结果来看，无论在全样本还是学生干部样本中，都没发现学生工作时间对学业成绩产生稳定显著的影响，同时学生干部依然对学业成绩存在显著的正效应，看来学生干部付出的工作时间并不影响学业成绩。那么，担任学生干部到底对学业成绩产生了怎样的作用？

表6-3　全样本中学生工作时间对学业成绩的影响

变量	（1）	（2）	（3）	（4）	（5）
全样本	大一学业成绩	大二学业成绩	大三学业成绩	大四学业成绩	平均学业成绩
工作时间	−0.00162*	−0.000418	0.000602	0.000240	−0.000404
	（0.000839）	（0.000672）	（0.000612）	（0.000446）	（0.000930）
学生干部	−0.0612***	−0.0661***	−0.0613***	−0.0405***	−0.0352***
	（0.0114）	（0.0106）	（0.0104）	（0.0105）	（0.0106）
控制变量	是	是	是	是	是
常数项	0.489***	0.484***	0.454***	0.428***	0.518***
	（0.0227）	（0.0223）	（0.0229）	（0.0238）	（0.0224）
样本量	2043	2107	2043	1977	2034
R^2	0.057	0.101	0.123	0.125	0.122

注：1. 括号内为标准误，*** $p<0.01$，** $p<0.05$，* $p<0.1$；2. 由于篇幅限制，本表控制变量省略。

表6-4　学生干部样本中学生工作时间对学业成绩的影响

变量	（1）	（2）	（3）	（4）	（5）
学生干部样本	大一学业成绩	大二学业成绩	大三学业成绩	大四学业成绩	平均学业成绩
工作时间	−0.00116	−0.000551	0.000895	0.000270	0.000362
	（0.000986）	（0.000759）	（0.000689）	（0.000477）	（0.00104）
控制变量	是	是	是	是	是
常数项	0.460***	0.447***	0.404***	0.408***	0.490***
	（0.0281）	（0.0273）	（0.0274）	（0.0278）	（0.0265）
样本量	1376	1420	1392	1358	1392
R^2	0.040	0.077	0.104	0.119	0.118

注：1. 括号内为标准误，*** $p<0.01$，** $p<0.05$，* $p<0.1$；2. 由于篇幅限制，本表控制变量省略。

一、基于倾向得分匹配法估计学生干部的影响

考虑到成为学生干部的学生群体已具备较好的学业成绩与能力素质，那些影响成为学生干部的因素也对学业成绩产生作用，仅通过多元线性回归来估计学生干部的效应会产生典型的样本选择偏差（Selectivity Bias），

同时可能因遗漏变量产生内生性问题（Endogeneity），从而无法准确估计学生干部的真实效应。所以，本章采用倾向得分匹配法（Propensity Score Matching）解决选择性偏差与内生性问题，进一步检验学生干部对学业成绩的作用。倾向得分匹配法的基本特征是通过再抽样或基于接受干预的概率（即倾向得分）将未被干预成员与干预成员进行匹配来平衡数据（Cook and Weisberg，1983；Guo and Fraser，2014）。在本章中，倾向得分是在样本群体特征集合 X 下担任学生干部的条件概率，包括模型（1）中的所有控制变量 ❶，干预措施 D 即是否担任学生干部，模型如（6.4）。

$$p\ (X_i) = \mathrm{P}\ [\ D_i = 1\ |\ X_i\ ] = \mathrm{E}\ [\ D_i\ ] = \frac{\exp\ (X_i)}{1 + \exp\ (X_i)} \qquad (6.4)$$

其中，$p\ (X_i)$ 是个体 i 在条件向量 X 下所得的倾向得分，D_i 表示学生 i 担任学生干部的二分干预状态，$D_i = 1$ 表示学生 i 担任学生干部，$D_i = 0$ 则表示学生 i 不是学生干部。基于倾向得分重新匹配样本，并在学生干部限制条件下估计学生干部的平均处理效应（Average Treatment Effect of the Treated，ATT），模型如（6.5）。

$$\mathrm{ATT} = E\ [\ (Y_1 - Y_0)\ |\ X, D = 1\ ] \qquad (6.5)$$

其中，Y_1 为担任学生干部群体，Y_0 为非学生干部群体。在倾向得分匹配法中较为常见的方法有最近邻匹配（Nearest Neighbor Matching）、半径匹配（Radius Matching）、卡尺内最近邻匹配（Nearest Neighbor Matching Within Caliper）及核匹配（Kernel Matching）等，本章将基于上述 4 种倾向得分匹配法来估计学生干部对各年学业成绩与大学平均学业成绩的平均处理效应。

---

❶　特征变量包括性别、高中文理科、高中类型、高考成绩、户籍、家庭年收入、父亲受教育水平、母亲受教育水平、招生方式、政治面貌、大学层次及专业类型。

表6-5　平衡性检验结果

变量	样本	均值		标准偏误 /%	误差消除 /%	t 检验	
		处理组	控制组			t 值	p 值
性别	匹配前	0.509	0.555	−9.10	—	−1.90	0.058*
	匹配后	0.509	0.520	−2.20	76.10	−0.57	0.569
高中文理科	匹配前	0.739	0.760	−5.00	—	−1.04	0.299
	匹配后	0.738	0.734	0.90	82.30	0.23	0.819
高中类型	匹配前	0.907	0.864	13.50	—	2.92	0.004***
	匹配后	0.907	0.903	1.20	90.90	0.35	0.727
高考成绩	匹配前	0.090	−0.176	27.90	—	6.02	0.000***
	匹配后	0.089	0.082	0.70	97.50	0.20	0.842
户籍	匹配前	0.723	0.692	6.80	—	1.44	0.150
	匹配后	0.723	0.715	1.80	74.30	0.47	0.639
家庭年收入	匹配前	1.775	1.670	10.90	—	2.26	0.024**
	匹配后	1.774	1.740	3.60	66.90	0.96	0.337
父亲受教育水平	匹配前	0.524	0.506	3.60	—	0.76	0.446
	匹配后	0.524	0.522	0.30	90.40	0.09	0.927
母亲受教育水平	匹配前	0.448	0.419	5.90	—	1.24	0.217
	匹配后	0.448	0.420	5.60	5.80	1.47	0.143
招生方式	匹配前	0.116	0.092	7.80	—	1.60	0.109
	匹配后	0.115	0.106	2.90	62.90	0.74	0.459
政治面貌	匹配前	0.440	0.188	56.20	—	11.30	0.000***
	匹配后	0.439	0.439	0.00	100.00	0.00	0.996
学校层次	匹配前	0.658	0.603	11.50	—	2.42	0.016**
	匹配后	0.658	0.668	−2.10	81.90	−0.56	0.577
专业类型	匹配前	0.527	0.604	−15.60	—	−3.25	0.001***
	匹配后	0.528	0.537	−1.80	88.40	−0.47	0.635

注：1.*** $p<0.01$，** $p<0.05$，* $p<0.1$；2.此表是核匹配的平衡性检验结果，其他匹配结果类似，不再展示。

通过将学生干部与非学生干部的样本进行匹配，可以有效解决样本选择偏差和内生性问题，得到担任学生干部对学业成绩的纯效应。表6-5展示了匹配前后各因素的变化情况，匹配后所有变量的标准化偏误明显减小，特别是性别、高中类型、高考成绩、家庭年收入、政治面貌、大学层次及专业类型在未匹配前有显著差异，而匹配后得到明显改善，匹配效果良好。同时，匹配（核匹配法）前后处理组与控制组之间的差异大幅降低（如图6-4所示），倾向得分密度函数趋近。可见，探讨学生干部对学业成绩产生的作用受到了两类群体"先天"因素差异的影响，而平衡样本后可以更准确地估计学生干部的作用。

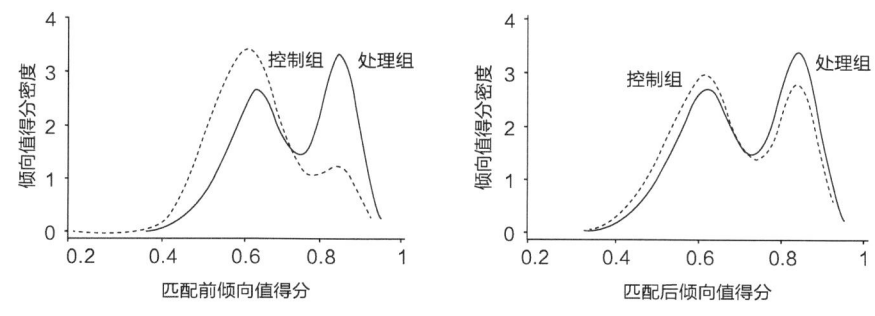

图6-4　匹配前后处理组与控制组的倾向得分密度函数图

本章采用2近邻匹配（即 1 to 2 匹配）、半径匹配（$r = 0.02 \leqslant 0.25\,\hat{\sigma}pscore$）、带卡尺（$r = 0.02$）的2近邻匹配以及核匹配四种倾向得分匹配法，估计学生干部的平均处理效应（ATT）。从表6-6的结果中可以发现，所得学生干部的平均处理效应均有显著影响，担任学生干部对学业成绩具有显著的提升作用，且各匹配法之间的差异不明显，说明学生干部的作用是稳健的。以大一为例，四种匹配法所得的平均处理效应为 –0.065，且大一、大二担任学生干部对学业成绩的影响更强。倾向得分匹配法的结果可以证明，在消除处理组与控制组的样本选择偏差与内生性问题后，担任学生干部对学业成绩具有显著正效应，两者存在较强的因果关系。

表 6-6　学生干部对学业成绩的平均处理效应

匹配法	大一学业成绩	大二学业成绩	大三学业成绩	大四学业成绩	平均学业成绩
最近邻匹配（1 to 2）	−0.066***	−0.080***	−0.056***	−0.032**	−0.034**
半径匹配（$r = 0.02$）	−0.064***	−0.071***	−0.059***	−0.044***	−0.043***
带卡尺（$r = 0.02$）的最近邻匹配（1 to 2）	−0.066***	−0.080***	−0.056***	−0.032**	−0.034**
核匹配	−0.064***	−0.070***	−0.061***	−0.045***	−0.045***
ATT 均值	−0.065	−0.075	−0.058	−0.038	−0.039

注：括号内为标准误，*** $p<0.01$，** $p<0.05$。

此外，研究在上述倾向得分匹配模型中额外控制前一年学业成绩，以检验学生干部影响的稳定性。从表 6-7 的结果来看，虽然在控制前一年学业成绩的基础上，学生干部的效用明显降低，但是在大二、大三时期依然对学业成绩存在显著的提升作用，说明学生干部的积极影响是稳健的。

表 6-7　加入前一年学业成绩后学生干部的平均处理效应

匹配法	大二学业成绩	大三学业成绩	大四学业成绩
最近邻匹配（1 to 2）	−0.024*	−0.025*	−0.008
半径匹配（$r = 0.02$）	−0.027**	−0.024**	−0.011
带卡尺（$r = 0.02$）的最近邻匹配（1 to 2）	−0.024*	−0.025*	−0.008
核匹配	−0.028**	−0.028**	−0.012
ATT 均值	−0.025	−0.026	−0.010

注：括号内为标准误，** $p<0.05$，* $p<0.1$。

二、基于倾向得分匹配后的双重差分处理

从表 6-6 与表 6-7 的结果中，可以发现加入前一年成绩后，学生干部的影响明显下降，说明倾向得分匹配法仍存在一个问题，就是只能对可观测变量进行处理，但无法解决不可观测变量的影响（Khandker et al., 2010）。同时，作为干预措施的学生干部是某一时间截面上的二分变量，

当年担任学生干部的同学在前一年可能担任干部，也可能没有担任，这样的干部任职变化也会对结果的估计产生影响。所以，本研究进一步探究由未担任学生干部到担任学生干部这一变化对学业成绩的影响，即在（t–1）时期干预未发生（未担任学生干部）（Heckman et al.，1997），处理组与控制组均可记为 Y_0，t–1；而在 t 时期干预发生，可能存在两种潜在结果，分别记为 Y_1，t（成为学生干部）与 Y_0，t（依然不担任学生干部）。综上，研究在控制了前一年学业成绩的倾向得分匹配法（核匹配法）基础上，再对平衡后样本使用双重差分法估计学生干部对学业成绩的提升作用。

$$\widehat{ATT} = E\left[\left(Y_{1,t,i} - Y_{0,t-1,i}\right) - \left\{\left(Y_{0,t,i} - Y_{0,t-1,t}\right) \mid X, D=0\right\} \mid X, D=1\right] \quad (6.6)$$

其中，t–1 期学生均为非学生干部样本，而 t 期产生了是否担任学生干部的情况，第一阶差分为处理组（担任学生干部）的前后变化（Y_1，t，i–Y_1，t–1，i）与匹配后的控制组（始终没有担任学生干部）的前后变化 [（Y_1，t，i–Y_1，t–1，i）$\mid X$，D=0]，第二阶差分则针对第一阶差分所得差值再进行倾向得分的核匹配回归，即模型（6.6），得到新的学生干部平均处理效应。

　　从表 6–8 的结果可以看出，对于那些从不是学生干部到学生干部的群体而言，学业成绩发生较大变化，担任学生干部后学业成绩更好，说明担任学生干部之后对学业成绩产生了显著的提升作用，且大二、大三新任干部的平均处理效应分别为 –0.045、–0.046，是原来倾向得分匹配法的 1.6 倍（如表 6–6 核匹配法结果所示），一定程度上矫正了原方法存在的偏差。

表 6–8　担任学生干部前后对学业成绩的提升作用（核匹配法）

干预措施	分组	干预前平均学业成绩	干预后平均学业成绩	二阶差分估计 ATT
大一不当 – 大二当	控制组	0.432	0.451	–0.045*
	处理组	0.424	0.398	
	一阶差分	–0.008	–0.053***	

干预措施	分组	干预前平均学业成绩	干预后平均学业成绩	二阶差分估计ATT
大二不当 – 大三当	控制组	0.444	0.464	–0.046*
	处理组	0.439	0.414	
	一阶差分	–0.005	–0.050**	
大三不当 – 大四当	控制组	0.489	0.490	–0.023
	处理组	0.491	0.469	
	一阶差分	0.002	–0.021	

注：括号内为标准误，*** $p<0.01$，** $p<0.05$，* $p<0.1$。

综上，本研究通过倾向得分匹配法与基于倾向得分匹配的双重差分法的检验，发现学生干部对学业成绩具有显著的提升作用，且这种影响非常稳健。那么，学生干部影响学业成绩的机制又是什么？

第四节　高校学生干部选择影响学业成绩的机制探讨

担任学生干部对学业成绩产生了显著的提升作用，当然这并不是意味着学生获得学生干部这一个身份或职务，学业成绩就会更好，或是老师给予的评价就更高，显然学生干部作为一个重要的教育过程（石国亮，2008），对学生某些方面的能力产生了教育与培养。已有研究证实，担任学生干部可以显著提升学生的就业能力，对其在劳动力市场中获得更高薪酬具有积极影响（崔盛和吴秋翔，2018）。所以，学生干部一定通过某种机制对学业成绩产生了促进作用。

大量研究认为学习动机对成绩有着显著影响（范春林和张大均，2007；路平 等，2016），并通过测量学业成就目标来反映学生的学习动机，发现学业成就目标对学业成绩具有预测作用（宋雪芹 等，2011），与成绩呈正相关关系（Judith et al.，1998）。在 CEPS 调查中，使用艾略特（Elliot）与麦格雷戈（Mcgregor）编制的学业成就目标量表测量学习动机，该量表分为"掌握—接近"目标、"掌握—回避"目标、"成绩—接近"目标、"成绩—回避"目标四个维度，其中"掌握—接近"关注学生对学习内容的掌握与理解，"掌握—回避"注重如何避免学生对学习内容的不理解，"成绩—接近"反映学生要求自己的学业成绩比他人更出色，"成绩—回避"则反映学生在成绩上避免比他人表现得更差（Elliot and Mcgregor，2001），国内研究证实该量表具有良好的信效度。图 6-5 反映学生干部与非学生干部在学业成就目标得分的差值，其中学生干部在"掌握—接近""掌握—回避"与"成绩—接近"三个维度得分更高，两类群体在"接近"型维度得分的差异更明显。

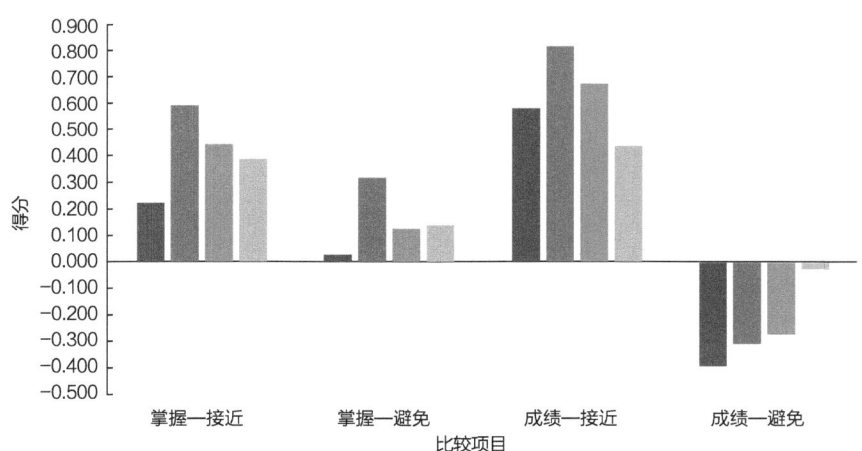

图 6-5　学生干部与非学生干部在学业成就目标得分的差异❶

■ 大一　■ 大二　■ 大三　■ 大四

为了更好地解释学习动机对成绩的影响，本研究在模型 6.2 的基础上对学业成就目标的作用进行检验。从表 6-9 的结果来看，学业成就目标对大学学业成绩具有显著稳定的影响，其中"掌—接近""成绩—接近"得

---

❶　表中各值＝学生干部当年平均得分－非学生干部当年平均得分。

分越高，学生成绩更好，这两项是积极性指标，而"掌握—回避""成绩—回避"得分越高，学生学业表现反而不佳，这两个维度是消极性指标。

表 6-9　学业成就目标对学业成绩的影响

变量	（1）大一学业成绩	（2）大二学业成绩	（3）大三学业成绩	（4）大四学业成绩	（5）平均学业成绩
掌握—接近	−0.0121***	−0.00904***	−0.00838***	−0.00558**	−0.0112***
	（0.00224）	（0.00215）	（0.00218）	（0.00260）	（0.00276）
掌握—回避	0.00907***	0.00823***	0.0110***	0.0108***	0.0152***
	（0.00205）	（0.00200）	（0.00220）	（0.00261）	（0.00273）
成绩—接近	−0.0277***	−0.0299***	−0.0379***	−0.0355***	−0.0424***
	（0.00184）	（0.00181）	（0.00199）	（0.00240）	（0.00228）
成绩—回避	0.0143***	0.0183***	0.0158***	0.0182***	0.0224***
	（0.00184）	（0.00178）	（0.00183）	（0.00220）	（0.00238）

注：1. 括号内为标准误，*** $p<0.01$，** $p<0.05$，* $p<0.1$；2. 本表回归结果是在模型 6.2 的基础上，额外控制目标成就量表各维度分值，每个维度由 3 道题构成，题目采取 5 点评估计分法，所以每个维度最低分 3 分，最高分 15 分；3. 本表回归结果不控制学生干部任职情况，样本量为全体学生；4. 由于篇幅限制，本表控制变量、常数项、样本量及 R^2 省略。

那么担任学生干部是否有助于提升学习动机，进而对学业成绩产生影响？本研究采用多元线性回归法探讨担任学生干部对学业成就目标的影响，被解释变量为学业成就目标得分（Achievement Goal），各维度目标分别回归，核心解释变量为是否担任学生干部（Cadre，是 =1），其余控制变量与模型（6.2）相同。模型如（6.7）。

$$\text{Achievement Goal}_{i,t} = \beta_0 + \beta_1 \text{Cadre}_{i,t} + \beta_k X_{k,i,t} + \varepsilon_i \qquad (6.7)$$

从表 6-10 的结果中，本研究发现担任学生干部对"掌握—接近"目标与"成绩—接近"目标产生显著的正效应，而对两项"回避"型目标没有稳定显著的作用，说明担任学生干部可以有效提升"接近"型目标得分，同时该目标也对学业成绩产生显著的正向影响。可见，学生干部更多是通过"接近"型目标对学习动机产生影响，进而提高了学业成绩。有研究认为

"掌握—接近"是对个体长远成长最有利的目标维度，"成绩—接近"对个体短期表现有促进作用，而"掌握—避免"与"成绩—避免"只能保证学生的基本表现，对个体能力的提高不利（李路路，2014）。研究结果反映出，学生干部们既关注知识学习的掌握程度，也关心如何在学业成绩上表现得更出色，他们的学习动机更强，这种作用是积极、主动的。

表 6-10　担任学生干部对学业成就目标的影响

变量	（1）大一学业成绩	（2）大一学业成绩	（3）大一学业成绩	（4）大一学业成绩
掌握—接近目标	0.0588	−0.112	0.446***	−0.380***
	（0.119）	（0.134）	（0.142）	（0.129）
掌握—回避目标	0.459***	0.244*	0.602***	−0.152
	（0.116）	（0.126）	（0.132）	（0.121）
成绩—接近目标	0.252**	−0.00191	0.480***	−0.160
	（0.123）	（0.124）	（0.131）	（0.120）
成绩—回避目标	0.257**	0.0572	0.289**	−0.0533
	（0.111）	（0.114）	（0.119）	（0.113）
平均	0.160*	0.00407	0.254**	−0.129
	（0.0880）	（0.0926）	（0.102）	（0.0864）

注：1. 括号内为标准误，*** $p<0.01$，** $p<0.05$，* $p<0.1$；2. 由于篇幅限制，本表控制变量、常数项、样本量及 R^2 省略。

为了进一步准确判断学习动机就是学生干部对学业成绩的影响机制，本研究在额外控制学业成就目标得分的基础上，再次使用倾向得分匹配法对学生干部的作用进行估计。表 6-11 展示的是加入机制（学业成就目标得分）前后各匹配法对学生干部平均处理效应的估计值，在消除了影响机制的作用下，学生干部对学业成绩的 ATT 明显降低，大一平均下降 19.15 个百分点，大二平均下降 41.64 个百分点，大三平均下降 35.94 个百分点，大四平均下降 22.50 个百分点，总体平均下降 37.03 个百分点，充分说明担任学生干部会影响学生的学习动机，并通过这一中介机制对学业成绩产生影响。

表 6-11　加入机制前后学生干部对学业成绩的平均处理效应 [1]

结果变量	匹配法	未加入机制	加入机制	变化幅度
大一学业成绩	匹配法 1	−0.066***	−0.058*	−12.27%
	匹配法 2	−0.064***	−0.046*	−27.52%
	匹配法 3	−0.066***	−0.058*	−12.27%
	匹配法 4	−0.064***	−0.048*	−24.52%
大二学业成绩	匹配法 1	−0.080***	−0.038*	−51.92%
	匹配法 2	−0.071***	−0.048*	−32.67%
	匹配法 3	−0.080***	−0.038*	−51.92%
	匹配法 4	−0.070***	−0.049*	−30.03%
大三学业成绩	匹配法 1	−0.056***	−0.036	−36.51%
	匹配法 2	−0.059***	−0.036	−38.57%
	匹配法 3	−0.056***	−0.036	−36.51%
	匹配法 4	−0.061***	−0.041	−32.17%
大四学业成绩	匹配法 1	−0.032**	−0.027	−15.95%
	匹配法 2	−0.044***	−0.030	−31.50%
	匹配法 3	−0.032**	−0.027	−15.95%
	匹配法 4	−0.045***	−0.033	−26.59%
平均学业成绩	匹配法 1	−0.034**	−0.019	−42.77%
	匹配法 2	−0.043***	−0.029*	−31.63%
	匹配法 3	−0.034**	−0.020	−41.84%
	匹配法 4	−0.045***	−0.031*	−31.88%

注：括号内为标准误，*** $p<0.01$，** $p<0.05$，* $p<0.1$。

事实上，担任学生干部能够学生的能力发展产生积极影响，学业成绩就是其中一种结果的呈现。虽然在常规认知中，担任学生干部会严重挤占学生的学习时间，可能对学生干部的学习产生消极作用。但根据本章研究

---

[1]　未加入机制的结果即表 4 报告的 ATT，加入机制的结果即平衡学业成就目标得分后所得的 ATT。匹配法 1 为最近邻匹配（1 to 2），匹配法 2 为半径匹配（$r=0.02$）、匹配法 3 为带卡尺（$r=0.02$）的最近邻匹配（1 to 2），匹配法 4 为核匹配。

发现，担任学生干部会提升学生的学业成绩，其原因之一就是通过影响学生干部们的学习动机，促使他们渴望掌握知识并获得更好成绩，与已有研究相吻合。当然，学习动机是影响学业表现的重要因素之一，学生干部还存在其他影响成绩的解释机制，有待进一步讨论。

第五节　总结与讨论

综上，本章从北京市 2008 级学生大学 4 年的成长与变化，探讨担任学生干部对学业成绩的影响与机制。研究发现，学业成绩等变量是影响学生成为干部的主要因素，那些担任学生干部的同学本身就具备较好的学业成绩与较高的能力水平。同时，学生干部的学业成绩确实比普通同学更好，但这可能受到性别、高中文理分科、高中类型、高考成绩、家庭年收入及政治面貌等因素的干扰，从而对估计学生干部的影响产生偏差。此外，虽然学生干部用于学生工作与社团活动的时间远超过非学生干部，但研究并没有发现工作时间与学业成绩的负向关系，可见担任学生干部并不一定会耽误学业。

本研究认为学生干部是一种教育过程，可以对学业成绩产生积极影响。为了解决已有研究存在的不足，本章采用倾向得分匹配法与基于倾向得分匹配的双重差分法来验证学生干部的效应。通过倾向得分匹配法解决了样本选择偏差与内生性问题后，研究发现学生干部与学业成绩存在因果关系，担任学生干部对学业成绩具有显著稳定的正向影响。同时，基于倾向得分匹配的双重差分法也证实，从不担任到担任学生干部这一变化对学生成绩产生了显著的提升作用，本章的实证结果有力地支持担任学生干部能够提升学业成绩。

当然，学生干部的影响并不是通过其身份、职务的变化而导致。本研究认为担任学生干部可以有效影响学生的学习动机，进而对学业成绩产生积极作用。通过学业成就目标量表估计学习动机，研究发现担任学生干部对"掌握—接近""成绩—接近"目标有稳定显著的提升作用，担任学生干部可以促使学生产生更强的学习动机，反映出学生干部既关注学习知识的掌握程度，也关心如何在学习上表现得更出色。同时，通过比较加入机制前后学生干部的平均处理效应也能发现，学业动机明显削弱了学生干部的影响，进一步说明学生干部通过提升学习动机来促进学业表现。当然，学习动机是学生干部影响成绩的重要解释机制之一，还有未明确的影响机制有待进一步研究。

目前，越来越多的同学愿意在大学期间担任学生干部，并通过这种方式提升自己的能力。同时，高校可以给同学们提供类型多样的干部任职机会，为他们搭建一个可施展才华、提升自我的成长平台。未来，关于学生干部作用的研究应不局限在学业成绩方面，应该纳入担任学生干部对心理健康、工作能力、就业能力及就业发展的影响。另外，还可以进一步挖掘学生干部的教育机制，有助于高校更好地了解学生干部的影响途径，从而帮助学生干部们了解自己，让"鱼"和"熊掌"兼而得之。

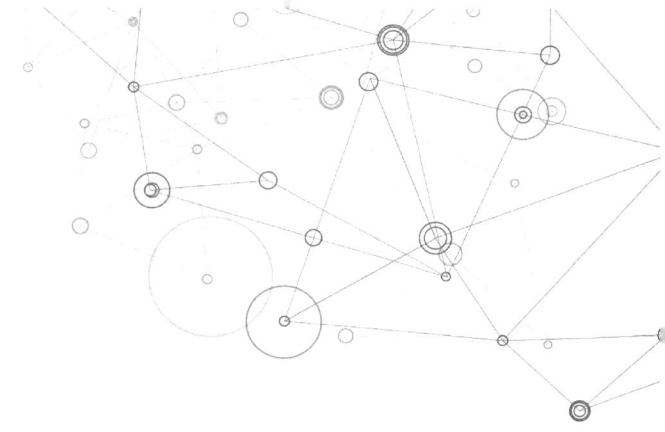

第七章　高校学生干部选择对就业薪酬的影响*

- ○

第一节　高校学生干部选择的相关背景

　　学生干部，中国高校学生中一个备受关注的群体，他们既有"学生"的身份，也兼具"干部"的属性，承担了一部分学校公共管理、思想政治教育的职能，从事了大量学生自我管理的工作。我国一直以学生干部为重要抓手，不断加强高校学生干部在学生中的引导与表率作用，随着全国高校思想政治工作会议的召开以及《中共中央 国务院关于加强和改进新形势下高校思想政治工作的意见》的出台，共青团中央、教育部制定了《关于加强和改进新形势下高校共青团思想政治工作的意见》，明确提出切实加强学生干部队伍建设，建立健全选拔考核、培养使用、淘汰退出等机制，打造信念坚定、品学兼优、朝气蓬勃、心系同学的学生干部队伍。❶ 在我国第一个青年发展规划《中长期青年发展规划（2016—2025 年）》中也强调培养青年学生骨干的重要性，进一步加强对学生干部开展理论学习、实践

　　＊　本章主要内容发表于《北京大学教育评论》2018 年第 1 期，此处有删改。

　　❶　共青团中央，教育部. 共青团中央教育部关于印发《关于加强和改进新形势下高校共青团思想政治工作的意见》的通知［EB/OL］. 2017-06-02，http：//www.moe.edu.cn/jyb_xxgk/moe_1777/moe_1779/201709/t20170914_314466. html.

锻炼、工作锤炼等方面的教育培训。❶

　　学生干部（Student Cadre）的特殊含义落在"干部"上，是中国语境下的产物。"干部"一词具体指骨架、支架、骨干，是国家权力机关、行政机关、党的机关、工会、青年团和科学文化、教育卫生等社会事业单位的工作人员。当前研究认为干部既是组织的中坚力量和主干力量，也是领导与追随的关系格局和状态，还是政党与国家事务的领导者和管理者（李烈满，2004；王海峰，2012）。而高校学生干部无疑是对干部进行了特定时期与特殊群体的限定，即在大学中拥有干部职务的学生群体，是学生组织中的主干力量，主要包括党团组织兼职学生干部、各级学联和学生会干部、学生社团干部；是学校教育、管理、服务等各项工作在学生中的组织者、协调者和执行者；是学生工作队伍的重要组成部分；是促进学校改革、发展、稳定的一支重要力量。❷也有文献定义学生干部是在学生正式群体或组织中担任领导工作或管理工作的学生，包括从小学到研究生阶段的少先队、共青团、学生会、班委会、研究生会及各种正式学生社团中的学生管理者（吕鹏，2001）。而在西方的研究体系中，很少使用学生干部来描述在学生组织与团体中的佼佼者们，而更广泛地使用学生领导者（Student Leader）一词（房欲飞，2008），与中国语境中的学生干部既有重合的部分，也存在着明显的差异。这里的领导（Leader）具体表述为领导者，是那些负责任并指导行为或者行动的人，通常他们拥有领导职位（Dunham and Pierce，1989），但是越来越多的研究认为无论是否拥有领导职务，诸如团队的参与者、协作者，任何一个能够发挥主观能动性并在团队中有所作为的人即是领导者（Komives et al.，2007），不再强调必须具有的领导职务。从注重领导身份到把领导看作是过程的转变，让学生们

---

　　❶　中共中央，国务院．中共中央国务院印发《中长期青年发展规划（2016—2025 年）》［EB/OL］．2017-01-13，http：//www.gov.cn/xinwcn/2017-04/13/content_5185555.htm#1.
　　❷　共青团中央，全国学联．关于印发《高校学生干部培养规划（2006—2010）》的通知［EB/OL］．2006-08-30，http：//qgxl.youth.cn/indcx/show/id/43/l/data.

意识到即使不是"在职领导人"，也能够成为"一位领导人"（Komives et al.，2011），这也与我们的常规认知所不同。所以，中国语境下的学生干部带有一定政治性与组织背景，特指具有干部职位的学生群体，体现出学生干部的筛选价值与精英特征，而西方语境下的学生领导强调普遍性，在各个方向、各个阶层产生，并不仅指那些已经拥有了正式领导职务的人（Higher Education Research，1996），但他们同样是学生精英。

　　无论是学生干部或是学生领导者，越来越多的研究热衷于评估这样一群优秀学生群体，以便更好地展现大学对精英学生培养的价值与成效，其中一个重要的维度就是从他们的就业发展来评价。在劳动力市场中，大学生总有一天需要承担监管、监督他人，为他人决策，评估他人绩效等领导职责，仅有专业技能不足以应对劳动力市场的复杂情况（Lyons，1993）。所以，雇主日益对作为领导者的青年感兴趣，在当今变革的环境中，那些拥有领导技能和经历的学生最受欢迎（Egger，2009）。在衡量学生就业质量中，最具有代表性的指标是就业薪酬，薪酬不仅反映了工作的待遇水平，更是劳动力市场对学生能力的客观"定价"。从国内实证研究来看，学生干部落实工作的概率更高、获得的起薪更高（岳昌君和张恺，2014），学生干部经历对就业薪酬产生显著的正向影响，对大学毕业生存在较强的综合正面效应（孙文凯和郭茜，2015）。还有学者以社团参与衡量学生干部在校积累的组织社会资本，并发现能显著提高大学生的保留工资水平（李锋亮 等，2010）。所以，担任学生干部可以视作一种"关键大学行为"，在求职过程中帮助学生提高求职效率和就业质量（杨钋和马玉洁，2014）。但是也有研究发现学生干部中拥有高工资的比例并不明显高于那些没有相关经历的学生（苏丽锋和孟大虎，2012），在控制了工作地点、单位性质等就业变量时，学生干部对起薪的作用下降且不显著，说明学生干部对工资并未产生显著影响（郭建如和邓峰，2015）。

　　可见，学生干部对就业薪酬影响的观点与结论各不相同，而产生这种情况的原因可能是忽略了影响成为学生干部的因素所导致。国外研究认为性别、种族、高中经历等因素对担任学生干部及其能力水平高低存在显著影响（Dugan et al.，2008；Posner，2014）。而国内研究发现学生获得干部任职机会与个人特征、家庭背景显著相关，其中个人特征如性别、学习成绩、学历层次、政治身份和以往学生干部经历都是显著的影响因素，家庭背景如父母的学历层次与职业、家庭社会关系、家庭收入也影响了学生成为干部的机会（高耀等，2011；肖如恩和程样国，2016）。而从学生干部的选拔机制来看，许多研究认为选拔学生干部的核心标准是政治立场坚定、学习成绩优秀、能力素质突出等（王爱英，2013；兰树林，2001），无论是在任命制、选举制、公推公选制等学生干部选拔制度中（丁文勤，2010），能力强的优秀学生都更容易脱颖而出成为学生干部。实际上，这些因素既影响了学生能否成为学生干部，同时也对就业薪酬产生不同程度的作用，从而对估计学生干部的真实影响产生干扰，造成选择性偏差和内生性问题。该类问题可以尝试通过倾向值匹配法等方式解决。

那么，学生干部对就业薪酬影响的机制究竟是什么？一些研究认为学生干部起到的是筛选信号的作用，因为学生干部具备更强的能力素质，更容易在劳动力市场中被识别（Komives et al.，2005；李阳等，2003）。鉴于劳动力市场一般由用人单位来主导设定选人条件，除了常规的招聘要求外，用人单位更倾向于挑选那些综合素质强的学生，而学生干部就是重要的能力筛选标准（邓峰和孙百才，2014），这也就意味着学生在就业过程中更容易受到是否有干部经历的条件限制（陈宏军等，2011）。在一项针对中国雇主的调查中，有69.84%的雇主认为担任过学生干部的求职者更受青睐，他们在语言表达、组织能力、心理承受能力等方面更强，说明学生干部是区分大学毕业生就业能力的重要信号（樊文有等，2011）。另一种观点则认为学生干部对就业能力的提升起到积极作用。研究发现就业能力是获得和维持就业个体能力的总和（Mcquaid and Lindsay，2005），包括以知识、技能、个人性格与能力为代表的人力资本（Wanberg et al.，1996），以及起到掌握和传递信息作用的社会资本（Holmes，2013），而担任学生干部是一种教育活动过程（石国亮，2008），是积累人力资本与社会资本的重要途径（Nguyen，2016），对学生职业生涯发展有积极作用（周文霞等，2016）。

综上，已有研究认为学生干部对就业薪酬产生的是两种不同类型的作用。第一，学生干部是学生能力的筛选信号，反映出他们具有较高能力，在劳动力市场中易于识别，因此获得了更高的就业薪酬。第二，学生干部是就业能力提升的重要途径，进而对就业薪酬产生积极影响，但是此类研究大多集中在理论探讨，缺少直接的实证分析来检验学生干部对就业能力和就业薪酬提升的实际作用。所以，本章将在分析我国学生干部对就业薪酬影响效果的基础上，通过倾向值匹配法解决样本选择性偏差与内生性问题，从而估计学生干部对就业薪酬的纯效应，并进一步解释学生干部就业能力培养的作用机制。

第二节　高校学生干部的就业发展情况

在劳动力市场中，学生干部被认为是学生中的"精英"群体，具有较强的能力与素质，在政府机关、事业单位与诸多企业的应聘条件中多有学生干部经历优先的倾向性条件。另外，在担任学生干部期间，学生干部的经历也培养了学生某些方面的能力，使得他们能够更好地满足用人单位的需求。那么，学生干部究竟在劳动力市场中表现如何？学生干部到底是能力的筛选信号，还是就业能力的培养过程？本章以首都大学生为样本，通过 5 年的跟踪调查，深入挖掘学生干部对就业薪酬的影响机制，以期得到有价值的结论。

在调查中，学生干部是一个广义的概念，泛指在高校各类学生组织中承担一定职责的学生（李路路，2012），其中包括校、院、系团委、学生会、社团组织干部以及党支部、团支部、班委会干部，符合本章文献中对学生干部的理解范畴。从表7-1学生干部与非学生干部相关变量的描述统计中可以发现，学生干部群体中女生比例较高，城镇户籍比例较高，文科生比例较高，普遍来自重点中学，比例高达90.1%；从家庭背景来看，学生干部群体的家庭经济条件更好，父母亲接受高等教育的比例更高；从大学表现来看，学生干部的学业成绩比非学生干部更优秀，学业成绩排名明显靠前，自招生的比例较高，且学生干部中党员占比为46.7%，是非学生干部群体党员占比的2.5倍，同时学生干部中就读于"985""211"高校的比例较高，但理工农医类专业的比例较低；从就业薪酬来看，学生干部的平均薪酬为4789.6元，而非学生干部的平均薪酬为4155.3元，相差634.3元，有明显的差距。从描述统计中，我们不难发现学生干部与非学生干部群体在诸多方面存在显著差异，特别是学生干部在家庭背景、大学表现等方面都要优于非学生干部群体。

表 7-1　学生干部与非学生干部相关变量描述统计

变量	学生干部					非学生干部				
	样本量	均值	标准差	最小值	最大值	样本量	均值	标准差	最小值	最大值
性别（男=1）	2204	0.513	0.500	0	1	1157	0.564	0.496	0	1
户籍（城镇=1）	2194	0.716	0.451	0	1	1148	0.693	0.462	0	1
文理科（理科=1）	2083	0.754	0.431	0	1	1062	0.796	0.403	0	1
高中类型（省重点以上=1）	2204	0.901	0.299	0	1	1157	0.861	0.346	0	1
标准化高考成绩	2102	0.094	0.945	-4.153	2.662	1098	-0.157	1.090	-7.961	3.289
家庭年收入（万元）	2112	11.944	23.506	0	500	1124	10.550	20.692	0	500
父亲受教育水平（大专及以上=1）	2204	0.478	0.500	0	1	1157	0.462	0.499	0	1
母亲受教育水平（大专及以上=1）	2204	0.395	0.489	0	1	1157	0.356	0.479	0	1
大学学业排名	2203	0.402	0.216	0.013	1.000	1153	0.476	0.229	0.025	1.000
招生方式（自主招生=1）	2204	0.080	0.271	0	1	1157	0.059	0.235	0	1
政治面貌（党员=1）	2148	0.467	0.499	0	1	1082	0.186	0.389	0	1
大学层次（985、211=1）	2204	0.654	0.476	0	1	1157	0.603	0.489	0	1
专业类型（理工农医=1）	2204	0.547	0.498	0	1	1157	0.581	0.494	0	1
就业薪酬（元）	915	4789.633	3993.485	0	60000	589	4155.317	3443.646	0	40000

第三节　高校学生干部选择对就业薪酬的影响

一、学生干部对就业薪酬的具体影响

参考已有文献关于学生干部对就业薪酬影响的研究（潘昆峰和崔盛，2016；岳昌君和杨中超，2012），这里采用多元线性回归模型普通最小二乘法（Ordinary Least Squares，OLS）来检验学生干部对就业薪酬的作用。模型如（7.1）。

$$\ln\text{Wage}_i = \beta_0 + \beta_1\text{Cadre}_i + \beta_k X_{ki} + \varepsilon_i \tag{7.1}$$

其中，i 为学生个体，因变量为就业薪酬（Wage，取对数处理），lnWage 越大意味薪酬越高。核心解释变量为大学期间是否担任学生干部（Cadre，是 =1）。此外，控制变量具体分为个体相关变量、家庭相关变量、大学相关变量以及就业相关变量四部分，个体相关变量包括性别（男 =1）、高中文理分科（理科 =1）、高中类型（省重点及以上 =1）与标准化高考成绩。需要特别指出的是，研究对学生高考成绩进行标准化处理，将各试卷体系的分数（包括原始分、标准分）转换为高考满分 750 分的原始分系统，统一分数的范围❶，再对处理过的原始分进行 Z 分数处理，转换为分析使用的标准化高考成绩，给出每个学生在样本群体中的相对位置，借此判断学生成绩的相对优劣。第二部分为家庭相关变量，包括户籍（城镇 =1）、家庭年收入（取对数）、父亲及母亲的受教育水平（大专及以上 =1）。第三部分为大学相关变量，包括大学学业成绩、招生方式（自主招生 =1）、政治面貌（党员 =1）、大学层次（985、211 高校 =1）及专业类型（理工

---

❶　2006 年高考中，上海卷总分 630 分，广东卷和海南卷采用标准分，总分 900 分；2008 年，上海卷总分 630 分，江苏卷总分 480 分（语文 160，数学 160，英语 120；文科语文总分加 40 分为 200 分，理科数学总分加 40 分为 200 分），海南采用标准分 900 分并附加会考成绩，总分 940 分。

农业 =1）。其中，大学学业成绩以学生的学业排名表示，即学分绩是在本班的前百分之几，数值上越小意味排名越靠前，学业成绩相对较好，以此解决学生样本来源不同学校学分绩点标准难以统一的问题。第四部分是学生就业的相关变量，包括就业的单位性质（如党政机关、国企、民营企业等）和行业类别（如金融业、房地产业、制造业、信息传输与计算机业等）。

　　此外，大学生本科毕业后可能选择继续升学，导致部分学生没有进入劳动力市场，从而造成典型的样本选择偏差问题，本章采用赫克曼等人提出的两步估计法，通过估计逆米尔斯比率（Mills Lambda），并将此值加入回归方程来解决样本选择偏差（Heckman et al.，2006）。

　　从表7-2学生干部对就业薪酬影响的结果来看，学生干部具有一致的、显著的正向影响，反映出学生干部对薪酬具有稳定的提升作用。在控制了就业的单位与行业的情况下，学生干部的影响效果依然显著并达到6.64%，说明学生干部在劳动力市场上可获得更高的工资溢价，他们是被市场所认可的。在赫克曼（Heckman）检验中，逆米尔斯率不显著，故不存在样本选择偏差的问题。此外，各回归结果中性别、高中文理分科、高中类型、标准化高考成绩、家庭年收入、大学学业成绩、招生方式、大学专业类型等变量也显著影响了就业薪酬。

表 7-2　学生干部对就业薪酬的影响

变量	（1）	（2）	（3）	（4）	（5）	（6）	（7）赫克曼
学生干部	0.150***	0.112***	0.134***	0.0979***	0.0672**	0.0664*	0.0664**
	（0.0333）	（0.0341）	（0.0329）	（0.0344）	（0.0342）	（0.0339）	（0.0334）
性别	—	0.0382	—	—	0.0946***	0.118***	0.118***
	—	（0.0341）	—	—	（0.0358）	（0.0359）	（0.0353）
高中文理分科	—	0.0232	—	—	0.105**	0.0955**	0.0955**
	—	（0.0401）	—	—	（0.0461）	（0.0460）	（0.0456）

变量	（1）	（2）	（3）	（4）	（5）	（6）	（7）赫克曼
高中类型	—	0.174***	—	—	0.131***	0.140***	0.140***
	—	（0.0456）	—	—	（0.0446）	（0.0440）	（0.0433）
标准化高考成绩	—	0.131***	—	—	0.152***	0.126***	0.126***
	—	（0.0182）	—	—	（0.0211）	（0.0212）	（0.0209）
户籍	—	—	−0.0930**	—	−0.0339	−0.0416	−0.0416
	—	—	（0.0398）	—	（0.0400）	（0.0394）	（0.0388）
家庭年收入	—	—	0.128***	—	0.0807***	0.0703***	0.0704***
	—	—	（0.0186）	—	（0.0191）	（0.0189）	（0.0186）
父亲受教育水平	—	—	0.0330	—	0.000206	−0.00754	−0.00755
	—	—	（0.0440）	—	（0.0440）	（0.0435）	（0.0427）
母亲受教育水平	—	—	0.0434	—	0.0307	0.0423	0.0423
	—	—	（0.0466）	—	（0.0472）	（0.0463）	（0.0456）
大学学业成绩	—	—	—	−0.228***	−0.260***	−0.238***	−0.238***
	—	—	—	（0.0791）	（0.0825）	（0.0819）	（0.0806）
招生方式	—	—	—	0.0718	0.102	0.141*	0.141*
	—	—	—	（0.0752）	（0.0796）	（0.0788）	（0.0776）
政治面貌	—	—	—	−0.0233	−0.0345	−0.0243	−0.0243
	—	—	—	（0.0377）	（0.0378）	（0.0374）	（0.0368）
大学层次	—	—	—	0.214***	−0.0181	−0.0107	−0.0107
	—	—	—	（0.0331）	（0.0399）	（0.0404）	（0.0398）
专业类型	—	—	—	−0.0502	−0.0949**	−0.0912**	−0.0912**
	—	—	—	（0.0328）	（0.0402）	（0.0421）	（0.0415）
调查批次	—	—	—	0.262***	0.245***	0.228***	0.228***
	—	—	—	（0.0332）	（0.0343）	（0.0339）	（0.0334）
行业类型	—	—	—	—	—	是	是
单位性质	—	—	—	—	—	是	是
逆米尔斯率	—	—	—	—	—	—	0.00558
	—	—	—	—	—	—	（0.572）
常数项	8.158***	8.029***	7.966***	8.119***	7.965***	7.788***	7.788***
	（0.0260）	（0.0583）	（0.0409）	（0.0530）	（0.0795）	（0.0983）	（0.0967）
样本量	1496	1341	1466	1421	1312	1312	2841
R^2	0.013	0.082	0.057	0.081	0.153	0.210	—

注：1.括号内为标准误，*** $p<0.01$，** $p<0.05$，* $p<0.1$；2.由于篇幅限制，不再额外展示具体的行业类型与单位性质变量。

二、高校学生干部的基本特征

虽然通过 OLS 回归发现学生干部对就业薪酬有显著的提升作用，但其影响机制还不明确，需要检验谁成为学生干部，判断学生干部是否已经具备了"先天"的能力优势，采用 logit 回归模型进行分析，模型如（7.2）。

$$\text{Cadre}_i = \beta_0 + \beta_k X_{ki} + \varepsilon_i \qquad （7.2）$$

其中，因变量为是否担任学生干部（Cadre，是 =1），控制变量分为个体、家庭及大学相关变量三部分，其中家庭年收入为大学期间家庭平均年收入再取对数处理，其余变量与模型 7.1 中的控制变量一致。

在影响成为学生干部的因素中，研究发现性别、高中文理分科、标准化高考成绩、家庭年收入、父亲受教育水平、大学学业成绩、政治面貌、大学层次、专业类型等变量在不同模型中存在显著影响，其中较为稳定的是高考成绩越高、家庭经济条件越好、大学学业成绩越好、党员身份的学生更容易担任学生干部。此外，综合表 7-2、表 7-3 的结果，研究发现高考成绩、家庭年收入、大学学业成绩等变量既是显著影响成为学生干部的因素，同时也显著影响了就业薪酬。可见，学生干部对就业薪酬的影响程度可能受到了个体特征、家庭背景及大学表现等因素的干扰，从而对学生干部工资溢价的真实效果估计产生偏差。

表 7-3　成为学生干部的影响因素

变量	（1）	（2）	（3）	（4）	（5） 2006 级	（6） 2008 级
性别	−0.183**	—	—	−0.0414	−0.0247	−0.0500
	（0.0821）	—	—	（0.0948）	（0.122）	（0.155）
高中文理分科	−0.177*	—	—	−0.00908	−0.151	0.264
	（0.0980）	—	—	（0.129）	（0.163）	（0.223）
高中类型	0.118	—	—	0.0243	0.0528	−0.00934
	（0.125）	—	—	（0.136）	（0.174）	（0.222）

变量	（1）	（2）	（3）	（4）	（5） 2006 级	（6） 2008 级
标准化高考成绩	0.246***	—	—	0.189***	0.117	0.301***
	（0.0433）	—	—	（0.0564）	（0.0735）	（0.0915）
户籍	—	0.00800	—	0.162	0.119	0.277
	—	（0.0973）	—	（0.109）	（0.139）	（0.179）
家庭年收入	—	0.126***	—	0.146***	0.178***	0.0976
	—	（0.0431）	—	（0.0496）	（0.0639）	（0.0800）
父亲受教育水平	—	−0.147	—	−0.214*	−0.157	−0.319
	—	（0.104）	—	（0.118）	（0.148）	（0.199）
母亲受教育水平	—	0.174	—	0.0930	0.133	0.0344
	—	（0.106）	—	（0.121）	（0.155）	（0.199）
招生方式	—	—	0.192	0.157	0.107	0.264
	—	—	（0.164）	（0.182）	（0.243）	（0.279）
大学学业成绩	—	—	−0.891***	−0.688***	−0.660**	−0.780**
	—	—	（0.183）	（0.207）	（0.271）	（0.329）
政治面貌	—	—	1.240***	1.254***	1.359***	1.092***
	—	—	（0.0929）	（0.100）	（0.128）	（0.163）
大学层次	—	—	0.143*	−0.0105	0.128	−0.237
	—	—	（0.0828）	（0.108）	（0.137）	（0.181）
专业类型	—	—	−0.192**	−0.121	0.199	−0.669***
	—	—	（0.0805）	（0.112）	（0.142）	（0.193）
调查批次	—	—	0.544***	0.505***	—	—
	—	—	（0.0807）	（0.0889）	—	—
常数项	0.810***	0.393***	0.467***	0.122	−0.164	1.101***
	（0.140）	（0.0847）	（0.119）	（0.209）	（0.264）	（0.352）
样本量	2995	3172	3226	2841	1642	1199
R^2	0.0127	0.0039	0.0820	0.0901	0.0912	0.0817

注：括号内为标准误，*** $p<0.01$，** $p<0.05$，* $p<0.1$。

综上，从什么样的人成为学生干部及学生干部对就业薪酬的影响来看，学生干部更多地体现了一种学生能力的筛选"标签"，这种机制决定了优秀的学生更愿意成为学生干部，而这部分群体本身在劳动力市场中的表现就比非学生干部的同学更加出色，从而使得学生干部在劳动力市场中发挥学生能力筛选信号的作用。但另一方面，从某种意义上来说基于传统回归模型的研究可能错误地估计了学生干部对就业薪酬的影响。

三、基于倾向值匹配后高校学生干部对就业薪酬的影响

（一）实证模型

学生干部除所具备学生能力筛选信号的作用外，本研究认为学生干部本身还存在对就业薪酬的效应，这是担任学生干部过程中就业能力提升对就业薪酬产生的影响，也就是学生干部的"处理效应"（Treatment Effect）。为了准确估计学生干部的作用，最理想情况就是比较同一名学生担任干部前后的薪酬变化，但这是无法实现的。所以，本研究通过"反事实框架"（Counterfactual Framework）来估计学生干部的处理效应（Rubin，1974）。所谓"反事实"就是在原因不存在的情况下的潜在结果或事件状态，并以此推断因果关系，可以通过考察总体样本中被干预成员的平均结果和未被干预成员的平均结果来估计（Guo and Fraser，2010），模型如（7.3）。

$$\tau = E\left(Y_1 \mid D = 1\right) - E\left(Y_0 \mid D = 0\right) \tag{7.3}$$

模型中，D 为干预措施，在本研究中即是否担任学生干部，Y_1 为学生干部群体，Y_0 为非学生干部群体，$E\left(Y_1 \mid D=1\right)$ 为担任学生干部的个体平均结果，$E\left(Y_0 \mid D=0\right)$ 为未担任学生干部的个体平均结果，τ 即干预效应。但是，如果简单以学生担任干部与否的薪酬差异来衡量学生干部带来的处理效应，往往会引起两类群体由于"先天"条件（如性别、家庭背景等因素）的不同而造成选择性偏差，同时由于遗漏关键变量带来的内生性问题，使得估计结果有偏。所以，本研究采用倾向值匹配法（Propensity Score Matching）来解决上述问题，其基本特征通过再抽样或基于接受干预的概率（即倾向值）将未被干预的成员与干预的成员进行匹配来平衡数据（Guo & Fraser，2010）。在本章中，倾向值是在样本群体特征集合 X 下担任学生干部的条件概率，模型如（7.4）。

$$E(D_i) = P(D_i \mid X_i = x_i) \tag{7.4}$$

其中，D_i 为个体 i 的二分类干预状态，$D_i = 1$ 表示 i 个体是学生干部，$D_i = 0$ 则表示 i 个体为非学生干部，条件变量的向量记为 X_i。那么，本研究就可以通过倾向值匹配法平衡样本数据，并在限制条件下估计学生干部的平均处理效应（Average Treatment Effect of the Treated，ATT），模型如（7.5）。

$$ATT = E\left[(Y_1 - Y_0) \mid X, D = 1\right] \tag{7.5}$$

在倾向值匹配法中较为常见的方法有最近邻匹配（Nearest Neighbor Matching）、半径匹配（Radius Matching）、卡尺内最近邻匹配（Nearest Neighbor Matching Within Caliper）及核匹配（Kernel Matching）等，本研究将基于上述 4 种倾向值匹配法来估计学生干部的平均处理效应。

（二）平衡性检验

通过将学生干部与非学生干部的样本进行匹配，可以有效解决样本选择偏差和内生性问题，得到学生干部对就业薪酬影响的纯效应。在进行倾向值匹配前，需对匹配效果进行平衡性检验。表 7-4 展示了匹配前后控制变量的变化情况，匹配后所有变量的标准化偏误明显减小，且绝对值均小于 10%，t 检验结果不拒绝处理组与控制组无系统差异的原假设，特别是高中文理分科、高中类型、标准化高考成绩、家庭年收入、父亲受教育水平、大学学业成绩、政治面貌、大学层次、专业类型及调查批次在未匹配前有显著差异，而匹配后得到明显改善，证明匹配效果良好。同时，平衡性检验也证实在传统 OLS 模型中，所得学生干部的效应可能受到了两类群体"先天"因素的影响，得到有偏估计。

表 7-4 平衡性检验

变量	样本	均值		标准偏误 /%	误差消除 /%	t 检验	
		处理组	控制组			t 值	p 值
性别	匹配前	0.4853	0.5141	−5.80	—	−1.01	0.312
	匹配后	0.4859	0.4797	1.20	78.50	0.25	0.803

续表

变量	样本	均值		标准偏误 /%	误差消除 /%	t 检验	
		处理组	控制组			t 值	p 值
高中文理分科	匹配前	0.7482	0.8012	−12.70	—	−2.21	0.027**
	匹配后	0.7491	0.7464	0.70	94.90	0.13	0.900
高中类型	匹配前	0.8366	0.7952	10.70	—	1.90	0.058*
	匹配后	0.8364	0.8367	−0.10	99.20	−0.02	0.986
标准化高考成绩	匹配前	−0.2889	−0.4988	21.60	—	3.83	0.000***
	匹配后	−0.2904	−0.3453	5.70	73.80	1.17	0.242
户籍	匹配前	0.6695	0.6606	1.90	—	0.33	0.741
	匹配后	0.6691	0.6672	0.40	78.20	0.08	0.934
家庭年收入	匹配前	1.8906	1.7323	16.10	—	2.82	0.005***
	匹配后	1.8867	1.9034	−1.70	89.50	−0.33	0.740
父亲受教育水平	匹配前	0.3894	0.3434	9.60	—	1.68	0.094*
	匹配后	0.3899	0.3981	−1.70	82.20	−0.34	0.736
母亲受教育水平	匹配前	0.2948	0.2671	6.20	—	1.08	0.280
	匹配后	0.2952	0.2971	−0.40	93.40	−0.08	0.935
大学学业成绩	匹配前	0.4760	0.5166	−19.00	—	−3.35	0.001***
	匹配后	0.4762	0.4791	−1.30	93.00	−0.27	0.788
招生方式	匹配前	0.0418	0.0502	−4.00	—	−0.71	0.475
	匹配后	0.0418	0.0487	−3.30	18.30	−0.67	0.504
政治面貌	匹配前	0.3550	0.1727	42.30	—	7.23	0.000***
	匹配后	0.3542	0.3576	−0.80	98.20	−0.14	0.887
学校层次	匹配前	0.4865	0.4217	13.00	—	2.29	0.022**
	匹配后	0.4859	0.5022	−3.30	74.80	−0.66	0.511
专业类型	匹配前	0.4939	0.5502	−11.30	—	−1.98	0.048**
	匹配后	0.4945	0.5138	−3.90	65.70	−0.78	0.437
调查批次	匹配前	0.4521	0.3353	24.00	—	4.20	0.000***
	匹配后	0.4514	0.4661	−3.00	87.40	−0.59	0.553

注：1.*** $p<0.01$，** $p<0.05$，* $p<0.1$；2.此表为半径匹配的平衡性检验结果，其他匹配结果类似，不再展示。

（三）实证结果

本章采用 2 近邻匹配（即一对二匹配）、半径匹配（$r=0.02 \leqslant 0.25\,\hat{\sigma}pscore$）、带卡尺（$r=0.02$）的 2 近邻匹配以及核匹配四种倾向值匹配法来估计学生干部的平均处理效应（ATT），检验匹配结果的稳定性。

从表 7-5 中可以看到，各匹配法所得的学生干部平均处理效应均有显著影响，且各匹配法之间的差异不明显，说明所得结果是稳健的。

表 7-5　各类匹配法估计结果

匹配法	ATT	标准差	t 值
最近邻匹配（1to2）	0.0761*	0.0439	1.73
半径匹配（$r=0.02$）	0.0849**	0.0429	1.98
带卡尺（$r=0.02$）的最近邻匹配（1to2）	0.0782*	0.0439	1.78
核匹配	0.0874**	0.0416	2.10

** $p<0.05$，* $p<0.1$。

在消除处理组与控制组的样本偏差与内生性问题后，学生干部对就业薪酬依然有显著的提升作用，四种匹配法所得的平均处理效应为 0.0817，说明学生干部要比非学生干部的就业薪酬实际高出 8.17%，是传统 OLS 回归估计效应（6.64%）的 1.23 倍。综上，倾向值匹配的结果证明担任学生干部对就业薪酬具有显著的提升作用，并不仅仅是学生能力的筛选信号，传统回归方法低估了学生干部对就业薪酬的作用。

第四节　高校学生干部选择影响就业薪酬的机制探讨

学生干部比非学生干部群体获得更高的就业薪酬，一方面是因为他们本身能力较强所导致——能力既使他们成为学生干部，也帮助他们通过劳动力市场的筛选获得更高的薪酬。另一方面，本研究认为学生干部还是一种培养过程，并通过倾向值匹配法估计出这种培养带来的平均效应，进一步证明担任学生干部对就业薪酬有提升作用。那么，学生干部对就业薪酬的影响又是通过什么机制来实现的呢？

根据已有文献，学生干部可以视作一种人力资本与社会资本积累的过程，那么担任学生干部就可以通过这种积累来提升就业能力获得更高薪酬。有研究调查雇主希望大学毕业生具备的前 10 项就业能力中，至少有 7 项与学生干部（领导）有关，包括人际交往能力、团队工作能力、问题解决能力等（Ricketts and Rudd，1956）。国内实证研究发现学生干部的就业能力比非学生干部高（王静波和王翡翡，2011），或从专业能力、人际影响、分析思考等维度构建大学生就业能力模型，认为学生干部对就业能力存在积极作用（李军凯，2012）。在 CEPS 的调查中，学生从专业知识、社会见识、工作能力与人际关系四方面评价大学教育对自身成长的帮助程度，恰恰符合就业能力的评价维度。所以，本研究尝试从这四个方面探究学生干部通过就业能力提升对就业薪酬影响的具体机制。

表 7-6　学生干部对薪酬影响的机制检验

变量	（1）	（2）	（3）	（4）	（5）
学生干部	0.0664*	0.0666**	0.0642*	0.0605*	0.0590*
	（0.0339）	（0.0339）	（0.0340）	（0.0341）	（0.0341）
专业知识	—	−0.00417	—	—	—
	—	（0.0145）	—	—	—
社会见识	—	—	0.0115	—	—
	—	—	（0.0150）	—	—
工作能力	—	—	—	0.0250*	—
	—	—	—	（0.0148）	—
人际关系	—	—	—	—	0.0274*
	—	—	—	—	（0.0154）
控制变量	是	是	是	是	是
常数项	7.788***	7.803***	7.744***	7.702***	7.692***
	（0.0983）	（0.113）	（0.113）	（0.110）	（0.112）
样本量	1312	1311	1311	1311	1311
R^2	0.210	0.211	0.211	0.212	0.213

注：1. 括号内为标准误，*** $p<0.01$，** $p<0.05$，* $p<0.1$；2. 本表回归结果（1）为对照组，即表 7-2 所得回归结果（6）；3. 回归结果（2）~（5）分别在回归结果（1）中加入专业知识、社会见识、工作能力与人际关系评分所得，该组评分采用 5 点评估计分法，1 为帮助很小，5 为帮助很大，其余控制变量与回归结果（1）相同。

从表 7-6 的结果中我们发现工作能力与人际关系对就业薪酬有显著的正向影响，而专业知识与社会见识的效果并不明显。在原模型中学生干部的影响效果为 0.0664，而在工作能力与社会关系的影响下，学生干部的作用被削弱，分别降为 0.0605 与 0.0590。可见，学生干部对就业薪酬影响的机制很可能就是从工作能力与人际关系两方面表现，也印证了相关研究的理论假设——学生干部通过各类活动、工作可以有效提高其分析、判断、决策等工作能力（胡新峰和李威娜，2010），同时他们扮演了高校各类群体间的沟通桥梁角色，丰富了与人打交道的经验，对个人社会网络的形成有积极意义（吕鹏，2001）。

根据问卷中的调查问题，本研究进一步匹配了两组反映"工作能力"与"人际关系"的测量题项，包括"无论什么事在我身上发生，我都能够应付自如（工作能力 1）""面对一个难题时，我通常能找到几种解决方法（工作能力 2）""我自信能够有效地应对任何突如其来的问题（工作能力 3）"以及"与本班以外其他同学的密切程度（人际关系 1）""与院系团委老师的密切程度（人际关系 2）""与学校团委老师的密切程度（人际关系 3）"等 2 组 6 道题项。[1] 表 7-7 展示的是担任干部前后与从不担任干部的学生在各项工作能力与人际关系的得分变化[2]，可以发现学生干部与非学生干部在基准期时各项能力的差异并不明显，而到了毕业时，学生干部各项能力评分均高于非学生干部群体，且存在显著差异，并且担任学生干部后各项能力的提升程度更大。根据描述统计结果，本研究推测学生干部对工作能力与人际关系有促进作用。

---

[1] 工作能力题项采用 4 点评估计分法，反映学生对题目表述的认同程度，1 为完全不符合，4 为完全符合。人际关系题项采用 5 点评估计分法，反映学生与所给人群的交往密切程度，由 1 至 5 依次递增。

[2] 该样本是在第一轮基线调查中没有担任学生干部的学生，通过追踪调查可以获得其担任干部前后工作能力与人际关系的得分变化。基准期为第一轮基线调查时各项能力的评分，毕业时即学生毕业各项能力的评分。

表 7-7 担任学生干部前后在工作能力与人际关系方面的得分变化

	学生干部			非学生干部		
	基准期	毕业时	能力变化	基准期	毕业时	能力变化
工作能力 1	2.43	2.61	0.18	2.43	2.50	0.07
工作能力 2	2.69	2.83	0.14	2.70	2.76	0.06
工作能力 3	2.72	2.77	0.05	2.66	2.68	0.02
人际关系 1	3.04	3.45	0.41	2.86	3.15	0.29
人际关系 2	1.73	2.37	0.64	1.69	2.06	0.37
人际关系 3	1.57	2.08	0.51	1.53	1.87	0.34

但是，我们也发现随着时间的变化，两类学生在各项能力分值上均有提升，毕业时学生干部的能力优势既可能受到基准期能力差异的影响，同时能力的增长也可能受到时间或其他未被观测因素的影响，导致非学生干部毕业时的相关能力也有明显提升，显然这种变化并不是由于担任学生干部产生。为了进一步获得准确结论，同时也证明学生干部是一种教育过程，其影响作用需要通过一段时间才能显现，本研究试图探讨担任学生干部前后工作能力与人际关系的变化，从而更为准确地反映干部对能力的作用。所以，本研究继续将学生干部作为干预措施，采用双重差分法（Difference-in-Difference）（Heckman et al., 1997）对基准期未担任干部的学生群体进行分析，研究他们在之后大学发展中担任干部与否对毕业时工作能力与人际关系指标变化的影响。模型如（7.6）。

$$Ability_{it} = \beta_0 + \beta_1 Cadre_i + \beta_2 Time + \beta_3 Cadre_i * Time + \beta_k X_{Ki} + \varepsilon_i \qquad (7.6)$$

其中，$Ability_{it}$ 为学生个体 i 在 t 时间（Time 为基准期或毕业时）工作能力与人际关系指标的评价分，Cadre 为干预措施的虚拟变量，Cadre=1 意为由基准期不担任学生干部到毕业时担任学生干部，Cadre=0 意为基准期至毕业时从未担任干部，Time 为时间的虚拟变量，Time=0 为基准期，Time=1 为毕业时，Cadre*Time 为两个虚拟变量的交互项，也就是本研究所要估计的处理效应。其他相关控制变量与模型 7.1 相同。

　　表 7-8 结果即为双重差分法所得学生干部的作用，除了工作能力 3 外，可以明显发现学生干部的处理效应对各项能力均产生了显著的正效应，且在控制其他变量的情况时效果稳定，担任学生干部对工作能力与人际关系产生 0.3~0.8 个标准差的提升，进一步说明学生干部能够有效培养学生的工作能力、拓展人际关系，为他们人力资本与社会关系的积累带来积极影响。此外，学生干部的影响是需要一段时间才能显现，说明担任学生干部是一种教育过程，并不仅仅是能力筛选信号。那么，本研究发现学生干部对工作能力与人际关系存在提升作用，而这两类能力又对就业薪酬产生影响，所以本研究进一步将这两组变量加入回归结果（1）中作为控制变量，通过多元线性回归再次检验学生干部的作用，以此来确定学生干部的影响机制。

　　从表 7-9 的结果中，我们发现在各项工作能力与人际关系的影响下，学生干部的作用明显降低，平均下降了 15.4%，特别是在人际关系的影响下学生干部对薪酬没有显著效果。同时，各项得分对薪酬有显著的提升作用，充分说明学生干部对就业薪酬提升的影响机制是通过工作能力与人际关系来实现。可以看出，担任学生干部是工作能力提升与人际关系拓展的有效教育过程，更宏观地说，担任学生干部实际上是对人力资本与社会资本的积累，是一种双重的能力培养，这种培养将进一步提升学生干部在劳动力市场中获得的薪酬。

表 7-8　学生干部对工作能力与人际关系的影响

OLS	(1)	(2)	(3)	(4)	(5)	(6)	(7)	(8)	(9)	(10)	(11)	(12)
	工作能力 1		工作能力 2		工作能力 3		人际关系 1		人际关系 2		人际关系 3	
学生干部	-0.0290	0.00939	-0.0431	-0.0473	0.0534	0.0730	0.143**	0.107*	-0.0418	-0.0176	-0.0135	0.0331
	(0.0446)	(0.0501)	(0.0454)	(0.0514)	(0.0482)	(0.0551)	(0.0572)	(0.0650)	(0.0550)	(0.0614)	(0.0521)	(0.0579)
时间	0.0255***	0.0346***	0.0152*	0.0160	0.00865	0.00962	0.103***	0.107***	0.131***	0.140***	0.121***	0.129***
	(0.00895)	(0.0100)	(0.00922)	(0.0104)	(0.00957)	(0.0107)	(0.0119)	(0.0135)	(0.0120)	(0.0133)	(0.0111)	(0.0123)
处理效应	0.0333**	0.0314*	0.0311**	0.0407**	0.0101	0.0122	0.0353*	0.0346*	0.0817***	0.0747***	0.0513***	0.0438**
	(0.0151)	(0.0162)	(0.0154)	(0.0165)	(0.0159)	(0.0171)	(0.0195)	(0.0209)	(0.0206)	(0.0217)	(0.0197)	(0.0206)
控制变量	—	是	—	是	—	是	—	是	—	是	—	是
常数项	2.402***	2.242***	2.687***	2.713***	2.647***	2.498***	2.754***	2.553***	1.563***	1.394***	1.413***	1.262***
	(0.0250)	(0.0627)	(0.0260)	(0.0634)	(0.0279)	(0.0700)	(0.0337)	(0.0846)	(0.0314)	(0.0805)	(0.0285)	(0.0749)
样本量	4538	3806	4538	3806	4537	3805	4603	3813	4603	3813	4602	3812
R^2	0.008	0.028	0.004	0.027	0.003	0.022	0.045	0.069	0.065	0.115	0.054	0.100

注：1. 括号内为标准误，*** $p<0.01$，** $p<0.05$，* $p<0.1$；2. 控制变量与回归结果（1）相同。

表 7-9　学生干部通过工作能力与人际关系对薪酬的影响

OLS	(1)	(2)	(3)	(4)	(5)	(6)	(7)	(8)	(9)
学生干部	0.0664*	0.0589*	0.0621*	0.0624*	0.0592*	0.0450	0.0515	0.0571*	0.0439
	(0.0339)	(0.0339)	(0.0339)	(0.0339)	(0.0339)	(0.0348)	(0.0347)	(0.0343)	(0.0349)
就业能力		0.0619***	0.0503**	0.0626***	0.0846***	0.0465***	0.0293**	0.0265*	0.0512***
		(0.0222)	(0.0215)	(0.0216)	(0.0262)	(0.0177)	(0.0149)	(0.0154)	(0.0198)
控制变量	是	是	是	是	是	是	是	是	是
常数项	7.788***	7.634***	7.644***	7.621***	7.562***	7.665***	7.726***	7.738***	7.674***
	(0.0983)	(0.113)	(0.116)	(0.114)	(0.121)	(0.109)	(0.103)	(0.103)	(0.108)
样本量	1312	1309	1309	1308	1308	1312	1312	1312	1312
R^2	0.210	0.214	0.213	0.215	0.216	0.214	0.213	0.212	0.214

注：1. 括号内为标准误，*** $p<0.01$，** $p<0.05$，* $p<0.1$；2. 本表回归结果（1）为对照组，即表 2 所得回归结果（6）；3. 回归结果（2）~（9）分别在回归结果（1）中加入工作能力（2~4）与人际关系（6~8）各维度分值与平均分（5、9），考虑到本表的篇幅，统一以就业能力命名。其余控制变量置与回归结果（1）相同。

第五节　总结与讨论

本章以首都大学生 5 年的成长跟踪数据为样本，具体分析了学生干部对就业薪酬的影响与机制。研究得到了以下结论：首先，从传统 OLS 回归中研究发现学生干部对就业薪酬具有显著的提升作用，学生干部的确起到了学生能力筛选信号的作用，并且这个信号在劳动力市场中易于识别。同时，学生干部在高考成绩、家庭背景、大学学业等方面都要优于非学生干部群体，这些因素也显著影响了学生担任干部的情况。

其次，本研究认为那些影响成为学生干部的因素也影响了就业薪酬，如高考成绩、家庭经济条件、大学学业成绩、政治面貌等可能产生双重作用，导致对学生干部影响的估计产生偏误。所以，本研究通过倾向值匹配法平衡学生干部与非学生干部群体的"先天"特征差异，并以 4 种匹配法验证了学生干部对就业薪酬具有稳定显著的促进作用，且影响效果高于传统 OLS 回归的估计结果，矫正了选择性偏差与内生性问题。

最后，本研究进一步探讨学生干部对就业薪酬的影响机制，通过双重差分法检验担任学生干部能够有效提升学生的工作能力与人际关系。可见，学生干部的影响机制是通过工作能力的提升与人际关系的拓展来帮助学生提升自身就业能力，以此在劳动力市场中获得更高的工资溢价。此外，本研究证明了学生干部是一种教育培养过程，需要一定时间反映其真实效果。

中国语境下的学生干部极具特色，与西方大学的学生领导者相比，虽然同为优秀的学生群体，但我们的"干部"属性更强，是支持起高校学生工作系统的"骨架"，是学生组织与团体的领导者。一方面，中国的学生干部具有高度的筛选性，学生通过组织的推荐或选拔，从而获得一定层级的干部职务，充分证明他们的精英属性。另一方面，高校也为学生干部提供更多的教育机会与培养平台，促使他们在不同组织的不同岗位中锻炼自己、提升能力，为国家及社会培养精英领袖人才。所以，我国高校的学生干部是具有中国特色与鲜明时代特征的产物，研究学生干部的相关问题具有重要的理论与现实意义。

从宏观层面而言，在我国进一步加强高校思想政治工作的大背景下，学生干部无疑是高校人才培养的重要途径，是学校学生管理、自我服务的主要抓手。相较以往对于学生干部的理论分析，本章通过量化研究的方式更直接地展现学生干部对就业薪酬的真实作用，给高校进一步加强学生干部队伍的建设提供实证支撑。本研究认为高校在培养学生干部的过程中，不能仅仅关注他们在校期间的成长与表现，更应该重视其就业能力的培养与在劳动力市场中的发展，从学生毕业出口来反映学生干部的积极作用。同时，高校在认清学生干部作用机制的前提下，应该更加重视学生干部培养机会的提供，让更多的学生们能够通过担任学生干部来提升自己的个人能力。

另一方面，就学生微观个体而言，担任学生干部日益成为同学们在大学的重要选择之一，是学生发展的重要经历。与基础教育有限的学生干部机会所不同，大学提供多层次、多维度的干部培养机会与平台，可以让学生通过这样一项长期非正式的教育过程培养各种能力。因此，本章的研究结果为同学们优化大学教育选择、找准能力提升的有效路径提供参考，建议同学们应把握各类学生干部的工作机会，认识学生干部对就业发展的积极影响，注重在担任学生干部过程中就业能力的提升。

当然，本章从学生干部的角度出发仅仅集中讨论其对就业薪酬的影响，并未讨论学生就业发展的其他方面。同时，学生干部相关影响机制的研究还不充分，特别是对就业能力的分析不够深入，有待进一步完善。未来，可尝试从学生干部与学生就业的角度展开后续研究，第一，深入讨论担任的干部类型、层级以及任职年限对学生就业发展的影响，把担任学生干部作为大学阶段重要的非正式教育过程进行分析。第二，可以对学生干部职业生涯中的就业选择、能力改变、职位晋升和工资增长等方面开展跟踪研究，探究中国高校学生干部的长期影响。

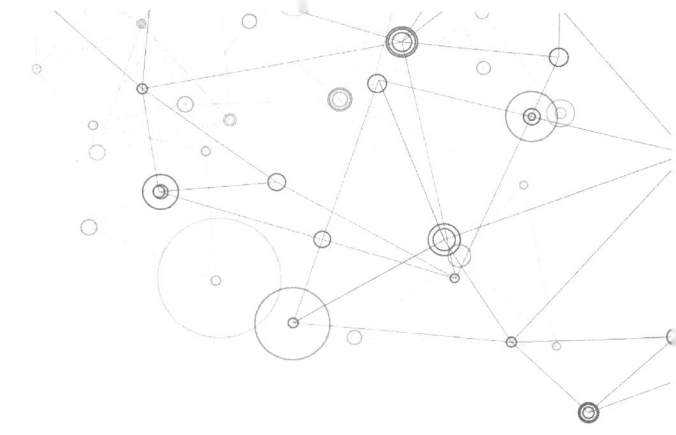

第八章 大学生理想信念对学业成绩的影响*

第一节 大学生理想信念的相关概念

作为人们世界观、人生观、价值观的集中体现，理想信念融入社会发展的各个阶段。中国古人就有"先天下之忧而忧，后天下之乐而乐"的人生志向，有"天下兴亡，匹夫有责"的报国信念，有"人人为公，天下大同"的社会理想。这些理想信念激励着无数中华儿女为国家和民族发展前仆后继、奋发有为。自全国高校思想政治工作会议后，中央出台了一系列加强高校思想政治工作的指导意见，旨在有效落实立德树人根本任务，发挥理想信念的核心作用，引导大学生为实现中华民族伟大复兴的中国梦不懈奋斗。2017 年，中央印发了《关于加强和改进新形势下高校思想政治工作的意见》，提出"培养又红又专、德才兼备、全面发展的中国特色社会主义合格建设者和可靠接班人"。❶ 同年 5 月，在调研高校思想政治工作时，教育部部长陈宝生也提出高校思想政治工作要努力培养"又红又专"的高

　　＊　本章主要内容发表于《中国人民大学教育学刊》2020 年第 3 期，此处有删改。
　　❶　中共中央国务院印发《关于加强和改进新形势下高校思想政治工作的意见》[EB/OL].
（2017－02－28）[2019－03－07].http://dangjian.people.com.cn/n1/2017/0228/c117092-29111665.
html.

素质人才。❶一时间，"又红又专"这一话语表达重新回归大众的视野，引起高校思政工作者的广泛关注，并逐渐成为高校育人体系的内在尺度和价值要求。

"又红又专"这个概念最早是在中华人民共和国成立初期，以毛泽东同志为核心的党的第一代领导集体对知识界和党内干部提出的要求，指的是"政治与业务的关系，政治和经济的统一，政治和技术的统一"❷，强调思想政治意识和专业技术知识的有机统一。在全国科学大会上，邓小平进一步阐明，"红"是世界观的问题，"致力于社会主义的科学事业，做出贡献"，这就是"又红又专"的表现。❸党的十八大以来，以习近平同志为核心的党中央高度重视人才队伍的思想素质，突出强调把"又红又专"作为新时代大学生的培养要求，"用新时代中国特色社会主义思想铸魂育人"。❹在高校育人体系中，"红"的教育更多地与大学生的理想信念教育问题相联系，"专"的教育则是与大学生的专业学科知识教育相匹配。培养"又红又专"的大学生，实质上就是培养既具有坚定的理想信念，又具有扎实的专业知识的高素质人才。那么，大学生的理想信念与专业知识的获取之间是否存在必然联系？换言之，理想信念越坚定的大学生，其在大学期间的学业表现是否越好？加强大学生的理想信念教育是否有利于增强大学生对专业知识获取？越"红"越"专"的现象是否存在？如果存在，其中的影响机制又是什么？厘清上述问题有利于深化高校思政工作改革创新，为高校开展理想信念教育提供经验证据和指导建议。

大学生的"理想信念"是一个富有中国特色和时代内涵的概念建构，

---

❶　教育部部长：培养又红又专的中国特色社会主义接班人［EB/OL］.（2017-05-09）［2019-03-07］. http://news.cctv.com/2017/05/09/ARTItuRaYqYuHmhKFLhGaJu2170509.shtml.

❷　毛泽东. 毛泽东文集（第7卷）［M］. 北京：人民出版社，1999：351-352.

❸　邓小平. 邓小平文选（第2卷）［M］. 北京：人民出版社，1994：94.

❹　习近平. 用新时代中国特色社会主义思想铸魂育人 贯彻党的教育方针落实立德树人根本任务［EB/OL］.（2019-03-18）［2019-04-07］. http://www.xinhuanet.com/politics/leaders/2019-03/18/c_1124250386.htm?tdsourcetag=s_pcqq_aiomsg.

它既是基于"理想"和"信念"两个独立的概念，又因为思想政治教育的需要大大拓展了内涵和外延，因而应当作为一个新的综合性的概念加以理解和把握（刘建军，2004）。理想信念的内涵融合了这两个概念的内涵，强调的是两个基本方面的统一。广义上的理想信念所要表达的内容和范围大体上与"信仰"一词相同（李辉，2008）；狭义上的理想信念需要与马克思主义和社会主义等政治信仰联系起来理解，它在当代中国指的是建立在对马克思主义真理的确信和推崇的基础上，坚定对实现全体人民共同理想和远大理想的必胜信念，坚定对中国共产党长期执政统一领导的拥护，坚定对改革开放和社会主义现代化事业的信心和支持（韩丽颖，2018）。无论广义还是狭义，作为一种高度自觉性的思想意识，理想信念始终强调对个体和社会前进方向的指引，它是个体内心世界与外界环境相互作用的精神产物，是人们在实践中能够实现的对未来生活的美好向往和对幸福人生的执着追求。对理想信念的形成规律的认识需要把握好理想信念所包含的"理想与现实的联结""个体与社会的转化"两方面的关系。宏观上看，理想信念的形成与历史变革、社会环境、经济体制的变化息息相关。其中由党派信仰和意识形态构成的政治信仰的坚定性和可靠性很大程度上取决于人们对社会生活的主观评价，其感知的生活幸福度和满意度对其政治信仰有影响，而自然灾害会给受灾者对执政党的信任带来冲击，对其政治信仰带来负面影响（Ayob and Sakdan，2013）。微观上看，理想信念的形成与个体的思维方式、知识积累、社会经历密不可分，表现出特定的选择性，存在明显的反复性和功利化倾向等特点（王仕民，郑永廷，2008）。

从已有研究中，我们也不难发现理想信念与大学生的成长成才存在密切关系，特别是理想信念影响着学生对于个人发展愿望与诉求。相关实证研究指出，大学生对理想信念的认知存在坚韧毅力、做事做人、仁义自由、追求幸福、追求财富、巨匠伟人等六大共识性的基本特点（戴钢书等，2007）。理想信念越坚定的大学生，毕业后越愿意选择到基层就业，而丧失理想信念的大学生容易得"空心病"，表现出生活态度上推崇惰性处事，情绪表达上倾向孤独厌世，价值取向上缺乏奋斗精神（贺武华和雷姝，2020）。社会思潮网络的圈层化、碎片化、去中心化传播正逐步侵蚀着大学生的理想信念，给传统理想信念教育方式带来巨大挑战（陈金章，2019）。我们应该注意的是，由于大学生正处于身心成熟和价值观念塑造关键阶段，学生这一特定的社会角色使他们对学业生活等现实方面给予了更多的关注（王易，宋友文，2011），而关于大学生的学业表现，国内外研究更多关注了家庭资本、社会资本等外在客观条件对大学生学业成绩的影响，更高经济地位和更多社会资本对大学生在校的学业表现有显著的正向影响。而从大学生主观心理出发，研究诸如理想信念等主观精神现象对大学生学业表现的影响仍较为缺乏（Bethanne et al.，2009；Katja et al.，2009；高耀等，2011）。因此，本章在借鉴以往研究的基础上，利用首都大学生成长追踪调查数据，实证检验理想信念对大学生学业表现的影响，并讨论其背后的影响机制，以期为高校有效开展理想信念教育和就业指导提供建议和支持。

第二节　大学生理想信念对学业成绩的影响

一、实证模型与数据

本章核心研究的是理想信念与大学生的学业表现之间的关系，借鉴以往对大学生学习生活影响因素的研究，本章构建模型进行回归分析，如模型（8.1）。

$$\text{score}_i = \beta_0 + \beta_1 \text{faith}_i + \beta_2 X_i + \varepsilon_i \qquad (8.1)$$

其中，score_i 表示大学生在大学期间的学业表现情况，我们采用学生在其班级的成绩排名和对专业知识的掌握情况加以衡量。具体地，BCSPS 询问了学生的成绩在班上的名次和自评的专业知识的掌握程度，这两个指标从客观和主观两个维度衡量了大学生在校的学业表现。核心解释变量为 $faith_i$，表示个体 i 的理想信念指标。对于大学生理想信念的度量，相关研究从心理学视角出发，发现理想信念的形成是一种由知情意行全部心理要素参与其中的复杂心理过程，是人们经历"情感卷入—自我建构—实践整合—价值内化"四个环节后自我本质需要的情感形态、认知形态、价值形态的集中体现。其中，对现实需要的评价和指向未来希望的心理预期以及由此产生的"情绪体验"对理想信念的形成至关重要（韩丽颖，2018）。本章从理想信念的形成机制出发，以现实满意度和未来乐观度两方面的情绪体验来表征理想信念的高低程度。具体地，BCSPS 调查询问了大学生对不同观念与行为的评价，包括"您对当前我国各方面发展的整体状况是否满意？""您对当前我国各方面发展的整体前景是否感到乐观？"这两个问题从现实和未来两个角度评价我国的发展，不同的情绪体验将导致理想信念形成的高低程度。上述问题的答案均为连续变量，取值区间为 $[0, 100]$，数值越大代表满意度和乐观度越高。X_i 表示一系列的控制变量，包括三个维度：个体特征（年龄、性别、户口、民族、政治面貌），家庭背景（家庭年收入、父亲受教育水平、母亲受教育水平），学校情况（高考类别、高考成绩、专业类型、院校类型）。ε_i 为误差项。我们重点关注系数 β_1，它反映了理想信念对大学生的学业表现的影响。如果 β_1 显著为正，则表明理想信念有效促进了大学生在校的学业表现，理想信念越强的大学生，其成绩在班级中的排名越靠前，学业表现越好。

变量的描述性统计如表 8-1 所示。从表 8-1 中可以看出，从现实满意度和未来乐观度的情绪体验度量的理想信念较为接近，且均值较高。这表明两个指标都较好地反映了理想信念的程度。

表 8-1　变量的描述性统计

变量名	样本量	均值	标准差	最小值	最大值
理想信念—现实满意度	2238	71.61	14.89	0	100

续表

变量名	样本量	均值	标准差	最小值	最大值
理想信念—未来乐观度	2238	73.9	15.96	0	100
大学排名	2237	0.42	0.22	0.01	1.00
专业知识	2238	3.66	1.12	1.00	5.00
年龄	2240	22.55	0.88	19	27
性别（男性 =1）	2240	0.53	0.5	0	1
户口（城镇 =1）	2232	0.96	0.19	0	1
民族（汉族 =1）	2240	0.89	0.32	0	1
政治面貌（党员 =1）	2238	0.34	0.47	0	1
高考类别（理科 =1）	2148	0.75	0.43	0	1
标准化高考成绩 ❶	2097	0	1	−5.25	3.01
专业类型（理工农医 =1）	2240	0.54	0.5	0	1
院校类型（"211" =1）	2240	0.65	0.48	0	1
家庭年收入对数	2195	1.95	1.09	−2.3	6.21
父亲受教育水平	2240	4.39	1	1	6
母亲受教育水平	2239	4.14	1.09	1	6

　　分样本的理想信念的描述性统计如表 8-2 所示。平均来看，女生比男生的理想信念程度更高，拥有城镇户口的大学生的理想信念低于非城镇户口的大学生。拥有党员身份的大学生理想信念程度更高，这可能是因为党员大学生接受了更为全面而深入的理想信念教育。理科生的理想信念高于文科生，"211"大学的学生也比非"211"大学的学生的理想信念更加坚定。

---

　　❶　需要指出的是，本章的样本中包含了来自全国各地的学生，他们的高考分数来自不同的高考试卷，这些试卷反映的分数所代表的能力本身可能并不可比。为了解决这一问题，研究对学生高考成绩进行标准化处理，将各试卷体系的分数（包括原始分、标准分）转换为高考满分 750 分的原始分系统，统一分数的范围，再对处理过的原始分进行 Z 分数处理，转换为分析使用的标准化高考成绩，给出每个学生在样本群体中的相对位置，借此判断学生成绩的相对优劣。

表 8-2　理想信念的描述性统计

变量	标签	理想信念—现实满意度		理想信念—未来乐观度	
		样本量	均值	样本量	均值
性别	男	1177	70.79	1177	72.86
	女	1061	72.53	638	75.05
户口	城镇户口	2149	71.57	2149	73.90
	非城镇户口	89	72.83	89	74.41
民族	汉族	1985	71.56	1985	73.87
	少数民族	253	72.02	253	74.10
政治面貌	党员	753	74.55	753	77.14
	非党员	1485	70.12	1485	72.25
高考类别	理科	1604	71.94	1604	74.21
	文科	634	70.79	634	73.09
院校类型	非"211"	780	71.58	780	73.55
	"211"	1458	71.63	1458	74.08

同时，由于大学生的理想信念是在接受大学教育的过程中不断得到培育和提高的，对大学教育和大学生活的评价也会随着学习时间的推移而发生变化。表 8-3 是不同学习阶段大学生理想信念的描述性统计。从表 8-3 可以看出，大学生理想信念的强度随着学习阶段的推进呈现波动变化。值得注意的是，在大三这一学生身心较为成熟且面临学业和工作的转换阶段，样本的理想信念处在最低的状态。

表 8-3　不同学习阶段的变量描述性统计

变量	大一		大二		大三		大四	
	均值	标准差	均值	标准差	均值	标准差	均值	标准差
理想信念—现实满意度	77.39	11.42	75.24	11.73	68.92	16.61	71.61	14.89
理想信念—未来乐观度	81.7	11.5	77.95	13.06	72.18	17.27	73.9	15.96

二、基准回归结果

表 8-4 和表 8-5 分别从现实满意度和未来乐观度两个方面的情绪体

验来分析理想信念对大学生班级排名和专业知识获取的影响。从回归结果可以看出，对我国当前整体发展状况的满意度越高，大学生的班级排名越好，对专业知识的获取和掌握程度越高。对我国整体发展前景乐观度越高的大学生也在学业上有更好的排名，对专业知识的掌握也更加牢固。由于这两个指标是从现实态和未来态两个方面度量理想信念，可以发现，理想信念显著影响了大学生的学业表现，"红"与"专"也存在一定的相互关系。大学生的理想信念越强，其在班级上的排名越靠前，对专业知识的掌握也越好。

表 8-4 理想信念对客观大学生学业表现（班级排名）的影响

变量	（1）班级排名	（2）班级排名	（3）班级排名	（4）班级排名
理想信念—现实满意度	-0.013***	-0.019***	—	—
	（0.003）	（0.004）	—	—
理想信念—未来乐观度	—	—	-0.015***	-0.016***
	—	—	（0.003）	（0.003）
年龄	—	0.006	—	0.001
	—	（0.051）	—	（0.051）
性别（男性 =1）	—	0.851***	—	0.847***
	—	（0.099）	—	（0.099）
户口（城镇 =1）	—	0.044	—	0.049
	—	（0.251）	—	（0.253）
民族（汉族 =1）	—	-0.261*	—	-0.251*
	—	（0.143）	—	（0.143）
政治面貌	—	-1.009***	—	-1.005***
	—	（0.128）	—	（0.128）
高考类别（理科 =1）	—	-0.312**	—	-0.319**
	—	（0.124）	—	（0.124）
标准化高考成绩	—	-0.323***	—	-0.315***
	—	（0.056）	—	（0.056）
专业类型（理工农医 =1）	—	0.173	—	0.170
	—	（0.115）	—	（0.116）

续表

变量	（1）班级排名	（2）班级排名	（3）班级排名	（4）班级排名
院校类型（"211"=1）	—	0.189	—	0.194*
	—	（0.117）	—	（0.118）
家庭年收入对数	—	0.198***	—	0.202***
	—	（0.048）	—	（0.048）
父亲受教育水平	—	−0.064	—	−0.068
	—	（0.066）	—	（0.066）
母亲受教育水平	—	−0.036	—	−0.035
	—	（0.062）	—	（0.061）
常数项	5.137***	3.733***	5.295***	3.683***
	（0.234）	（1.258）	（0.228）	（1.262）
N	2235	2113	2235	2113
R^2	0.0076	0.1130	0.0113	0.1126

注：* $p<0.1$，** $p<0.05$，*** $p<0.01$，括号内为稳健的标准误。

表 8-5　理想信念对主观大学生学业表现（专业知识）的影响

变量	（1）专业知识	（2）专业知识	（3）专业知识	（4）专业知识
理想信念—现实满意度	0.010***	0.010***	—	—
	（0.002）	（0.002）	—	—
理想信念—未来乐观度	—		0.011***	0.010***
	—		（0.002）	（0.002）
年龄	—	−0.037	—	−0.033
	—	（0.029）	—	（0.028）
性别（男性=1）	—	−0.001	—	0.001
	—	（0.054）	—	（0.054）
户口（城镇=1）	—	0.032	—	0.026
	—	（0.146）	—	（0.147）
民族（汉族=1）	—	0.078	—	0.076
	—	（0.079）	—	（0.079）
政治面貌	—	0.145***	—	0.141***
	—	（0.052）	—	（0.052）

续表

变量	（1） 专业知识	（2） 专业知识	（3） 专业知识	（4） 专业知识
高考类别（理科 =1）	—	−0.055	—	−0.056
	—	（0.073）	—	（0.073）
标准化高考成绩	—	0.091***	—	0.083***
	—	（0.032）	—	（0.032）
专业类型 （理工农医 =1）	—	0.015	—	0.015
	—	（0.066）	—	（0.065）
院校类型（"211" =1）	—	0.252***	—	0.255***
	—	（0.067）	—	（0.066）
家庭年收入对数	—	−0.033	—	−0.037
	—	（0.028）	—	（0.028）
父亲受教育水平	—	0.060	—	0.055
	—	（0.038）	—	（0.038）
母亲受教育水平	—	−0.023	—	−0.016
	—	（0.033）	—	（0.033）
常数项	2.933***	3.377***	2.876***	3.315***
	（0.128）	（0.712）	（0.126）	（0.709）
N	2238	1974	2238	1974
R^2	0.0184	0.0587	0.0230	0.0597

注：* $p<0.1$，** $p<0.05$，*** $p< 0.01$，括号内为稳健的标准误。

　　就控制变量来看，性别、政治面貌、高考类别、高考成绩、院校类型和家庭年收入有助于解释大学生在校的学业表现和专业知识的掌握程度。女生比男生的学业表现更好；党员比非党员的学业表现更好，对专业知识的掌握也更牢固，理科生比文科生的学业表现更好；高考成绩较好的大学生在大学也有更好的成绩排名，也能掌握更多的专业知识。相比于非211学校，就读211学校的学生对专业知识的掌握也更好。此外，家庭年收入水平对学生的学业表现有显著的负向影响。

三、稳健性检验

从基准回归结果可以发现，理想信念显著影响了大学生的班级排名和专业知识掌握情况。但我们也应该注意到，大学生的理想信念是在不同的学习阶段逐渐培育和形成的，大学生对学科知识的获取也直接影响着大学生是否愿意主动接受理想信念教育，进而影响大学生的理想信念强度，因此基准回归结果可能存在反向因果的关系。为解决可能存在的内生性问题，本章将大学生理想信念和在校的学业表现进一步细化，采用前后两年调查数据的差值，即每一年的增加值作为理想信念和学业表现更为精确的度量。由于理想信念对个体具有稳定性和持久性的影响，在控制了当期的理想信念之后，模型引入滞后一期的理想信念用作稳健性检验，结果如表8-6所示。

表 8-6 稳健性检验

变量	（1）班级排名	（2）班级排名	（3）专业知识	（4）专业知识
理想信念—现实满意度	−0.007**	—	0.007***	—
	（0.004）	—	（0.001）	—
理想信念—未来乐观度	—	−0.005*	—	0.006***
	—	（0.002）	—	（0.001）
L.理想信念—现实满意度	−0.004	—	−0.001	—
	（0.004）	—	（0.002）	—
L.理想信念—未来乐观度	—	−0.007**	—	0.002
	—	（0.003）	—	（0.002）
控制变量	Y	Y	Y	Y
常数项	−0.469	−0.249	−0.237	−0.517
	（0.955）	（0.981）	（0.426）	（0.423）
N	1842	1853	1840	1851
R^2	0.0175	0.0169	0.014	0.010

注：* $p<0.1$，** $p<0.05$，*** $p<0.01$，括号内为稳健的标准误。

表 8-6 的结果表明，在用增加值作为理想信念和学业表现的测量和控制滞后一节的理想信念后，结果都表明更强的理想信念会显著影响大学生在校的学业表现。而且，与基准回归结果相比，控制变量的显著性基本没有发生变化，统计显著的控制变量其系数符号也没有变化。这表明，我们的基准回归结果是稳健的。

第三节　大学生理想信念影响学业成绩的机制探讨

从前文可知，理想信念越高的大学生，其在大学期间的学业表现也越好，这体现了理想信念对大学生学习生活的价值引领和导向作用。那么，作为精神现象的理想信念如何作用到学生的实际行为进而影响学生的学业表现，其背后的机制和逻辑是什么，值得进一步探究。

根据已有文献，理想信念的形成是感官经验与外部世界相互作用的结果，也是个体的历史经验、现实需要和未来期望在发展方向和奋斗目标上的集中体现。这样系统完备的思想意识和精神现象，对个体充分发挥知识积累和实践能力的作用具有显著的指导和促进（韩丽颖，2018）。理想信念较强的人，在面对现实挑战的过程中会充分肯定自身的价值，根据自身的能力合理设定目标，有效识别信息和机会，主动积蓄能力，并采取一系列积极探索的行为来适应和影响周围的环境。具体到大学生群体，调查询问了其对待自身学习的不同观点和态度。本章从自我认同、设定目标、积蓄能力和积极行动四个方面检验理想信念影响大学生学业表现的可能机制，其具体的问题为"我感到我是一个有价值的人"，"我在班级当中的目标是，得到比其他大多数同学更好的分数"，"我想从课堂上学到尽可能多的知识"，"我确定我能想出办法来完成最难的功课"，问题的回答取值为1~5，数值越高代表符合的程度越大。表 8-7 和表 8-8 从这四个方面检验了理想信念对大学生学业表现的影响机制。

表 8-7　理想信念对客观大学生学业表现（班级排名）的影响机制

变量	（1）班级排名	（2）班级排名	（3）班级排名	（4）班级排名	（5）班级排名	（6）班级排名
理想信念	−0.010***	−0.008***	−0.007***	−0.007***	−0.008***	−0.005***
	（0.002）	（0.002）	（0.002）	（0.002）	（0.002）	（0.002）
自我认同	—	−0.387***	—	—	—	−0.079
	—	（0.052）	—	—	—	（0.050）
设定目标	—	—	−0.731***	—	—	−0.626***
	—	—	（0.035）	—	—	（0.037）
积蓄能力	—	—	—	−0.513***	—	−0.222***
	—	—	—	（0.046）	—	（0.044）
积极行动	—	—	—	—	−0.473***	−0.278***
	—	—	—	—	（0.042）	（0.041）
控制变量	Y	Y	Y	Y	Y	Y
常数项	3.880***	5.430***	5.606***	5.580***	5.407***	7.305***
	（1.263）	（1.239）	（1.171）	（1.254）	（1.235）	（1.166）
N	2113	2113	2112	2111	2113	2110
R^2	0.1140	0.1399	0.2795	0.1674	0.1682	0.3157

注：* $p<0.1$，** $p<0.05$，*** $p<0.01$，括号内为稳健的标准误。

表 8-8　理想信念对主观大学生学业表现（专业知识）的影响机制

变量	（1）专业知识	（2）专业知识	（3）专业知识	（4）专业知识	（5）专业知识	（6）专业知识
理想信念	0.0065***	0.0060***	0.0060***	0.0052***	0.0060***	0.0048***
	（0.0010）	（0.0010）	（0.0010）	（0.0010）	（0.0010）	（0.0010）
自我认同	—	0.1384***	—	—	—	0.0624**
	—	（0.0250）	—	—	—	（0.0280）
设定目标	—	—	0.1052***	—	—	0.0398**
	—	—	（0.0186）	—	—	（0.0189）
积蓄能力	—	—	—	0.2486***	—	0.2116***
	—	—	—	（0.0220）	—	（0.0236）
积极行动	—	—	—	—	0.1255***	0.0582***
	—	—	—	—	（0.0205）	（0.0225）
控制变量	Y	Y	Y	Y	Y	Y

变量	（1）	（2）	（3）	（4）	（5）	（6）
	专业知识	专业知识	专业知识	专业知识	专业知识	专业知识
常数项	2.7838***	2.2323***	2.5254***	1.9709***	2.3827***	1.5540***
	（0.6133）	（0.6154）	（0.6080）	（0.5843）	（0.6025）	（0.5860）
N	2116	2116	2115	2114	2116	2113
R^2	0.0603	0.0765	0.0768	0.1226	0.0790	0.1354

表 8-7 和表 8-8 的结果表明，在学业上大学生的自我认同、设定目标、积蓄能力和积极行动都对理想信念影响大学生的学业表现起到部分中介作用。在控制了与个人、家庭、学校相关的变量时，理想信念对班级排名的影响效果为 0.010，而在控制了相关影响机制后，理想信念的作用被削弱，分别降为 0.008、0.007、0.007、0.008 和 0.005。在控制了与个人、家庭、学校相关的变量时，理想信念对专业知识的影响效果为 0.0065，而在控制了相关影响机制后，理想信念的作用被削弱，分别降为 0.006、0.006、0.0052、0.006 和 0.0048。可以看出，理想信念通过增强大学生对自身价值的自我认同、引导大学生主动设定学习目标、为实现学习目标主动积蓄能力并采取一系列积极的学习行为，进而有效促进了大学生的学业表现。正是由于在学习上对自身能力和价值的不断认可，大学生才会主动设定学习目标，端正学习态度并且不断改进学习方法，从而增强对知识的理解和掌握，不断提高自己的学业表现。

第四节　总结与讨论

本章利用首都大学生成长追踪调查（BCSPS）数据，实证检验了大学生的理想信念与学业表现之间的关系。实证结果表明，大学生的理想信念显著影响了其对在校期间的学业表现。理想信念越高的大学生，其在班级中的成绩排名越靠前，对专业知识理解和掌握程度也更高，越"红"越"专"的现象存在于大学生群体中。当用在大学期间理想信念的增加值作为理想信念更精确的指标度量并控制滞后一阶的理想信念以缓解可能存在的内生性问题后，这种结论依然是稳健的。进一步的分析表明，大学生的理想信念主要通过增强在学业上大学生的自我认同、主动设定目标、积蓄能力和积极行动四个主要方式影响大学生的学业表现。

本研究检验了理想信念对大学生成长成才的重要性，也丰富了理想信念与大学生学业表现的相关文献。要把大学生培养成又红又专、德才兼备、全面发展的中国特色社会主义合格建设者和可靠接班人，其理想信念的培育是一项重要的人力资本投资，应该成为教育的重要内容。一方面，高校应该创新理想信念教育实现方式，在学科课程和专业学习中有机渗透理想信念教育，不断增强大学生对自身的价值认同，引导其合理设定学业目标，主动积蓄能力并有效解决学业上的困难。另一方面，高校大学生要积极主动融入理想信念的学习中来。既要志存高远，又要立足平实，博学笃行，明辨慎思，在学习中增长才干，锻炼本领，不断提高自身的思想道德素质和科学文化素养，努力成长为德才兼备、全面发展、堪当大任的时代新人。

当然，本章仅从学业表现这一角度探讨了理想信念对于大学生群体的影响，并未完整讨论理想信念对大学生的非认知能力的影响。由于数据所限，本章使用的数据现在看来略显陈旧，样本局限在北京高校的大学生，代表性存在一定的偏差。同时，BCSPS 并不是专门针对大学生理想信念的专项调查，因而本研究选取的关键解释变量，即理想信念的构成指标较为粗糙，难以全面反映大学生理想信念的实际情况。未来，可使用更高质量的数据进行检验，以解决文章存在的样本代表性问题和可能存在的内生性问题。此外，利用实证检验以准确识别有效提高个体理想信念的正式和非正式教育方式，也是未来值得研究的方向。

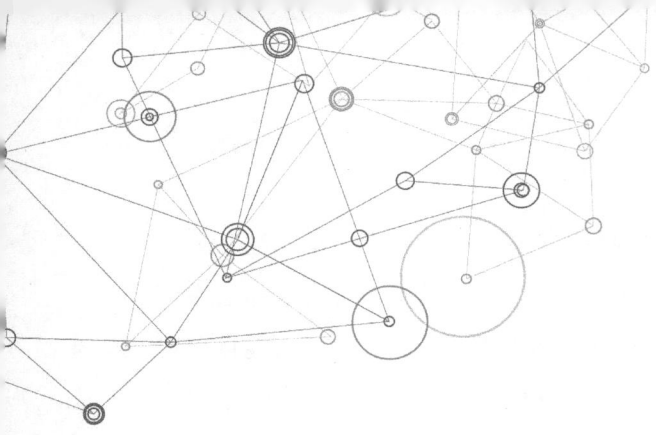

第九章　语言学习选择对就业薪酬的影响*

第一节　高校学生语言学习选择的相关背景

　　语言能力是人类智力的重要组成部分（Gardner，1983），也是构成人力资本的重要环节。语言能力通常表现为一个人对于语言的掌握和运用水平，包括了语言理解能力、口语能力、阅读能力、写作能力等（Gozalez，2000）。语言能力主要是通过后天的学习而积累的，因此被看作人力资本投资的重要环节。有学者在人力资本理论的框架下，提出了语言资本（Language Capital）这一概念（Chiswick and Miller，1995；Casey and Dustmann，2008）。根据人力资本理论，能力对教育回报有显著的正向影响（Micer，1993），不难推断出语言能力同样对教育回报有重要作用。现有的针对语言能力与劳动者工资关联的实证研究，也大多证实了这种论断。

　　语言能力与工资联系的相关研究始于发达国家对移民者工资的研究。研究者论证了：对所在国语言的掌握程度会有效影响工资水平。对于美国、英国的劳动力市场的实证研究发现，英语的语言能力与工资有显著的正向关联（Kossoudji，1988；Chiswick，1991；Borjas，1994；Chiswick and Miller，2002；

　　＊　本章主要内容发表于《北京大学教育评论》2016年第2期，此处有删改。

Dustmann and Fabbri，2003）。英语以外的外语水平对工资有负向影响（Gabe，2009）。在针对发展中国家的研究中，针对印度劳动力市场的研究同样表明英语的流利程度能够提升工资（Azam et al.，2013）。

　　研究者发现，并非所有类型的英语能力对工资都有同样的作用。冈萨雷斯（A. Gonzalez）的研究表明，口语能力比阅读、写作能力更加重要（Gozalez，2000）；奇斯威克（Chiswick）的研究则得到相反的结论，阅读能力比口语能力更加重要（Chiswick and Miller，1995）。帕克（Park）对语言能力对工资影响的作用机制以及语言能力与其他专业技术能力的替代性进行了研究（Park，1999），发现语言能力可以起到媒介因素的作用，即语言能力更强的劳动者能够更快地把其所受的教育和经验转化到劳动力市场中，从而得到更高的收入；专业技术能力对语言能力有替代作用，且对工资的影响作用更大。语言能力一般但专业技术出色的劳动者，比那些语言能力出色而专业技术能力一般的劳动者享有更高的工资增长水平。在以上研究中，对语言能力的度量主要采用自我评价打分的方式，对能力的度量并不够客观和精确。近来，阿克莱什（Akresh）和弗兰克（Frank）的一项研究发现，采用自我评价的方式讨论语言能力的工资效应会带来一定的结果偏误，利用他人评价或客观评价的方法效果更好（Akresh and Frank，2011）。由于以上所列举的关于语言能力对工资影响的研究主要在移民群体中进行，缺少对于个体能力的良好代理变量，导致对个体能力的控制并不可靠，有可能带来一定程度的偏误。为了有效地控制个体能力，在有条件的情况下，研究教育回报的文献常常采用考试或测试分数作为能力的代理变量，如 SAT 成绩（Long，2008）、IQ 分数（Blackburn and Neumark，1992）、武装部队资格测验（AFQT）分数（Cebi，2007；Griliches and Mason，1972；Heckman et al.，2006）或其他智力测试分数（Heineck and Anger，2010）等。

　　针对我国大学生语言能力与就业薪酬的研究屈指可数，郭茜和孙文凯利用英语四、六级考试成绩，印证了英语能力对就业薪酬的正向影响作用较为明显（Guo and Sun，2014）。然而，已有的关于我国高校学生就业薪酬的研究并未对汉语水平与就业薪酬的关联问题展开深入的定量探讨，其中也没有汉语能力与英语能力的对工资影响的比较研究。

　　由于我国绝大多数大学生是通过高考录取而进入大学，高考的分科考试的特性使得高考成绩能够作为衡量学生各项能力的重要参考指标。在我国大学之中，除了一些特殊专业（如中文系等）在大学期间还会继续学习语文课程，大多数专业的学生并不会再进行语文课程学习。因此，高考语文成绩可以作为学生汉语能力的良好的代理变量。学生的英语能力可以采用高考英语成绩作为代理变量，除此之外，由于高校教学中大多涵盖英语课程，学生在大学期间须通过大学英语四级考试（CET-4），有些学校要求学生通过六级考试（CET-6），因此，大学英语四级成绩也可以作为学生英语能力的代理变量。本章关心的问题是：语言能力与大学生就业薪酬之间存在什么关系？汉语能力与英语能力在解释薪酬差异时的相对重要性如何？这些问题不仅关系到我国学生的学习投入与就业选择，也会为教育部门对课程体系建设和调整的政策带来重要的启示。

第二节　高校学生语言学习选择的基本情况

　　语言能力是各国基础教育教学中极为重视的能力，也是各级各类教育考试中的重点测试环节。中国的基础教育要求学生同时具备母语（汉语）与外语（主要是英语）两种语言能力，与此相对应的，语言类课程（语文、英语）是与数学课程相提并论的重要基础课程，在中学的三门主科中占据两席。语言能力与学生的成长有多大联系？教育界对这一问题并无清晰的答案。对于正在与世界接轨的中国来说，汉语能力和英语能力这两种语言能力的相对重要性如何，在教学过程中如何平衡教学资源的投入？这一问题也是众说纷纭。一派观点认为，语文作为传承本国文化的重要载体，应当加强重视，给当前大中小学教学中的"英语热"降温；另一派观点则认为，随着我国国际化程度的不断提升，英语将扮演越来越重要的角色，教学中应当着重加强学生英语能力的培养。在基础教育的政策动向上，有着较为明显的强化语文、弱化英语的趋势。例如，北京市公布的考试改革方案中，调高了语文分值，降低了英语分值。❶ 在江苏当前的高考方案中，语文分值为 160 分（文科 200 分），英语分值为 120 分，语文分值大大高于英语分值。❷ 在国际化的时代背景和政府加大语文分值的政策背景下，研究语言能力对学生个体发展的影响，特别是从劳动力市场的角度探讨语言能力与工资水平的关系，尤其具有现实意义。

从调查数据统计来看，2006 级学生在本科毕业后进入劳动力市场且有工资数据的人数共 902 人，相应的，2008 级学生中有 573 人有工资信息。从表 9-1 可见，就业地非北京地区的毕业生工资高于北京地区就业的毕业生，外企就业的毕业生工资高于其他单位就业的毕业生，"211" 学校就业的毕业生工资高于非 "211" 学校的毕业生，男性工资高于女性，中学为理科的毕业生工资高于文科毕业生，参与过实习的毕业生工资高于未参与过实习的毕业生。表 9-2 则给出了主要变量的统计描述。

表 9-1 关于工资的统计描述

单位：元

变量	标签	样本量	均值	标准差	最大值	最小值
工资	—	1475	4568.558	3796.626	60000	330
入学年级	2006	902	4074.705	3060.766	40000	600
	2008	573	5345.967	4625.797	60000	330

❶ 2013 年，北京市发布《2014-2016 年中考中招改革框架方案》（征求意见稿）和《2014-2016 年高考高招改革框架方案》（征求意见稿）。根据这些方案，从 2016 年起，北京市高考英语科目分值由 150 分减为 100 分，语文科目分值由 150 分增加至 180 分。中考英语科目分值由 120 分减少为 100 分，语文科目分值由 120 分增加至 150 分。

资料来源：北京发布中高考改革方案［EB/OL］.（2013-10-22）［2019-10-23］.http：//edu.people.com.cn/n/2013/1022/c1053-23281299.html.

❷ 江苏省 2015 年普通高等学校招生工作意见［EB/OL］.（2015-05-21）［2019-10-23］.http：//gaokao.eol.cn/jiang_su/dongtai/201505/t20150521_1261702_1.shtml.

变量	标签	样本量	均值	标准差	最大值	最小值
就业地	非北京	434	5283.622	5800.073	60000	600
	北京	1041	4270.443	2474.070	28000	330
就业单位性质	党政机关	116	3502.000	4040.238	45000	1111
	个体户	29	4358.621	6943.163	40000	1500
	学校	57	4411.404	1926.808	10000	1000
	科研机构	19	3426.316	2306.474	12000	1500
	除学校和科研机构外的事业单位	104	4288.750	2583.570	19000	330
	央企	163	4629.178	3316.772	28000	1200
	央企以外的其他国企	288	4443.316	2528.677	20000	1000
	集体企业	29	3641.379	1552.996	8000	1500
	民营企业	405	4525.185	3073.217	25000	400
	外企、港澳台资	221	5925.792	6291.960	60000	900
行业类别	金融业	198	5931.313	4505.386	40000	2000
	信息传输、计算机	232	5449.138	5497.697	60000	1500
院校类型	非"211"	716	4018.035	2570.454	45000	600
	"211"	759	5087.892	4608.827	60000	330
性别	女	743	4257.798	2632.289	28000	330
	男	732	4883.988	4672.725	60000	400
大学专业类别	工科	565	4511.028	3679.158	40000	330
	管理学	284	4844.542	4753.377	60000	1400
	经济学	155	4614.819	2309.216	15000	1300
	理科	112	4237.152	2890.868	20000	700
	农学	38	2302.632	679.6211	4000	600
	其他社科	102	4656.598	5008.033	45000	1000
	人文	217	4862.724	3510.317	28000	800
	医科	2	3250.000	1767.767	4500	2000
高考类别	理科	1049	4547.065	3906.731	60000	330
	文科	316	4508.494	3198.974	45000	800
政治面貌	共产党员	392	4697.230	4107.528	45000	700
	共青团员	978	4464.487	3621.838	60000	330
	普通群众	104	5095.481	4152.424	40000	1200
是否实习	否	396	3958.510	2745.998	40000	600
	是	1065	4785.702	4086.929	60000	330

注：由于行业较多，这里仅仅列举了金融业和信息传输、计算机两个行业，其他行业从略。

表 9-2　部分变量的统计描述

变量	样本量	均值	标准差	最大值	最小值
工资（元）	1475	4568.558	3796.626	60000	330
家庭收入（万元）	1439	10.550	15.198	200	0.1
语文分数	1413	109.256	11.266	149	50
数学分数	1412	112.994	19.544	150	8
英语分数	1417	111.450	20.998	149	25
英语四级分数	1322	480.797	68.209	697	82
高考总分	1429	551.619	70.833	708	261
语文分数标准分	1413	0.000	1.000	3.429	−4.963
数学分数标准分	1412	0.000	1.000	2.016	−5.237
英语分数标准分	1417	0.000	1.000	1.831	−4.571
英语四级标准分	1394	−0.430	0.950	2.607	−5.984
高考总分标准分	1429	0.000	1.000	2.166	−3.873
高考类别（理科 =1）	1362	0.768	0.422	1	0
性别（男性 =1）	1470	0.496	0.500	1	0
健康状况	1463	66.716	14.391	100	9
户口（城市为 1）	1470	0.673	0.469	1	0
院校类型（"211" =1）	1470	0.511	0.500	1	0
学分绩排位（前百分之几）	1397	0.463	0.233	1	0
大学专业类别 （理工农医 =1）	1470	0.484	0.500	1	0
政治面貌（党员 =1）	1470	0.269	0.444	1	0
学生干部（是 =1）	1467	0.472	0.499	1	0
实习（参与 =1）	1403	0.736	0.441	1	0
计算机资格证书 （有 =1）	1386	0.107	0.309	1	0
专业资格证书 （有 =1）	1381	0.109	0.312	1	0

第三节　高校学生语言学习选择对就业薪酬的具体影响

一、实证模型

在有关语言能力的经济回报的研究中，前人控制了就业者的性别、教育水平、来源地区等多方面因素，大多利用线性回归模型进行讨论（Borjas，1987；Chiswick and Miller，1995；Casey and Dustmann，2008；Guo and Sun，2014）。借鉴这些模型和考虑因素后，本章采用计量模型如（9.1）。

假设大学生毕业后的工资由以下方程决定：

$$\ln W = \beta_0 + \beta_1 \text{chin}_i + \beta_2 \text{cet}_i + \beta_3 \text{math}_i + \beta_4 \text{totalscore}_i + X_i y + \varepsilon_i \qquad (9.1)$$

其中，lnW 为大学毕业生毕业第一年的工资的对数。主要的解释变量为学生能力，利用高考科目成绩作为代理变量，分别是语文成绩（chin）、数学成绩（math），英语能力主要采用大学英语四级考试成绩（cet），同时也将高考中英语成绩作为备选变量。本章利用高考的总成绩（totalscore）对考生的总能力加以控制。这样，语文成绩和英语成绩的系数代表在总能力一致的前提下，分项能力的优势所带来的工资溢价。其余变量作为控制变量，用 X 表示，控制变量包括四类：第一类是综合类控制变量，包括学生的高考类别（文理）、入学年级；第二类是个体因素变量，包括性别、健康状况等 ❶；第三类是家庭因素变量（指学生与父母组成的这个家庭），包含家庭户籍所在地（城、乡）、家庭收入 ❷ 等；第四类是学校因素变量，包含院校类型（是否是 "211" 学校）、大学专业类别（回归分析中简化为理工农医、人文社科两类）、学分绩排位（在本班的前百分之几）等等；第五类是就业单位变量，包含就业者就业单位性质（如党政机关、国企、民营企业等）和行业类别（如金融业、房地产业、制造业、信息传输与计算机业等）。通过控制这五类变量，可以有效地控制估计的偏误。

需要指出的是，本章的样本中包含了来自全国各地的学生，他们的高考分数来自不同的高考试卷，这些试卷反映的分数所代表的能力本身可能并不可比。为了解决这一问题，本章进行了两个转换。首先，本章将各试卷体系的分值（包括原始分、标准分）均转换为高考满分 750 分，语文、

---

❶ 健康状况个体自评量表，数值在 0~100 分之间，数值越大表示健康程度越高。

❷ 利用学生在第一轮在校生调查（2009）期间填写的家庭年收入数值，实际代指了其父母的收入状况。

数学、外语各科满分为150的原始分值系统❶，这一变形统一了学生的分数范围。而后，本章对每一级的所有观测学生的成绩进行了 Z 分数处理（文中称之为标准分），从而给出每个学生的各项成绩在样本群体中的相对位次，由此判断学生能力的相对强弱以及每个学生各学科的比较优势。对于大学英语四级考试成绩，只在同一年级学生中做了 Z 分数处理。

在此基础上，本章仍然有可能低估或高估汉语能力或英语能力带来的收入效应，因为高考分数可能直接影响到大学阶段的人力资本形成。例如，汉语能力更好的学生更有可能成长为学生干部，或者在面试中脱颖而出获取实习机会。而实证研究已经证明，大学期间积累的人力资本会影响未来的就业（岳昌君和杨中超，2012）。因此，本章需要估计学生能力与大学期间形成的人力资本的关系，以及二者对就业工资的影响。即便如此，样本选择问题仍有可能带来选择性偏差。大学生在毕业后可能因选择出国、读研、再花一年时间考研、没找到工作等原因而没有进入劳动力市场。这部分群体的就业起薪缺失可能导致典型的样本选择偏差。为此，本章采用赫克曼（J.J. Heckman）提出的两步估计法——估计逆米尔斯比率（mills lambda）并将此比率加至回归方程中——来解决这一问题（Heckman et al.，2006）。

二、基本实证结果

表 9–3 给出了基本的回归结果。其中，回归结果（1）为 OLS 方法估计的模型，利用高考分数和大学英语四级分数做解释变量，并加入了个体特征、家庭特征、学校特征、就业单位特征等控制变量，回归结果（2）是利用赫克曼两步法纠正之后的模型。根据表 9–3 的结果，用高考语文成绩表示的汉语能力对就业薪酬有显著的正向影响，英语能力也具有这种效

---

❶ 2006 年高考中，上海卷总分 630 分，广东卷和海南卷采用标准分，总分 900 分；2008 年，上海卷总分 630 分，江苏卷总分 480 分（语文 160，数学 160，英语 120；文科语文总分加 40 为 200 分，理科数学总分加 40 分为 200 分），海南采用标准分 900 分并附加毕业会考成绩，总分 940 分。

应，而数学能力的工资效应并不明显。语文成绩的回归系数大于英语四级
成绩，说明汉语能力对工资的边际影响较英语更大。回归结果（2）在工
资方程中利用赫克曼两步法进行估计，逆米尔斯比率回归系数并不显著，
说明对样本不存在选择性偏误，不需要进行矫正。回归的结果还表明，相
对 2006 级毕业生，2008 级毕业生的就业薪酬有明显优势，男性、学分绩
排名靠前、家庭收入更高这些因素对就业薪酬有显著的正向影响。

表 9-3　语言能力对工资的影响

变量	（1） OLS	（2） 赫克曼两步法	（3） 2006 级 第一年工资	（4） 2006 级 第三年工资	（5） 2006 级 工资增长
语文标准分	0.0647**	0.0636**	0.0811***	0.0128	0.1933*
	（0.0232）	（0.0231）	（0.0235）	（0.0423）	（0.0801）
数学标准分	−0.0319	−0.0324	−0.0184	−0.0819	0.0182
	（0.0273）	（0.0271）	（0.0270）	（0.0455）	（0.0831）
英语四级标准分	0.0487*	0.0489*	0.0474*	0.0469	0.1899**
	（0.0211）	（0.0210）	（0.0219）	（0.0333）	（0.0617）
高考总分标准分	0.0807**	0.0819**	0.0919**	0.1364**	0.0407
	（0.0304）	（0.0302）	（0.0307）	（0.0510）	（0.0942）
2008 级	0.1066***	0.1070***	——	——	——
	（0.0155）	（0.0154）	——	——	——
男性	0.1477***	0.1491***	0.1260***	0.1676**	0.2498*
	（0.0342）	（0.0339）	（0.0359）	（0.0540）	（0.1003）
家庭收入	0.0283**	0.0284**	0.0198*	0.0845***	0.1753***
	（0.0105）	（0.0104）	（0.0095）	（0.0242）	（0.0458）
常数项	7.6719***	7.6663***	8.0259***	8.3645***	7.0051***
	（0.1478）	（0.1467）	（0.1449）	（0.2651）	（0.4744）
逆米尔斯比率	——	0.4904（0.5991）	——	——	——
N	1184	2559	721	722	364
R^2	0.2329	——	0.2878	0.2546	0.2897

注：1. 括号内为标准误，* $p<0.05$，** $p<0.01$，*** $p<0.001$；2. 除表格中给出的变量外，各回归结果的控制变量还包括入学年级、性别、家庭收入、高考类别、健康状况、家庭户籍、院校类型、学分绩排位、大学专业类别、就业单位性质、就业单位的行业类别等。由于篇幅有限，此处仅仅报告具有显著影响的控制变量系数。

　　需要指出的是，为了考察利用不同的能力代理变量结果的稳定性，本章分别讨论了利用高考原始成绩、高考标准分数两种指标下，语言能力对就业薪酬的影响。本章还考察了分别以英语高考分数和大学英语四级分数为英语能力代理变量之下的收入效应。不论在哪种情况下汉语能力对就业薪酬的溢价作用始终显著，但采用高考分数度量的英语能力则在大多数情形下表现不显著。❶

　　本章的回归结果证实了汉语能力和英语能力均具有明显的工资溢价，而汉语能力影响效果更加明显。那么，汉语能力和英语能力的工资溢价在工作之后的几年是否仍然具有持续性？为此，本章以 2006 级本科毕业生就业者在就业第一年和第三年的工资对数以及两年工资差值的对数为因变量❷，探讨汉语能力和英语能力对各年工资以及工资增长的影响，结果如表 9–3 的（3）~（5）所示。从回归结果中可以发现，语文成绩不仅对第一年工资有正向作用，还对工资的增长有显著的正向效应，英语成绩也具备同样效应，仅仅是回归系数略小。这说明了语言能力的工资溢价具有一定的持续性。

三、不同群体差异

　　为了更深入地讨论语言能力的工资效应，本章对不同子样本进行了估计。结果如表 9–4、表 9–5 所示。利用分位数回归发现，对于收入分布在 25%、50%、75%、90% 的样本而言，汉语能力的正向影响作用均显著。对于收入分布在 50%，75%，90% 的样本而言，英语能力的正向影响作用均显著，且整体而言，收入水平越高的群体，英语能力对收入的边际影响越大。在收入较高的群体之中，英语能力对工资的溢价效果较汉语能力更为明显。

---

❶　由于篇幅所限，本章省略了相关系数表格，感兴趣的读者可联系作者。

❷　需要说明的是，追踪调查时，学生对工资的填写情况有一定随机性，有些学生填写了第一年工资，而追踪调查时却未填写第三年工资；有些学生则填写了第三年而未填写第一年。这些因素导致数据产生了缺失，因此本章只计算了同时填写了第一年和第三年工资的样本。

对各子样本的分析发现，对于具有在北京地区工作、国企工作、金融行业工作、女性、大学学科背景为人文社会这些特征的群体，语文成绩对就业薪酬有显著正向影响，汉语能力的重要性明显。在外企工作、IT行业工作、女性群体中，英语四级成绩对就业薪酬有显著的正向影响。数学成绩在所有群体中的回归系数均不显著，说明数学能力对工资的边际效果不明显。

表9-4　语言能力对不同人群工资的影响（分位数回归）

变量	（1）	（2）	（3）	（4）	（5）
	10%	25%	50%	75%	90%
语文标准分	0.0281	0.0560**	0.0449*	0.0546*	0.0749*
	（0.0345）	（0.0215）	（0.0213）	（0.0273）	（0.0321）
数学标准分	−0.0370	−0.0093	−0.0212	−0.0156	−0.0561
	（0.0407）	（0.0253）	（0.0251）	（0.0321）	（0.0378）
英语四级标准分	0.0272	0.0372	0.0621**	0.0791**	0.1016***
	（0.0314）	（0.0196）	（0.0194）	（0.0248）	（0.0292）
高考总分标准分	0.0828	0.0709*	0.0577*	0.0669	0.0862*
	（0.0453）	（0.0282）	（0.0280）	（0.0358）	（0.0421）
常数项	7.1353***	7.4618***	7.5673***	7.7589***	7.7530***
	（0.2199）	（0.1370）	（0.1358）	（0.1737）	（0.2044）
N	1184	1184	1184	1184	1184
R^2	0.1344	0.1606	0.1838	0.1622	0.2121

注：1. 括号内为标准误，* $p<0.05$，** $p<0.01$，*** $p<0.001$；2. 控制变量包括入学年级、性别、家庭收入、高考类别、健康状况、家庭户籍、院校类型、学分绩排位、大学专业类别、就业单位性质、就业单位的行业类别等。由于篇幅有限，此处省略了所有控制变量系数。

表9-5　语言能力对不同人群工资的影响

变量	(1)北京	(2)非北京	(3)外企	(4)国企	(5)党政机关	(6)金融	(7)IT	(8)男	(9)女	(10)理工农医	(11)人文社会
语文	0.0577*	0.0755	0.0618	0.1311**	-0.0389	0.2817*	0.0494	0.0578	0.0748*	0.0462	0.0927**
标准分	(0.0269)	(0.0469)	(0.0508)	(0.0471)	(0.0795)	(0.1152)	(0.0562)	(0.0348)	(0.0312)	(0.0333)	(0.0335)
数学	-0.0394	-0.0247	-0.0307	-0.0531	-0.1316	-0.0005	0.0995	-0.0269	-0.0464	-0.0191	-0.0344
标准分	(0.0316)	(0.0563)	(0.0733)	(0.0544)	(0.0875)	(0.1108)	(0.0728)	(0.0442)	(0.0348)	(0.0406)	(0.0392)
英语四级	0.0451	0.0541	0.1582**	0.0630	-0.0703	0.1463	0.1034*	0.0519	0.0524	0.0263	0.0717*
标准分	(0.0254)	(0.0402)	(0.0549)	(0.0411)	(0.0813)	(0.0887)	(0.0510)	(0.0320)	(0.0283)	(0.0319)	(0.0290)
高考总分	0.0711*	0.0861	0.0499	0.0878	0.2593*	-0.0571	0.0059	0.1146**	0.0576	0.1099*	0.0570
标准分	(0.0351)	(0.0667)	(0.0886)	(0.0581)	(0.1228)	(0.1428)	(0.0795)	(0.0437)	(0.0437)	(0.0441)	(0.0440)
常数项	7.7280***	7.5001***	7.3211***	7.6812***	7.8900***	8.2196***	7.6742***	7.8952***	7.6250***	7.8934***	7.6577***
	(0.1728)	(0.3003)	(0.4067)	(0.3065)	(0.6753)	(0.5806)	(0.4765)	(0.2326)	(0.1943)	(0.5639)	(0.2160)
N	843	341	174	367	95	171	178	585	599	622	562
R^2	0.2479	0.3195	0.4846	0.1574	0.2282	0.2259	0.3375	0.2369	0.3114	0.2135	0.2953

注：1. 括号内为标准误，* $p<0.05$，** $p<0.01$，*** $p<0.001$；2. 控制变量包括入学年级、性别、家庭收入、高考类别、健康状况、家庭户籍、院校类型、学分绩排位、大学专业类别、就业单位性质、就业单位行业类别等。由于篇幅有限，此处省略了所有控制变量系数。

第四节　高校学生语言学习选择影响就业薪酬的机制探讨

　　语言能力通过哪些途径影响大学毕业生的工资？特别是为什么汉语能力强的学生会获得更高的工资？本部分尝试对其原因进行探讨。可能的机制是：汉语能力会影响学生在大学中的人力资本获取，汉语能力强的学生可能积累了更多有助于提升未来工资的人力资本，从而影响就业时的在劳动力市场中的地位。大学中积累的人力资本是多维度的，可以通过计算机证书、专业资格证书（如会计师证、律师证等）、党员身份、学生干部、实习经历等方面来测量。汉语能力强的学生，在中文阅读和写作、汉语演讲、与人沟通、中文笔试、面试等任务中可能获得更多优势，更可能成为党员、学生干部，获得专业资格证书，获得参与实习的机会，以取得在劳动力市场中的竞争优势。为了验证这一假设，本章利用 logit 回归方法，重在探讨语文成绩与上述人力资本变量之间的关系。

　　基于表 9–6 的回归结果（1）~（5）显示的 logit 回归结果，本研究发现，语文成绩更高的学生，确实更能够有效地获得实习机会并参与实习，同时，在专业资格证书获取方面也有一定优势。这些人力资本的积累可能与其未来的工资有密切关系。但语文成绩对学生入党、成为学生干部、获取计算机证书等方面并无显著影响。学生的英语成绩更高，对专业资格证书获取有负向影响。这一结果出现的可能原因是英语学习与专业技能学习对学生的时间分配而言，有一定的竞争关系。

　　为了进一步探索语言能力特别是汉语能力影响工资的机制，这里把涉及大学期间人力资本积累的相关变量加入回归方程。估计结果如表 9–6 所示的回归结果（6）。从添加人力资本积累变量的模型估计结果中可以发现，参与实习对获取更高的工资具有明显的效果。在添加这些变量之后，语文成绩对工资的正向影响仍然是显著的，仅仅是回归系数有所减小。这表明大学期间积累的人力资本并不足以解释汉语能力带来的工资溢价，其影响机制可能更为隐蔽和复杂。本章还发现，英语能力对工资的影响仍然明显，回归系数略小于汉语能力。数学能力依然没有明显效果。

表 9-6　大学在学期间人力资本的影响

模型	（1）	（2）	（3）	（4）	（5）	（6）
	logit	logit	logit	logit	logit	OLS
因变量	党员	学生干部	实习	计算机证	专业资格证	工资
语文标准分	−0.0321	−0.0205	0.1348*	−0.0786	0.1895*	0.0594*
	（0.0549）	（0.0514）	（0.0652）	（0.0785）	（0.0788）	（0.0231）
数学标准分	0.0719	0.0110	−0.1713*	−0.0949	−0.0063	−0.0327
	（0.0648）	（0.0598）	（0.0766）	（0.0869）	（0.0916）	（0.0269）
英语标准分	−0.0728	−0.0517	−0.1408	0.1061	−0.2630**	—
	（0.0731）	（0.0649）	（0.0819）	（0.0879）	（0.1001）	—
英语四级标准	—	—	—	—	—	0.0562**
						（0.0209）
高考总分标准分	0.2640***	0.1768*	−0.0589	−0.2913**	−0.0125	0.0824**
	（0.0768）	（0.0696）	（0.0894）	（0.1019）	（0.1044）	（0.0300）
实习	—	—	—	—	—	0.1085**
	—	—	—	—	—	（0.0396）
常数项	−0.1897	1.8066***	2.2471***	−1.0254*	−0.1181	7.5179***
	（0.4208）	（0.3854）	（0.4774）	（0.5031）	（0.6222）	（0.1533）
N	2799	2791	2799	2799	2799	1182
R^2	0.1088	0.0493	0.0894	0.0379	0.1272	0.2455

　　注：1. 括号内为标准误，* $p<0.05$，** $p<0.01$，*** $p<0.001$；2. 回归结果（1）到（5）的控制变量包括入学年级、性别、家庭收入、高考类别、健康状况、家庭户籍、院校类型、学分绩排位、大学专业类别。回归结果（6）在此基础上增加了党员身份、学生干部、实习经历、计算机证、其他资格证等大学期间人力资本变量，以及就业单位性质、就业单位的行业类别作为控制变量。由于篇幅有限，此处仅仅报告具有显著影响的大学期间人力资本控制变量的系数。

第五节　总结与讨论

基于 2006 级和 2008 级北京高校学生追踪调查数据，本章研究了语言能力带来的本科毕业生工资溢价问题。结果发现，在控制学生总能力（高考分数）以及其他变量后，汉语能力更强的学生具有明显的工资优势，英语能力同样具备工资溢价的效果，只是影响系数相对汉语能力较小。对于较高工资水平的这部分子群体，英语能力对工资溢价的作用比汉语能力更大。汉语能力和英语能力的工资溢价效果在工作三年内都具有可持续性。大学期间获取的人力资本不能充分解释语言能力的工资溢价效应，因此可以认定，这种溢价效应是语言能力本身所带来的经济回报。

与前人各项研究相比，本章有效控制了就业者的英语能力与母语能力两种语言能力，且对比了二者对于工资溢价效果的大小，从而避免了过分凸显单一语言能力作用的结果。

本章的结论对人才评价方式的改革具有重要参考意义。作为主观性很强的试题，高考语文试题的信度和效度一向受到质疑。本章表明，语文成绩代表的学生汉语能力能有效地预测其未来就业起薪，其预测效果甚至高于以客观题见长的英语和数学，因此，高校在选拔人才的过程中，应更加重视语文成绩及其代表的汉语能力。同时，各级学校在教学过程中加大汉语能力的培养，这将有助于学生在劳动力市场中获得更多的优势。

本章虽然从实证上论证了高校毕业生语言能力的工资溢价效果，但囿于数据所限，仅仅是把语言能力分为汉语能力和英语能力两种，对每种语言能力的听、说、读、写等不同部分的效果并未做出细分和对比，这有待在未来研究中加以补充。同时，对语言能力的工资溢价作用的理论机制，仍有待深入的探讨。

毕业篇

第十章　高校毕业生留京就业选择对职涯发展的影响*

第一节　高校毕业生留京就业选择的相关背景

　　一线城市的准入门槛和落户条件在管控城市发展规模中起着重要的作用（杨晓军，2017）。对于首都，纵观其《引进非北京生源本科毕业生紧缺专业目录》，在"总量封顶"的原则下，北京对非京籍人才的筛选变得愈加严格，甚至还增加了年龄等一系列限制条件。此外，北京户口因和就业、购房、购车、教育、生育、医疗、养老等生活诸多方面密切联系，而承担了额外的价值（魏万青，2012）。面对离京留京的问题，除了从宏观调控政策方面分析毕业生就业选择外，在就业迁移的框架下，杨钋以中心和非中心城市的角度将毕业生就业流动分为"不动""聚集""交换"和"发散"四种模式来讨论个体就业迁移的原因（杨钋等，2011）。因此，离京或留京不仅在宏观政策上受首都落户条件逐步紧缩的影响，同时作为微观个体的非京籍毕业生也面临在户口和就业薪酬之间的权衡选择。

　　在毕业生离京留京影响因素的相关研究中，马莉萍发现男生可能因为

　　＊　本章主要内容发表于《中国人民大学教育学刊》2017 年第 3 期，此处有删改。

在求职中更具有优势，更倾向于留在北京工作；农村户籍的毕业生更倾向于选择能够提供落户指标的职位，而家庭收入较高的毕业生对户口并不是很敏感；党员可能与国有企业、党政机关等对政治面貌有要求的用人单位有关，而更愿意留京（马莉萍和董璐，2015）。另外，岳昌君发现学校层次越高，毕业生越会离开大学所在地（岳昌君和李欣，2016）。除此以外，法吉安（Faggian）发现种族因素也会影响大学生的就业地选择（Corcoran and Faggian，2017）。凯恩斯（Cairns）认为经济危机并不会对毕业生的就业迁移造成影响（Caims，2017）。孙（Sun）在修正了传统重力模型和辐射模型之后，得出毕业生更青睐在省会城市工作（Sun and Pan，2014）。

在毕业生就业薪酬的研究中，以往文献通常考虑了家庭背景、性别、学校层次、专业类别、大学成绩、语言能力、招生方式等（Walker and Zhu，2008；Walker and Zhu，2017；崔盛和吴秋翔，2017；潘昆峰和崔盛，2016），但考虑就业地选择因素的文献较少。一般认为毕业生离开当地就业会获得较高的就业薪酬（Kidd et al.，2017；Abreu et al.，2015；李锋亮等，2010）。石（Shi）还通过工具变量和倾向值匹配的方法，测算出这种正向影响效果约为16%（Shi，2015）。但对于北京这种一线城市，离京与留京的选择是否像以往研究得出的结论那样还会给毕业生的就业薪酬造成相同的影响？马莉萍聚焦到了非京籍大学生这一群体，得出由于北京市的落户政策，在京工作会对非京籍毕业生起薪有负向影响（马莉萍和董璐，2015）。宋月萍采用倾向值匹配的方法，发现在京工作并落户会使非京籍毕业生的就业起薪降低21%，而且毕业生人力资本越高，这种负向作用就越大（宋月萍和宋正亮，2016）。

相比于全国，离京或留京对非京籍毕业生就业薪酬的作用机制具有其特殊性。以往文献认为性别、家庭收入、学校层次、政治面貌会对非京籍毕业生离京留京选择造成影响。但在分析离京或留京对薪酬的影响中，缺乏对工资增长影响的研究，因此也很难得到就业薪酬对离京与留京选择影响的深层机制，本章将尝试对该问题进行深入探讨。

第二节　高校毕业生留京就业选择的基本情况

根据《2016届高校毕业生就业质量年度报告》，北京大学和中国人民大学2016年约有六成本科毕业生选择在京外就业，清华大学2016年京外就业的本科毕业生比例甚至高达80%。这三所首都重点高校毕业生普遍离京的现象背后，是北京这座特大城市日益扩张的发展规模和生存成本之间的矛盾。更引人注意的是，人口调控政策的实施逐步，收紧了多条非京籍毕业生的留京通道，同时"户口控人"的城市发展策略也愈发明显。为什么离开，为什么留下，哪里才是提供承载梦想的平台？在北京这个最容易引起"梦想与现实"思考的一线城市中，答案往往站在了现实的一边。因此，研究非京籍毕业生离京留京背后的抉择问题具有很强的现实意义。本章在系统梳理国内外文献的基础上，首先分析北京高校非京籍毕业生离京留京的基本情况。

为了便于统计，本章对"高考成绩""大学成绩"和"专业类别"分别进行处理。由于各个省份可以不使用教育部编写的全国试卷，单独组织本省教师进行考试试卷的编写，即自主进行高考试卷的单独命题，这就导致高考成绩总分可能不同，所以在统计前必须对"高考成绩"变量进行标准化处理。由于各个大学成绩计算方法不一，有的大学采用百分制，而有的大学则采用平均成绩点数（即GPA），本章采用大学排名（前百分之几）表示"大学成绩"这一变量。我国的高校现行12个学科门类，有哲学、经济学、法学等。为了方便统计，本章将理工农医归为一类取0，文史经管归为一类取1。为了进行更细致的分析，本章还将学校层次进行了细化，将北京大学、中国人民大学、清华大学合并简称重点大学取1，其他高校为普通大学取0。

本章通过本科毕业后第一年填写的工资数据作为就业薪酬的衡量，这时进入劳动力市场的学生已经工作近一年，对工资数据的填写比较真实。表 10-1 为包含京籍毕业生的描述性统计。从简单统计来看，样本中 2006 级和 2008 级学生大部分选择留在北京工作。从就业薪酬来看，留在北京的毕业生平均月工资为 4321 元，离开北京的毕业生平均月工资为 5193 元，比留在北京的毕业生平均高出约 20.2%。从三年后的工资增长来看，留在北京工作月薪平均增加 3006 元，而离开北京的毕业生的月薪平均增加 1847，比留在北京的毕业生低了约 62.75%。从高考成绩来和学校层次来看，离京毕业生比留京毕业生都要好。选择离开北京的毕业生的家庭收入比留在北京的毕业生家庭收入要高。但从父母的受教育水平来看，留在北京的毕业生父母受教育水平较高。

表 10-1　包含京籍毕业生的描述性统计

变量	离京					留京				
	样本量	平均值	标准差	最小值	最大值	样本量	平均值	标准差	最小值	最大值
起薪/元	419	5193	5580	1	60000	1077	4321	2775	3	40000
工资增长/元	115	1847	2902	-5000	16000	377	3006	4915	-11000	47500
户口类型（城镇=1）	540	0.624	0.485	0	1	1334	0.695	0.461	0	1
家庭年收入/万元	545	21.42	54.30	0.300	500	1336	16.99	34.04	0	500
父亲受教育水平（大学及以上=1）	545	0.376	0.485	0	1	1337	0.411	0.492	0	1
母亲受教育水平（大学及以上=1）	545	0.288	0.453	0	1	1337	0.326	0.469	0	1
性别（男=1）	545	0.596	0.491	0	1	1337	0.458	0.498	0	1
文理科（文科=1）	507	0.227	0.419	0	1	1242	0.257	0.437	0	1
标准化高考成绩	518	0.0857	0.841	-4.255	2.017	1308	-0.403	1.061	-7.173	2.443

续表

变量	离京					留京				
	样本量	平均值	标准差	最小值	最大值	样本量	平均值	标准差	最小值	最大值
政治面貌（党员 =1）	545	0.385	0.841	0	3	1337	0.371	1.181	0	3
学校层次	545	0.235	0.424	0	1	1337	0.169	0.375	0	1
专业类型（文史经管 =1）	545	0.444	0.497	0	1	1337	0.524	0.500	0	1
大学成绩	544	0.482	0.228	0.0345	1	1334	0.459	0.219	0.0270	1
是否实习过（是 =1）	545	0.754	0.431	0	1	1337	0.835	0.372	0	1
是否为班干部（是 =1）	544	0.496	0.500	0	1	1331	0.505	0.500	0	1

　　为了进一步分析非北京生源大学生的就业选择，我们做出表 10-2 非京籍毕业生各变量的描述性统计。从就业薪酬来看，留在北京的非京籍毕业生平均月工资为 4870 元，离开北京的非京籍毕业生平均月工资为 5128元。这一就业起薪差距相较于包含京籍学生的统计结果来说有明显地缩小，但从三年后的工资增长来看，这一差距仍然存在。留在北京工作月薪平均增加 3137 元，而离开北京的毕业生的月薪平均增加 1873，比留在北京的毕业生低了约 67.5%。从高考成绩来和学校层次来看，留京非京籍毕业生稍好，但离京非京籍毕业生的大学成绩更优异。选择离开北京的非京籍毕业生的家庭收入比留在北京的毕业生家庭收入要高。

表 10-2　非京籍毕业生的描述性统计

变量	离京非京籍					留京非京籍				
	样本量	平均值	标准差	最小值	最大值	样本量	平均值	标准差	最小值	最大值
起薪 / 元	397	5128	5597	1	60 000	452	4870	3333	700	40 000
工资增长 / 元	111	1873	2933	−5000	16 000	144	3137	2912	−3000	14 000
户口类型（城镇 =1）	513	0.618	0.486	0	1	638	0.665	0.473	0	1

变量	离京非京籍					留京非京籍				
	样本量	平均值	标准差	最小值	最大值	样本量	平均值	标准差	最小值	最大值
家庭年收入/万元	515	19.86	50.28	0.300	500	639	15.54	35.20	0	500
父亲受教育水平（大学及以上 =1）	515	0.365	0.482	0	1	640	0.431	0.496	0	1
母亲受教育水平（大学及以上 =1）	515	0.280	0.449	0	1	640	0.325	0.469	0	1
性别（男 =1）	515	0.600	0.490	0	1	640	0.508	0.500	0	1
文理科（文科 =1）	481	0.227	0.419	0	1	585	0.280	0.450	0	1
标准化高考成绩	490	0.113	0.801	−3.336	2.017	613	0.172	0.900	−4.123	2.443
政治面貌（党员 =1）	515	0.390	0.807	0	3	640	0.452	0.912	0	3
学校层次	515	0.233	0.423	0	1	640	0.263	0.440	0	1
专业类型（文史经管 =1）	515	0.443	0.497	0	1	640	0.516	0.500	0	1
大学成绩	514	0.480	0.229	0.0345	1	638	0.428	0.224	0.0270	1
是否实习过（是 =1）	515	0.755	0.430	0	1	640	0.808	0.394	0	1
是否为班干部（是 =1）	514	0.506	0.500	0	1	638	0.558	0.497	0	1

第三节　高校毕业生留京就业选择影响的模型

一、研究问题

莘莘学子来京求学，毕业时面对生活成本却只能望洋兴叹。非京籍毕业生往往要在薪酬较低却提供北京户口和京外高薪职位之间做出艰难的抉择。在这种背景下，本章使用中国人民大学中国调查与数据中心数据，来分析北京高校非京籍毕业生离京留京的就业选择。

研究首先分析性别、家庭收入、学校层次等因素对非京籍毕业生留京离京选择的影响。同时将整个非京籍毕业生群体按照是否为"北人清"重点大学进行分类，对比这两类大学非京籍毕业生的留京离京选择，找出结果之间的共性和差异性。此外，将回归结果与以往文献的结论相对比，以检验全国范围内的大学生就业选择机制是否对北京有一致的普适性。

在讨论高校毕业生留京离京的影响因素后，研究将分析非京籍毕业生留京或离京对其就业薪酬的影响。同时鉴于以往文献仅仅讨论了离京留京对毕业生起薪的影响，研究还将重点探讨非京籍毕业生离京留京对其三年后工资增长的影响，并检验是否和其对起薪的影响相同。此外，对比毕业生起薪和工资增长影响因素的异同，总结对工资有持续性影响的因素。

二、实证模型

在之前研究基础上，本章采用二元 logit 的回归方法，探讨性别、家庭收入、政治面貌、学校层次等对非京籍毕业生离京留京选择的影响，计量模型如（10.1）。

$$\text{logit}(B) = \alpha + \beta_i \cdot x_i + \varepsilon \tag{10.1}$$

其中 logit（B）为因变量，表示毕业生的选择，如在京工作，则 logit（B）=1。解释变量有：户籍（城镇 =1）、父亲受教育水平（大专及以上 =1）、母亲受教育水平（大专及以上 =1）、家庭年收入（取对数）、性别（男 =1）、高中文理科（文科 =1）、政治面貌（中共党员 =1）、标准化后的高考成绩、学校层次（"北人清"重点大学 =1）、大学专业类型（文史经管 =1）、是否有实习经历（是 =1）、是否担任班干部任职（是 =1）以及处理后的大学成绩。此大学成绩以排名的形式计算，其数值越小，说明该学生排名越靠前，大学成绩越优异。

在离京留京影响因素模型的基础上，采用二元 logit 的回归方法，分析在京工作对非京籍毕业生就业选择的影响，计量模型如（10.2）

$$\text{gunit} = \alpha + \theta \cdot \text{logit}(B) + \beta_i \cdot x_i + \varepsilon \qquad (10.2)$$

其中因变量 gunit 是企业类型（例如在探讨外资企业该类型时，如毕业生进入外资企业工作，则 gunit =1），核心解释变量为 logit（B）（如毕业生选择在京工作，则 logit（B）=1），控制变量 x_i 为离京留京的影响因素。

关于在京工作对起薪的影响，本章采取多元线性回归的方法，计量模型如（10.3）

$$\ln W_1 = \alpha + \theta \cdot \text{logit}(B) + \beta_i \cdot x_i + y_i \cdot z_i + \varepsilon \qquad (10.3)$$

其中因变量 $\ln W_1$ 是起薪的对数，核心解释变量为 logit（B）。控制变量 X_i 为离京留京的影响因素，控制变量 I_i 为就业类型（包括企业性质、行业类型），其中企业类型 5 种（党政机关、国有企业、事业单位、外资企业和民营企业），行业类型 19 种（金融、教育、公共管理、信息科技、文化娱乐等）。

考虑到毕业生多元化的选择（比如出国继续深造、参加推荐免试或考试继续攻读硕/博学位等），部分应届毕业生并未立即选择就业。然而这部分学生样本就业数据的缺失可能导致样本选择的偏差。为了解决这种偏误，非常有必要采用 Heckman 两步修正法，估计出逆米尔斯比率，并判断其显著性（Heckman et al.，2006）。

关于在京工作对工资增长的影响，本章采取多元线性回归的方法，计量模型如（10.4）

$$\ln(W_3 - W_1) = \alpha + \theta \cdot \text{logit}(B) + \beta_i \cdot x_i + y_i \cdot z_i + \varepsilon \qquad (10.4)$$

其中 W_3 是毕业三年后的工资，因变量 $\ln(W_3 - W_1)$ 是毕业生工资增长的对数，核心解释变量和控制变量与在京工作对起薪影响的计量模型相同。

第四节　高校毕业生留京就业选择对职涯发展的具体影响

一、离京留京的影响因素

表10-3为对2006级和2008级非京籍毕业生进行二元logit的回归结果。回归结果（1）和（2）为总体的回归结果，共有1010个观测样本。首先，从表10-3中我们发现能力越强（高考成绩越优秀）的学生，越可能选择留在北京工作。那能力是否最终决定离京留京选择呢？有待分类回归进一步检验其稳定性。其次，有实习经历的毕业生，更倾向于留在北京工作。说明实习经历会让毕业生对北京的工作环境更加熟悉，同时也积累了社会资本，从而选择留在北京工作。最后，家庭收入、政治面貌等因素跟以往文献相比，并未对毕业生就业地选择造成显著影响。

从整体的logit的回归结果我们发现，学生能力和学校层次对毕业生离京留京选择有不同的影响，为检验影响的稳定性并参考相关文献结论（李路路，2014），回归结果（3）~（6）按学校层次进行分类回归。在精英学校中，高考成绩和大学成绩代表的能力对毕业生离京留京的影响不显著，但对其他高校的毕业生依然有正向的影响。说明进入"北人清"这三所重点大学的学生能力已得到劳动力市场的认可，决定其离京留京选择可能是其他原因，而普通高校中，能力依然是留京工作的决定因素。至于其他原因，在回归结果（3）和（4）中可以看到户口类型、家庭收入对于"北人清"的毕业生有着显著的影响，而对其他高校毕业生影响不显著，说明在能力以外的城乡背景和家庭收入水平才是"北人清"重点大学毕业生离京留京的重要影响因素。

表 10-3　非京籍离京留京影响因素

变量	总体		分学校层次			
			重点大学		普通大学	
	（1）	（2）	（3）	（4）	（5）	（6）
户口类型	0.0886	0.0955	0.8883*	0.9345*	−0.0917	−0.1086
	（0.1555）	（0.1573）	（0.3805）	（0.3912）	（0.1730）	（0.1763）
家庭收入对数	−0.0876	−0.0965	−0.2742	−0.2986*	−0.0161	−0.0260
	（0.0736）	（0.0742）	（0.1477）	（0.1516）	（0.0864）	（0.0876）
父亲受教育水平	0.2156	0.2394	0.1374	0.2027	0.2460	0.3007
	（0.1881）	（0.1899）	（0.4229）	（0.4339）	（0.2124）	（0.2160）
母亲受教育水平	−0.0166	−0.0408	−0.2685	−0.2489	0.0629	0.0215
	（0.2010）	（0.2028）	（0.4121）	（0.4222）	（0.2334）	（0.2371）
性别	−0.3890**	−0.2527	−0.0410	−0.0360	−0.4860**	−0.2658
	（0.1358）	（0.1457）	（0.2933）	（0.3216）	（0.1549）	（0.1674）
文理科	0.1986	0.0405	0.0251	0.2292	0.2446	−0.0504
	（0.1621）	（0.1940）	（0.3265）	（0.3787）	（0.1954）	（0.2393）
标准化高考成绩	0.2631**	0.2473*	−0.0605	−0.2010	0.3289**	0.3291**
	（0.0977）	（0.0995）	（0.2477）	（0.2567）	（0.1094）	（0.1113）
学校层次	−0.0883	−0.0909	—	—	—	—
	（0.1824）	（0.1895）	—	—	—	—
政治面貌	—	0.1512	—	0.4717	—	0.0178
	—	（0.1413）	—	（0.3001）	—	（0.1638）
专业类型	—	0.1449	—	−0.8215*	—	0.3541
	—	（0.1768）	—	（0.4035）	—	（0.2059）
大学成绩	—	−0.5068	—	0.4764	—	−0.9025*
	—	（0.3241）	—	（0.7577）	—	（0.3697）
是否实习过	—	0.3373*	—	0.7667	—	0.3176
	—	（0.1677）	—	（0.4028）	—	（0.1900）
是否为班干部	—	0.0918	—	−0.1160	—	0.1722
	—	（0.1337）	—	（0.3047）	—	（0.1521）
常数项	0.3808*	0.1394	0.4478	0.0265	0.3537	0.2264
	（0.1887）	（0.2877）	（0.5119）	（0.7803）	（0.2141）	（0.3238）
N	1012	1010	229	229	783	781

注：括号内为标准误，*$p<0.05$，**$p<0.01$。

二、离京留京对就业选择的影响

表 10–4 是离京留京对非京籍毕业生就业选择的二元 logistic 回归结果。因变量为 2006 级和 2008 级学生毕业时企业类型（以外资企业和国有企业为例），自变量为"在京工作"。考虑到前一部分离京留京影响因素的讨论，因此，在该部分就业选择的回归中将离京留京影响因素作为控制变量。

其中，（1）和（2）分别为在外资企业和国有企业工作的总体回归结果，共有 1010 个观测样本。从回归结果来看，留在北京的毕业生更会选择在外资企业工作，而不愿意在国有企业工作。而（3）～（6）为分大学层次的回归结果，我们发现外资企业和国有企业之间的就业选择的差异大多来自普通大学：在京工作的普通大学毕业生更会选择在外资企业工作，而不愿意在国有企业工作；而离京与留京对重点大学毕业生的就业选择并未有显著影响。这说明离京、留京对高校毕业生就业选择的影响需要区别学校层次。这也进一步印证了第一部分留京离京因素的结论，相比于重点大学，普通大学的毕业生为获得京内外资企业较高的就业薪酬，而更倾向选择留在北京工作。

此外，从性别来看，男生更愿意选择在国有企业工作，女生更愿意选择在外资企业工作。有党员身份的毕业生，由于其政治面貌而不愿意选择在外资企业工作。

表 10–4　离京留京对就业选择的影响

变量	外资企业	国有企业	外资企业		国有企业	
			重点大学	普通大学	重点大学	普通大学
	（1）	（2）	（3）	（4）	（5）	（6）
在京工作	0.4939**	−0.6258***	0.4061	0.6213**	0.0086	−0.7969***
	（0.1834）	（0.1451）	（0.3958）	（0.2155）	（0.3153）	（0.1706）
户口类型	0.0619	0.1513	0.3429	0.0525	0.2977	0.0672
	（0.2159）	（0.1738）	（0.5506）	（0.2390）	（0.4274）	（0.1965）

续表

变量	外资企业	国有企业	外资企业		国有企业	
			重点大学	普通大学	重点大学	普通大学
	（1）	（2）	（3）	（4）	（5）	（6）
家庭收入对数	0.2101*	−0.1133	0.3407	0.1497	−0.0095	−0.1352
	（0.0972）	（0.0836）	（0.1878）	（0.1185）	（0.1653）	（0.0998）
父亲受教育水平	0.0920	−0.0946	−0.9129	0.2855	0.3651	−0.2884
	（0.2443）	（0.2106）	（0.6115）	（0.2727）	（0.4460）	（0.2488）
母亲受教育水平	−0.3807	0.2730	0.8155	−0.7513*	−0.5268	0.6168*
	（0.2613）	（0.2241）	（0.5776）	（0.3165）	（0.4383）	（0.2714）
性别	−0.5085**	0.5131**	−0.8988*	−0.4180	0.3586	0.5079**
	（0.1966）	（0.1625）	（0.4268）	（0.2288）	（0.3378）	（0.1915）
文理科	−0.3174	−0.4486*	0.3694	−0.7258*	−1.1839**	−0.3399
	（0.2463）	（0.2288）	（0.4834）	（0.3206）	（0.4119）	（0.3074）
标准化高考成绩	0.1377	0.1545	0.6356	0.0964	−0.2547	0.2596*
	（0.1413）	（0.1152）	（0.4466）	（0.1578）	（0.2672）	（0.1322）
学校层次	0.1199	0.2898	—	—	—	—
	（0.2503）	（0.2111）	—	—	—	—
政治面貌	−0.5831**	0.0981	−0.3598	−0.6700**	0.5859	−0.0326
	（0.1959）	（0.1556）	（0.3982）	（0.2331）	（0.3254）	（0.1845）
专业类型	0.2593	−0.4007*	0.9257	0.2708	0.4520	−0.6248**
	（0.2277）	（0.1945）	（0.5897）	（0.2618）	（0.4044）	（0.2384）
大学成绩	−0.8395	−0.3845	−0.3651	−0.8120	−2.2771**	0.0321
	（0.4450）	（0.3593）	（1.0052）	（0.5095）	（0.8506）	（0.4147）
是否实习过	0.0747	0.3477	0.5427	−0.0334	−0.0470	0.3391
	（0.2423）	（0.1873）	（0.6945）	（0.2642）	（0.4365）	（0.2128）
是否为班干部	−0.2690	0.0634	−0.1813	−0.3105	0.2115	−0.0133
	（0.1804）	（0.1483）	（0.3992）	（0.2076）	（0.3307）	（0.1716）
常数项	−1.5352***	−0.7160*	−3.8424**	−1.3100**	−0.0947	−0.6000
	（0.4074）	（0.3267）	（1.2119）	（0.4582）	（0.8662）	（0.3723）
N	1010	1010	229	781	229	781

注：括号内为标准误，$*p<0.05$，$**p<0.01$，$***p<0.001$。

三、离京留京对就业起薪的影响

表10-5是离京留京对就业起薪影响的回归结果。因变量为2006级和2008级非京籍毕业生的就业起薪，自变量为"在京工作"和其他相关变

量。此外，考虑到不同行业（金融、教育、公共管理、信息科技、文化娱乐等）、不同企业（党政机关、国有企业、事业单位、外资企业等）的工资差异，回归中添加了企业类型和行业类型的控制变量。

其中，（1）和（2）为总体的回归结果，共有733个观测样本。从回归结果上看，在京工作并不会对就业起薪有显著的正向影响。回归结果（3）中 Heckman 检验，结果显示逆米尔斯比率不显著，说明样本不存在选择性偏误，模型不需要进行校正。而（4）~（7）为分学校层次的回归结果，我们发现：留京工作会使"北人清"重点大学毕业生的就业起薪降低约23%，但可以给普通大学毕业生带来就业起薪的增加。和以往文献研究结果不同，并不是所有留京工作的毕业生都能带来就业起薪的溢价，说明离京留京对高校毕业生就业起薪的影响需要区别学校层次。和前面结论相对应，重点大学毕业生可能是为获取京外更高的薪酬待遇倾向离京；而普通大学毕业生，为获得留京的工资溢价，以个体能力进行了筛选。

此外，总体样本和普通大学中高考成绩和大学成绩代表的个体能力对就业起薪均有显著的正效应，但对重点大学毕业生只有大学成绩存在影响，而高考成绩并没有显著影响。说明相比于入学前的能力表现，重点大学在校期间的学业成绩才是未来就业薪酬的决定因素。另外，男性就业起薪要比女性高出18%，家庭收入越高的学生，其毕业后就业起薪也越高。有实习经历的毕业生，因其在工作实习中积累的工作经验和人际关系，在最后的就业结果中，也会拥有更高的起薪。

表 10-5　非京籍离京留京对起薪的影响

变量	总体		赫克曼	分学校层次			
				重点大学		普通大学	
	（1）	（2）	（3）	（4）	（5）	（6）	（7）
在京工作	0.0672	0.0251	0.0241	−0.0537	−0.2300*	0.1040*	0.0806
	（0.0427）	（0.0453）	（0.0441）	（0.0872）	（0.0984）	（0.0494）	（0.0527）

续表

变量	总体		赫克曼	分学校层次			
				重点大学		普通大学	
	（1）	（2）	（3）	（4）	（5）	（6）	（7）
户口类型	0.0406	0.0378	0.0343	−0.0437	0.0337	0.0683	0.0510
	（0.0508）	（0.0493）	（0.0481）	（0.1163）	（0.1206）	（0.0571）	（0.0559）
家庭收入对数	0.0823***	0.0601*	0.0609**	0.0988*	0.0623	0.0759**	0.0532
	（0.0238）	（0.0233）	（0.0227）	（0.0439）	（0.0460）	（0.0283）	（0.0278）
父亲受教育水平	−0.0399	−0.0615	−0.0580	−0.0406	−0.0956	−0.0426	−0.0611
	（0.0615）	（0.0603）	（0.0588）	（0.1339）	（0.1343）	（0.0694）	（0.0686）
母亲受教育水平	0.1065	0.1422*	0.1404*	0.0580	0.1069	0.1237	0.1577*
	（0.0666）	（0.0648）	（0.0631）	（0.1357）	（0.1392）	（0.0763）	（0.0752）
性别	0.1458**	0.1716***	0.1736***	0.2894**	0.3521***	0.1102*	0.1307*
	（0.0477）	（0.0468）	（0.0456）	（0.0990）	（0.0979）	（0.0544）	（0.0538）
文理科	−0.0702	−0.0468	−0.0457	−0.0392	−0.0410	−0.0991	−0.0580
	（0.0616）	（0.0602）	（0.0586）	（0.1115）	（0.1164）	（0.0748）	（0.0737）
标准化高考成绩	0.1082***	0.0881**	0.0899**	0.1367	0.1106	0.1070**	0.0889**
	（0.0302）	（0.0296）	（0.0289）	（0.0751）	（0.0784）	（0.0338）	（0.0332）
学校层次	0.1970**	0.2022**	0.2070***	—	—	—	—
	（0.0642）	（0.0638）	（0.0623）	—	—	—	—
政治面貌	−0.0464	−0.0055	−0.0014	0.0015	0.0249	−0.0637	−0.0202
	（0.0462）	（0.0459）	（0.0449）	（0.0895）	（0.0940）	（0.0535）	（0.0539）
专业类型	−0.0226	−0.0453	−0.0499	0.0422	−0.0100	−0.0392	−0.0687
	（0.0563）	（0.0591）	（0.0577）	（0.1194）	（0.1309）	（0.0645）	（0.0688）
大学成绩	−0.4698***	−0.3984***	−0.4133***	−0.8019***	−0.7775***	−0.3968***	−0.3334**
	（0.1037）	（0.1012）	（0.0996）	（0.2192）	（0.2179）	（0.1179）	（0.1155）
是否实习过	0.1511**	0.1155*	0.1168*	0.2099	0.1989	0.1292*	0.0979
	（0.0548）	（0.0536）	（0.0522）	（0.1107）	（0.1105）	（0.0628）	（0.0622）
是否为班干部	0.0413	0.0421	0.0401	−0.0613	−0.1225	0.0517	0.0554
	（0.0427）	（0.0421）	（0.0410）	（0.0868）	（0.0856）	（0.0489）	（0.0493）
企业类型	—	是	是	—	是	—	是

变量	总体		赫克曼	分学校层次			
				重点大学		普通大学	
	（1）	（2）	（3）	（4）	（5）	（6）	（7）
行业类型	—	是	是	—	是	—	是
常数项	8.0510***	7.8199***	−0.1808	8.3564***	8.5881***	8.0401***	7.8024***
	（0.0960）	（0.1356）	（0.5311）	（0.2234）	（0.3755）	（0.1087）	（0.1511）
逆米尔斯比率	—	—	−0.1455	—	—	—	—
	—	—	（0.1389）				
N	733	733	1009	135	135	598	598
R^2	0.1319	0.2271	—	0.2442	0.4827	0.0973	0.1964
F	7.7946	5.3670	—	3.0076	2.6394	4.8413	3.6988

注：括号内为标准误，*$p<0.05$，**$p<0.01$，***$p<0.001$。

四、离京留京对工资增长的影响

在留京离京对就业起薪影响的回归中，我们发现留京并不会对非京籍毕业生总体起薪有显著的促进作用，甚至会降低"北人清"重点大学毕业生的就业起薪，但是否意味着毕业生离京留京选择对其以后的工资增长也没有影响呢？为此，表10-6给出了离京留京对工资增长影响的回归结果。因变量为毕业生三年后的工资增长，自变量为"在京工作"和其他相关变量。

其中，（1）和（2）为总体的回归结果，共有196个观测样本，（3）~（6）为分学校层次的回归结果。从回归结果我们可以看出，对于普通大学的毕业生，在京工作对其未来工资增长有非常大的正向影响，留京毕业生比离京毕业生工资增长要多38%左右。结合之前的研究结果发现，普通大学毕业生在京工作虽然短时间内不会获得高的就业起薪，但对以后工资的增长具有显著的正向效应。这也进一步印证了前面留京离京因素的结论，相比于重点大学，普通大学毕业生为获得留京的工资增长，而更倾向选择留在北京工作。另外，相比于重点大学毕业生离京工作能够获得就业起薪的溢价，离京留京并不能影响他们未来工资的增长。此外，与离京留京对就业起薪影响的结论相对比，原本大学成绩、高考成绩、实习经历这些对毕业生就业起薪有显著影响的因素，并没有影响毕业生的工资增长，说明两者的影响机制的确存在差异，也需未来进一步研究讨论。

表 10-6　非京籍离京留京对工资增长的影响

变量	总体		分学校层次			
			重点大学		普通大学	
	（1）	（2）	（3）	（4）	（5）	（6）
在京工作	0.3149*	0.2481	−0.2358	−0.6848	0.3875**	0.3820*
	（0.1292）	（0.1555）	（0.4592）	（0.8812）	（0.1352）	（0.1711）
户口类型	−0.1107	−0.0689	0.4616	0.6104	−0.1189	−0.0709
	（0.1433）	（0.1584）	（0.6952）	（1.2693）	（0.1437）	（0.1650）
家庭收入对数	0.2103**	0.1578*	0.1991	0.1295	0.1326	0.0690
	（0.0668）	（0.0731）	（0.2360）	（0.3315）	（0.0717）	（0.0808）
父亲受教育水平	0.2170	0.2058	−0.0664	−0.2438	0.2036	0.1545
	（0.1639）	（0.1701）	（0.5977）	（0.7484）	（0.1652）	（0.1765）
母亲受教育水平	−0.0656	−0.0470	−0.4158	−0.6379	0.0153	0.0350
	（0.1863）	（0.1971）	（0.5961）	（0.8951）	（0.1931）	（0.2131）
性别	0.3322*	0.3040*	1.4907**	1.7827	0.2364	0.2516
	（0.1375）	（0.1448）	（0.4884）	（0.9714）	（0.1460）	（0.1590）
文理科	−0.2129	−0.0234	−0.6103	−0.8446	−0.0474	0.0663
	（0.1849）	（0.2129）	（0.6503）	（1.0316）	（0.2037）	（0.2497）
标准化高考成绩	0.2323*	0.1849	0.7201	0.9575	0.1276	0.0660
	（0.0978）	（0.1080）	（0.4103）	（0.8444）	（0.1002）	（0.1121）
学校层次	0.0043	0.0848	—	—	—	—
	（0.1964）	（0.2230）	—	—	—	—
政治面貌	−0.2547	−0.1821	−0.8304	−1.0068	−0.2383	−0.2200
	（0.1393）	（0.1478）	（0.4268）	（0.6242）	（0.1456）	（0.1642）
专业类型	0.1275	0.1399	0.4597	−0.1725	0.0683	0.1042
	（0.1584）	（0.1887）	（0.4799）	（0.9017）	（0.1646）	（0.2022）
大学成绩	−0.3253	−0.2699	−0.4880	1.6683	−0.3187	−0.3551
	（0.2842）	（0.3098）	（0.9709）	（2.4390）	（0.2912）	（0.3256）

续表

变量	总体		分学校层次			
			重点大学		普通大学	
	（1）	（2）	（3）	（4）	（5）	（6）
是否实习过	0.0723	0.0576	0.7569	0.9644	−0.0928	−0.1336
	（0.1567）	（0.1677）	（0.5097）	（1.0294）	（0.1642）	（0.1787）
是否为班干部	0.0010	−0.0156	0.2868	0.6125	−0.0850	−0.0765
	（0.1260）	（0.1388）	（0.3939）	（0.6651）	（0.1303）	（0.1454）
企业类型	—	是	—	是	—	是
行业类型	—	是	—	是	—	是
常数项	7.0088***	6.1218***	5.4885***	2.5420	7.3366***	6.7359***
	（0.2644）	（0.4541）	（1.0282）	（2.2380）	（0.2742）	（0.4794）
N	196	196	35	35	161	161
R^2	0.1982	0.3007	0.5735	0.8592	0.1456	0.2570
F	3.1952	1.7769	2.1719	1.5826	1.9274	1.1917

注：括号内为标准误，$*p<0.05$，$**p<0.01$，$***p<0.001$。

第五节　总结与讨论

　　基于 2006 级和 2008 级首都高校学生追踪调查数据，本章研究了离京留京对非京籍毕业生就业选择与就业薪酬的影响。研究结论表明，在控制离京留京和其他相关因素的基础上，普通高校在京工作的毕业生更愿意选择进入外资企业，而不愿意选择去国有企业工作。在京工作对总体的就业起薪没有显著的影响，但是留京会促进毕业生三年后的工资增长，即在京工作短时间内不会对工资有正向作用，但对未来工资的增长具有显著的正向效应。分学校层次来看，外资企业和国有企业之间的就业选择的差异大多来自普通大学；离京会给重点大学毕业生带来就业起薪的溢价，但不影响他们的工资增长；而对普通大学毕业生而言，留京将给他们带来较大的工资增长。

　　与就业迁移的相关文献对比，本章发现留京工作并不一定会促进就业起薪的提高，但对于普通大学毕业生留京工作会显著促进毕业生的工资增长。这对高校毕业生就业政策改革具有重要的参考意义。高校在帮助毕业生进行工作地点选择时，不仅要考虑了就业工资中的起薪，还要考虑工资未来的持续性增长。应引导毕业生做好长远的职业规划，在劳动力市场中做出更加理性的选择。

论文从实证上检验了非京籍毕业生离京留京选择对就业薪酬的影响效果，但是囿于数据，研究仅仅以北京地区的高校毕业生为例，同时也未充分考虑生源地在离京留京中的影响，对就业地选择背后深层的理论机制还有待进一步的探讨。

第十一章　高校毕业生基层就业选择对职涯发展的影响*

---o

第一节　高校毕业生基层就业选择的相关背景

在自我实现的过程中，理想信念指引我们将个人成长成才与社会进步、国家富强紧紧联系在一起，在奉献社会中实现个人价值与社会价值的统一。而作为大学生有效接触社会，实现自我价值的重要方式，基层就业一直受到党和国家的高度重视，一系列鼓励大学生基层就业的政策相继出台。2003 年，国务院印发《关于做好 2003 年普通高等学校毕业生就业工作通知》，明确要求实施"大学生志愿服务西部计划"，鼓励大学毕业生到西部基层开展志愿服务。2005 年，国家推出"三支一扶"计划，鼓励高校毕业生投身乡镇基层，从事支教、支农、支医和扶贫的工作。2006 年，"特岗教师"计划实施，国家鼓励和支持高校毕业生到农村从事义务教育工作。2008 年，国家实施"到村任职"计划，鼓励大学毕业生积极投身社会主义新农村建设。2017 年，国务院印发《关于进一步引导和鼓励高校毕业生到基层工作的意见》，强调发挥高校毕业生在促进基层经济发展方面

＊　本章主要内容发表于《重庆高教研究》2021 年第 2 期，此处有删改。

的作用。党的十九大报告中，习近平总书记提出"鼓励引导人才向边远贫困地区、边疆民族地区、革命老区和基层一线流动"。基层一线是大学生磨炼意志、锻炼本领、成长成才的重要平台，基层就业也已经成为我国吸纳高校毕业生的重要途径，也是推进城镇化进程的重要手段。

基层工作环境相对艰苦，工作事项烦琐，需要深入群众之中，工作压力大、任务重，需要理想信念更加坚定的大学生才能克服基层工作的种种困难。那么，理想信念越强的大学生，是否更愿意选择到基层工作？"凌云志"与"下基层"之间是否存在必然联系？如果存在因果关系，其背后的影响机制又是什么？本章试图利用"首都大学生成长跟踪调查"（BCSPS）数据，探究大学生理想信念与基层就业选择的关系，以回答上述这些问题，并帮助我们更有针对性地开展大学生的理想信念教育。

理想信念是一个极具中国特色的概念建构，这一概念是在中国改革开放的进程中思想教育探索逐步形成的"中国话语"。2004年，《中共中央国务院关于进一步加强和改进大学生思想政治教育的意见》提出"以理想信念为核心，深入进行树立正确的世界观、人生观和价值观教育"。由此，理想信念作为思想政治教育的重要内容不断得到丰富和发展。

理想信念的内涵不是"理想"和"信念"两个词语含义的简单叠加，它强调理想与信念两个基本方面的统一。对于这种特殊的人类精神现象，国外的有关研究侧重于对个人信仰的讨论，包括个体的宗教信仰和政治信仰等。个体的宗教信仰与政治信仰之间的联系密切，两者构成了独立但相关的信念集，且两者之间的相关性可以部分地由反映社会组织的第一原则信念的潜在心理结构来解释（Friesen, et al., 2015）。在个人的信仰体系中，与理想信念概念更为接近的是政治信仰。有关研究通过准实验设计，发现党派信仰体系和意识形态的认知内容非常相近，两者的认知属性在分类层面上是可互换的并且高度相关的（Sharp.etal, 1985）。国内研究对理想信念的界定有广义和狭义两种方式。广义上，理想信念是一种"内容与范围大体与'信仰'一词相同"的人类特殊精神现象（韩丽颖，2018），是个体的人生目标，是社会的共同愿景和精神动力，是面向可能世界的生活追求（李辉，2008）。狭义上，理想信念在当代中国指的是建立在马克思主义信仰基础上，对中国特色社会主义共同理想与共产主义远大理想的信念，对中国共产党领导的信任，对改革开放和社会主义现代化建设事业的信心（韩丽颖，2018）。它是最高层次的理想和最高层次的信念的统一，必须与马克思主义、社会主义联系起来理解才能符合中国语境（吴潜涛，2011）。无论广义还是狭义，作为一种高度自觉性的思想意识，理想信念始终强调对个体和社会前进方向的指引，它是个体内心世界与外界环境相互作用的精神产物，是人们在实践中能够实现的对未来生活的美好向往和对幸福人生的执着追求。

对理想信念的形成规律的认识需要把握好理想信念所包含的"理想与现实的联结""个体与社会的转化"两方面的关系。宏观上看，理想信念的形成与历史变革、社会环境、经济体制的变化息息相关。其中由党派信仰和意识形态构成的政治信仰的坚定性和可靠性很大程度上取决于人们对社会生活的主观感受，其生活幸福程度和满意度对其政治信仰有影响（Ayob，Noor Hadzlida.etal，2013）。微观上看，理想信念的形成与个体的思维方式、知识积累、社会经历密不可分，呈现出比较性与选择性明显、曲折性与反复性较大、具体性与功利性突出等特点（王仕民、郑永廷，2008）。作为一种特殊的人类精神现象，理想信念制约着人们的价值取向和行为选择。崇高的理想信念是一种强大的精神力量，它能激发人们的主动性和创造性，是鼓舞斗志、振奋精神的恒久动力（陈立民，2013）。具体到大学生，由于其身心发展特点和社会角色及地位，决定了他们的关注点更多地局限在学习、生活、人际交往、就业等现实方面。因此，大学生在理想信念方面的愿望与需求，主要表现在追求发展与促进成长的目标诉求，以及成才发展过程中因发展性问题带来的迷惘与困惑诉求。而受到外部环境影响，大学生理想信念功利性日渐突出，理想信念的务实色彩强烈，其价值取向主要在"求知热""入仕热""创业热"中变迁（陈超、姜华，2013），当代大学生对工具理性的崇尚已经大大超过了对价值理性的关照，传统的朴素的理想信念教育对新一代大学生难以发挥作用（王莲华，2012）。现实中，张扬自主与持续依赖的矛盾、顺从利益驱动与追求精神价值的矛盾、喜欢感性认知与探索理性认同的矛盾越来越成为当代大学生理想信念形成过程中遇到的主要矛盾（罗佳、李辉，2010）。

理想信念指引大学生实现自身的人生价值。而作为在奉献社会中实现人生价值的重要方式，基层就业在近年来受到了党和国家的高度重视。国家把基层就业作为高校毕业生实现自我价值的重要平台，积极鼓励和引导大学毕业生到基层、到西部、到祖国最需要的地方去建功立业。中央基层就业政策经历了由笼统到细化、由零散到系统的演变过程。一系列基层就业的政策建构围绕"谁去""为什么去""去什么岗位"和"去后怎么办"四个环节上进行重点突破和设计（石国亮，2007）。在政策制定的过程中，基层就业优惠举措的明晰度和力度会影响毕业生基层就业，侧重长期职业发展的激励举措更能吸引大学生到基层就业（马莉萍、刘彦林，2015）。在基层就业选择中，人力资本、家庭背景、学校背景和求职岗位情况是影响大学毕业生选择基层就业的重要因素。人力资本影响毕业生的基层就业期望，父母受教育程度在实际选择基层就业时候作用更明显（高凯、任嘉庆、蒋承，2014）。家庭收入低、学习成绩好、组织能力强的女性、专科应届毕业生、学生党员对基层就业的参与意愿更强。而选择基层就业的大学生在职业地位、学用匹配度、起薪和工作满意度都相对较低（王友航、文东茅，2012）。其中待遇较差、生活条件艰苦和个人发展受限制是阻碍大学生到基层就业的主要因素，政府关注和投入不够、职业发展机会不足和对优惠政策的落实缺乏信心则是困扰已参与基层就业项目大学生的最主要问题（祝军、杨平，2015）。

总结已有文献，大学生的理想信念教育与基层就业是当前党和国家高度重视的问题，深入系统地研究大学理想信念与基层就业选择的关系刻不容缓。一方面，大量研究集中探讨理想信念的理论意义，仅在阐释理想信念的内涵与价值。另一方面，对大学生基层就业的研究集中在参与意愿与就业评价两个维度，鲜有研究对理想信念教育与大学生基层就业的关系加以谈论，对理想信念影响大学生基层就业选择的机制也莫衷一是。因此，本章在前人研究的基础上，实证检验理想信念对大学生基层就业选择的影响，并讨论其背后的影响机制，以期为高校有效开展理想信念教育和就业指导提供建议和支持。

第二节　高校毕业生基层就业选择的基本情况

作为人们世界观、人生观、价值观的集中体现，理想信念融入社会发展的各个阶段。中国古人就有"先天下之忧而忧，后天下之乐而乐"的人生志向，有"天下兴亡，匹夫有责"的报国信念，有"人人为公，天下大同"的社会理想。这些理想信念激励着无数中华儿女为国家和民族发展前仆后继、奋发有为。党的十八大以来，理想信念更被置于空前重要的地位。继全国高校思想政治工作会议之后，党和国家先后出台了《关于加强和改进新形势下高校思想政治工作的意见》《高校思想政治工作质量提升工程实施纲要》等文件，明确指出以立德树人为根本，以理想信念教育为核心，将大学生理想信念教育上升到高校人才培养的首要位置。在纪念五四运动 100 周年大会上，习近平总书记进一步指出青年的理想信念关乎国家未来，青年理想远大，信念坚定，是一个国家、一个民族无坚不摧的前进动力。青年只有把自己的小我融入祖国的大我、人民的大我之中，与时代同步伐、与人民共命运，才能更好实现人生价值、升华人生境界。对大学生群体而言，他们正处于生理和心理成熟的关键时期，也即将面临毕业后投身社会的工作选择，需要发挥理想信念的引领和导向功能，回应大学生在工作选择中的迷茫和困惑，使其找到适合自己发展的道路，实现自身的人生价值。

对于大学生理想信念的度量，相关研究从心理学视角出发，提出理想信念的形成是一种由知情意行全部心理要素参与其中的复杂心理过程，是人们经历"深度卷入—主观建构—实践转化"三个环节后自我本质需要的历史态、现实态、未来态的集中体现（韩丽颖，2018）。其中，对现实需要的评价和指向未来希望的心理预期以及由此产生的"情绪体验"对理想信念的形成至关重要。本章借鉴对理想信念形成的"深度卷入"的研究，从现实满意度和未来乐观度两方面的情绪体验来表征理想信念的高低程度。具体地，调查询问了大学生对不同观念与行为的评价，包括"总的来说，您对当前我国各方面发展的整体状况是否满意？""总的来说，您对当前我国各方面发展的整体前景是否感到乐观？"这两个问题从现实和未来两个角度评价我国的发展，不同的情绪体验将导致理想信念形成不同程度。上述问题的答案均为连续变量，取值区间为［0，100］，数值越大代表满意度和乐观度越高。由于没有理由认为对现实或未来的评价哪个情绪体验代表的理想信念程度更重要，因此我们将其视为理想信念的不同维度的指标进行回归分析。

本章关键被解释变量是大学生毕业后的基层就业选择，如果大学生毕业后选择到基层工作，则取值为1，否则取值为0。考虑到大学生基层就业的方式多样化，本章还将其细分为是否为选调生、是否为"三支一扶"人员，是否为大学生村官以用作稳健性检验。

鉴于本章着重探讨的是大学的理想信念培养对于毕业后的基层就业选择的影响，因此我们采用完整涵盖了大学本科四年和毕业后一年的2008级学生数据作为分析对象。此外，我们尽量控制了个体、家庭和学校的情况，这些变量既影响大学生理想信念培养，同时也可能通过多种渠道影响大学生毕业后基层就业选择。变量的描述性统计如表11-1所示。从表11-1中可以看出，从现实满意度和未来乐观度的情绪体验度量的理想信念较为接近，且均值较高。这表明两个指标都较好地反映了理想信念的程度。平均来看，样本的理想信念较高。

表 11-1   变量的描述性统计

变量名	样本量	均值	标准差	最小值	最大值
理想信念—现实满意度	1356	70.117	13.957	0	100
理想信念—未来乐观度	1356	72.934	14.792	0	100
基层就业（是=1）	1431	0.02	0.139	0	1
选调生（是=1）	1431	0.003	0.059	0	1
三支一扶（是=1）	1431	0.003	0.053	0	1
大学生村官（是=1）	1431	0.017	0.128	0	1
年龄	1413	23.568	0.862	20	28
性别（男性=1）	1431	0.533	0.499	0	1
户口（城镇=1）	1429	0.962	0.192	0	1
民族（汉族=1）	1431	0.890	0.314	0	1
政治面貌（党员=1）	1412	0.389	0.488	0	1
高考类别（理科=1）	1381	0.770	0.421	0	1
标准化高考成绩❶	1347	0	1	−5.066	2.951
专业类型（理工农医=1）	1431	0.565	0.496	0	1
大学排名	1428	0.416	0.219	0.007	1
院校类型（"211"=1）	1431	0.628	0.483	0	1
家庭年收入对数	1237	2.117	0.99	−2.303	6.215
父亲受教育水平	1431	4.298	1	1	6
母亲受教育水平	1430	4.071	1.098	1	6

表 11-2 对分样本的理想信念情况做了描述性统计。平均来看，女生比男生的理想信念程度更高，拥有城镇户口的大学生在指向现实层面的理想信念高于非城镇户口的大学生，在面向未来层面的理想信念则低于非城镇户口的大学生，这可能是得益于国家近年来大力推进的乡村振兴计划，使非城镇户口的大学生对未来发展更为乐观。拥有党员身份的大学生理想信念程度更高，这可能是因为党员大学生接受了更为全面而深入的理想信

❶ 需要指出的是，本章的样本中包含了来自全国各地的学生，他们的高考分数来自不同的高考试卷，这些试卷反映的分数所代表的能力本身可能并不可比。为了解决这一问题，研究对学生高考成绩进行标准化处理，将各试卷体系的分数（包括原始分、标准分）转换为高考满分 750 分的原始分系统，统一分数的范围，再对处理过的原始分进行 Z 分数处理，转换为分析使用的标准化高考成绩，给出每个学生在样本群体中的相对位置，借此判断学生成绩的相对优劣。

念教育。理科生的理想信念高于文科生，"211"大学的学生也比非"211"大学的学生的理想信念更加坚定。

表 11-2　理想信念的描述性统计

变量	标签	理想信念—现实满意度		理想信念—未来乐观度	
		样本量	均值	样本量	均值
性别	男	718	69.38	718	72.29
	女	638	70.95	638	73.66
户口	城镇户口	1302	70.14	1302	72.91
	非城镇户口	52	69.48	52	73.17
民族	汉族	1206	70.08	1206	72.78
	少数民族	150	70.41	150	74.21
政治面貌	共产党员	534	71.71	534	74.67
	共青团员	687	69.66	687	72.43
	民主党派	2	65.00	2	75.00
	普通群众	133	66.17	133	68.56
高考类别	理科	1006	70.42	1006	73.17
	文科	302	69.43	302	72.52
院校类型	非"211"	510	69.27	510	71.84
	"211"	846	70.63	846	73.59

第三节　高校毕业生基层就业选择的具体影响

一、实证模型

本章核心研究的是理想信念与大学生基层就业选择之间的关系，借鉴以往对大学生基层就业影响因素的研究，本章构建如下的二元 logit 模型进行回归分析，如（11.1）。

$$jiceng_i = \beta_0 + \beta_1 faith_i + \beta_2 X_i + \varepsilon_i \qquad (11.1)$$

其中，$jiceng_i$ 表示大学生毕业就业时是否选择去基层工作，核心解释变量

为 $faith_i$，表示个体 i 的理想信念指标。X_i 表示一系列的控制变量，包括三个维度：个体特征（年龄、性别、户口、民族、政治面貌），家庭背景（家庭年收入、父亲受教育水平、母亲受教育水平），学校情况（高考类别、高考成绩、专业类型、大学排名、院校类型）。ε_i 为误差项。我们重点关注系数 β_1，它反映了理想信念对大学生基层就业选择的影响。如果 β_1 显著为正，则表明理想信念有效促进了大学生的基层就业选择，理想信念越强的大学生越愿意选择到基层去就业。

二、实证结果

表 11-3 分别从现实满意度和未来乐观度两个方面的情绪体验来分析理想信念对大学生基层就业选择的影响。从回归结果可以看出，对我国当前整体发展状况的满意度越高，大学生越倾向于到基层去就业。对我国整体发展前景乐观度越高的大学生也更倾向于选择去基层就业。由于这两个问题是从现实态和未来态两个方面度量理想信念，可以发现，理想信念显著影响了大学生的基层就业选择。大学生的理想信念越强，毕业后就业时更愿意选择到基层就业。

就控制变量来看，户籍、政治面貌、高考成绩、专业类型、家庭年收入均有助于解释大学生的基层就业选择。相比于城镇户口，非城镇户口的大学生更愿意选择基层就业；具有党员身份的大学生比非党员更倾向于选择基层就业；高考成绩较差的大学生更愿意选择基层就业。相比于人文社科类的专业，理工科专业的大学生更不愿意选择去基层就业。此外家庭年收入水平越低，孩子毕业更愿意选择基层工作，而父亲或母亲的受教育水平则没有显著影响。

表 11-3　理想信念影响基层就业选择情况

变量（边际效应）	因变量基层就业									
	（1）	（2）	（3）	（4）	（5）	（6）	（7）	（8）	（9）	（10）
理想信念—现实满意度	0.063*	0.066*	0.072*	0.066*	0.085**	—	—	—	—	—
	(0.036)	(0.036)	(0.037)	(0.037)	(0.040)					
理想信念—未来乐观度	—	—	—	—	—	0.068***	0.072***	0.081***	0.073***	0.086***
						(0.026)	(0.027)	(0.029)	(0.028)	(0.031)
年龄	—	0.183	—	—	0.116	—	0.186	—	—	0.113
		(0.160)			(0.207)		(0.165)			(0.214)
年龄平方	—	-0.004	—	—	-0.002	—	-0.004	—	—	-0.002
		(0.003)			(0.004)		(0.003)			(0.004)
性别	—	0.003	—	—	0.012	—	0.003	—	—	0.011
		(0.008)			(0.009)		(0.008)			(0.009)
户籍	—	-0.022	—	—	-0.025*	—	-0.022	—	—	-0.024
		(0.014)			(0.015)		(0.014)			(0.016)
民族	—	-0.007	—	—	-0.003	—	-0.007	—	—	-0.004
		(0.011)			(0.011)		(0.011)			(0.011)
政治面貌	—	0.006	—	—	0.020**	—	0.006	—	—	0.021**
		(0.008)			(0.010)		(0.008)			(0.010)
高考类别	—	—	0.001	—	0.001	—	—	0.001	—	0.001
			(0.009)		(0.010)			(0.009)		(0.010)
标准化高考成绩	—	—	-0.011**	—	-0.009**	—	—	-0.011**	—	-0.010**
			(0.005)		(0.004)			(0.005)		(0.005)

续表

变量（边际效应）	因变量基层就业									
	（1）	（2）	（3）	（4）	（5）	（6）	（7）	（8）	（9）	（10）
专业类型	—	—	-0.030***	—	-0.037***	—	—	-0.029***	—	-0.037***
	—	—	（0.011）	—	（0.012）	—	—	（0.011）	—	（0.012）
大学排名	—	—	0.017	—	0.034	—	—	0.017	—	0.035
	—	—	（0.018）	—	（0.022）	—	—	（0.018）	—	（0.022）
院校类型	—	—	-0.004	—	-0.009	—	—	-0.004	—	-0.008
	—	—	（0.012）	—	（0.012）	—	—	（0.012）	—	（0.012）
家庭年收入对数	—	—	—	-0.007*	-0.007	—	—	—	-0.008**	-0.007
	—	—	—	（0.004）	（0.005）	—	—	—	（0.004）	（0.005）
父亲受教育水平	—	—	—	0.001	0.006	—	—	—	0.000	0.005
	—	—	—	（0.005）	（0.006）	—	—	—	（0.005）	（0.006）
母亲受教育水平	—	—	—	-0.004	-0.007	—	—	—	-0.004	-0.007
	—	—	—	（0.005）	（0.005）	—	—	—	（0.005）	（0.005）
N	1356	1337	1238	1313	1189	1356	1337	1238	1313	1189
R^2	0.014	0.058	0.112	0.039	0.189	0.017	0.060	0.118	0.043	0.192

注：* $p<0.1$，** $p<0.05$，*** $p<0.01$，括号内为稳健的标准误。

三、稳健性检验

理想信念的形成和对个体的影响是全方位的，由于理想信念的源动力是不断丰富和发展人的需要，因此理想信念的形成必须关注个人基于自身需求对这种思想意识的能动性改造，使之与自我心理结构、心理预期相适应。同时理想信念也是个体与社会交往互动中逐渐形成的社会化精神成果，是心理世界与外部环境相互作用的结果，并不断通过实践活动检验、反馈、调整而渐趋稳定。因此，理想信念的形成与个体的自我认识、社会互动、国家评价关系紧密。调查第4轮追访的问卷中询问了个体对于不同观念和行为的评价，我们根据个人和国家两个维度选取了与理想信念相关的问题进行稳健性检验，具体为："（1）我想对社会做贡献"，"（2）像我这样的人说什么对政府的作为都没什么影响"，"（3）在党的领导下，官员腐败问题一定能彻底解决"，"（4）我对中国舆论自由及舆论监督非常满意"，"（5）我对中国的民主改革充满信心"，"（6）我相信党的十八大一定能选出让人满意的国家领导人"。以上六个问题的答案为刻度变量，从1~5表示不同意的程度不断减弱，同意的程度不断增强。由于问题设置在第4轮的追访问卷中，与大学生是否选择基层工作存在时间上的前后差异，因此我们亦不必过分担心反向因果问题，具体的回归结果如表11-4所示。

表 11-4　稳健性检验 I

变量	问题（1）	问题（2）❶	问题（3）	问题（4）	问题（5）	问题（6）
理想信念	0.013**	0.008*	0.012**	0.013***	0.018***	0.012*
	（0.006）	（0.004）	（0.005）	（0.005）	（0.006）	（0.006）
控制变量	Y	Y	Y	Y	Y	Y
N	1188	1188	1188	1188	1188	1188
R^2	0.188	0.178	0.194	0.197	0.217	0.187

注：* $p<0.1$，** $p<0.05$，*** $p<0.01$，括号内为稳健的标准误。

---

❶ 根据题目的设置，答案数值越小（即不同意的程度越强）表示理想信念越强。为了便于与其他题目比较，本章将其处理成与其他题目答案方向一致，即数值越大表示理想信念越强。

表 11-4 的结果表明，无论利用个人还是国家维度的问题来衡量理想信念，结果都表明更强的理想信念会显著影响大学生选择到基层就业。而且，与基准回归结果相比，控制变量的显著性基本没有发生变化，统计显著的控制变量其系数符号也没有变化。

另外，大学生到基层就业具体的就业方式主要包括作为选调生、"三支一扶"人员或大学生村官深入一线工作。根据三种不同的基层就业方式，表 11-5 检验了理想信念对大学生的不同基层就业方式的影响。结果表明，总体上，即使从不同的基层就业方式看，理想信念依旧显著促进了大学生的基层就业选择。这表明，我们的基准回归结果是稳健的。

表 11-5　稳健性检验 II

变量	选调生	三支一扶	大学生村官	选调生	三支一扶	大学生村官
	（1）	（2）	（3）	（4）	（5）	（6）
理想信念—现实满意度	0.019	0.015	0.050*	—	—	—
	（0.017）	（0.026）	（0.030）	—	—	—
理想信念—未来乐观度	—	—	—	0.029**	0.033	0.059**
	—	—	—	（0.015）	（0.020）	（0.025）
控制变量	Y	Y	Y	Y	Y	Y
N	1189	1189	1189	1189	1189	1189
R^2	0.286	0.244	0.195	0.303	0.317	0.201

注：* $p<0.1$，** $p<0.05$，*** $p<0.01$，括号内为稳健的标准误。

以上两个稳健性检验分别从关键自变量和因变量的角度出发，从不同维度对"理想信念"和"基层就业"进行了度量。结果均表明，理想信念对大学生基层就业具有显著的影响，理想信念越高的大学生越愿意选择基层就业。这与我们的基准回归结果是一致的。

第四节　高校毕业生基层就业选择影响的机制探讨

理想信念越高的大学生，毕业后越愿意选择到基层就业，这体现了理想信念对大学生实际生活的价值引领和导向作用。事实上，理想信念不仅包括对社会主义必然胜利和共产主义必将实现的信仰和追求，也蕴含着爱国主义的信念、集体主义的信念和为人民服务的信念等（刘建军，2004；杜红芳，2016；蒋承和张思思，2018；戚如强，2018；刘焕性等，2016；王易和宋友文，2011）。这些精神现象如何由虚向实，潜移默化地影响个体的行为选择，换言之，理想信念影响大学生选择基层就业的机制和逻辑是什么，值得进一步探究。

根据已有文献，理想信念的形成是感官经验与理想构建相互作用的结果，也是个体的历史经验、现实需要和未来期望在发展方向和奋斗目标上的集中体现。这样系统完备的思想意识和精神现象，对个体充分发挥知识积累、生活经验和认知能力的作用具有显著的指导和促进。同时，理想信念作为社会生活的反映，是在与社会生活的双向互动中不断发展的。具体到大学生群体，其务实和理性的个体特征决定了理想信念的影响范围更多地集中在课程学习、人际交往、社会生活等现实层面。

表 11-6 检验了理想信念对大学生在课程学习中形成的学业能力和社会生活中培养的生活经验的影响。结果表明，理想信念显著促进了大学生学业能力的提高和生活经验的增长。理想信念越高的大学生，在大学期间掌握的与工作及职业相关的知识与技能越多，对新科技应用的各种后果的意识越强，涉及不同知识领域的通识能力也越高，并且生活态度越积极，人际交往能力越强，也越善于综合分析和比较不同观点。有关研究也指出，理想信念是提升大学生就业能力的思想保证，有利于引导大学生树立正确的就业观和成才观。旨在增强学生理想信念的学校教育和社会实践活动可以促进大学生知识增长、人际交往和团队合作，从而提高大学生的就

业能力（马莉萍和刘彦林，2015）。因此，大学期间培养的学业能力和社会生活积累的生活经验既受到个体理想信念的影响，也很大程度上影响了大学生的就业选择。本章重点检验这两种渠道对大学生基层就业选择的影响，以揭示和回答个体的理想信念如何通过自我的认知工具和生活经验最终有效促进基层的就业选择。

表 11-6　理想信念对个体的影响

被解释变量	学业能力			生活经验		
	知识技能	前沿意识	通识能力	生活态度	人际交往	信息识别
	（1）	（2）	（3）	（4）	（5）	（6）
理想信念	0.787***	0.446**	0.685***	2.162***	0.809***	0.670***
	（0.166）	（0.187）	（0.163）	（0.318）	（0.177）	（0.181）
控制变量	Y	Y	Y	Y	Y	Y
N	1189	1189	1189	1189	1189	1189
R^2	0.054	0.102	0.095	0.066	0.062	0.078

注：* $p<0.1$，** $p<0.05$，*** $p<0.01$，括号内为稳健的标准误。

一、学业能力影响基层就业选择

现阶段，大学生学业能力培养主要包括两方面，一方面是以专业知识、前沿研究为重点的专业能力，另一方面是涉及不同知识领域和学科背景的通识能力。调查询问了个人在本科阶段对专业的知识技能、前沿意识和通识能力的收获情况。表 11-7 尝试探究理想信念通过提升学业能力以影响大学生基层就业选择的具体机制。

表 11-7　学业能力的中介影响

被解释变量	基层就业	基层就业	基层就业	基层就业	基层就业
	（1）	（2）	（3）	（4）	（5）
理想信念	0.085**	0.079**	0.084**	0.085**	0.079**
	（0.040）	（0.038）	（0.038）	（0.040）	（0.038）

被解释变量	基层就业 （1）	基层就业 （2）	基层就业 （3）	基层就业 （4）	基层就业 （5）
知识技能	—	0.012**	—	—	0.009*
	—	（0.006）	—	—	（0.005）
前沿意识	—	—	0.014**	—	0.012**
	—	—	（0.006）	—	（0.006）
通识能力	—	—	—	0.003	−0.005
	—	—	—	（0.006）	（0.006）
控制变量	Y	Y	Y	Y	Y
N	1189	1189	1189	1189	1189
R^2	0.189	0.205	0.210	0.189	0.220

注：* $p<0.1$，** $p<0.05$，*** $p<0.01$，括号内为稳健的标准误。

表 11-7 的结果表明，以对知识技能的掌握和理解为代表的专业能力对基层就业选择具有显著的正向影响，而通识能力的影响并不显著。在控制了与个人、家庭、学校相关的变量时，理想信念的影响效果为 0.085，而在知识技能和理解应用新科技的影响下，理想信念的作用被削弱，分别为 0.079 和 0.084。可以看出，理想信念很可能是通过影响大学阶段的专业能力来影响毕业后的基层就业选择。这可能是因为基层工作事务烦琐，任务复杂，需要更专业的知识和技能以及对新技术有足够的敏锐度和学习力才能更好地适应基层工作的要求。

二、生活经验影响基层就业选择

理想信念越强的人，在面对生活的困难时往往能保持更积极乐观的心态。基层工作条件相对艰苦，工作事项烦琐，直接接触一线群众，需要保持积极的生活态度和较好的人际交往能力。调查询问了学生个人在生活态度、人际交往和信息识别等方面的表现。表 11-8 尝试探究理想信念通过提升生活经验以影响大学生基层就业选择的具体机制。

表 11–8　生活经验的中介影响

被解释变量	基层就业（1）	基层就业（2）	基层就业（3）	基层就业（4）	基层就业（5）
理想信念	0.085**	0.072*	0.081**	0.083**	0.070*
	（0.040）	（0.037）	（0.039）	（0.040）	（0.038）
生活态度	—	0.006	—	—	0.005
	—	（0.004）	—	—	（0.004）
人际交往	—	—	0.005	—	0.002
	—	—	（0.006）	—	（0.006）
信息识别	—	—	—	0.003	0.001
	—	—	—	（0.005）	（0.005）
控制变量	Y	Y	Y	Y	Y
N	1189	1189	1189	1189	1189
R^2	0.189	0.198	0.191	0.190	0.199

注：* $p<0.1$，** $p<0.05$，*** $p<0.01$，括号内为稳健的标准误。

表 11–8 的结果表明，生活态度、人际交往能力和分析不同观点的能力对基层就业选择具有显著的正向影响。在控制了与个人、家庭、学校相关的变量时，理想信念的影响效果为 0.085，而在生活态度、人际交往能力和分析不同观点的能力等生活经验的影响下，理想信念的作用被削弱，分别为 0.072、0.081 和 0.083。可以看出，理想信念很可能是通过影响大学生的生活经验来影响毕业后的基层就业选择。

第五节　总结与讨论

本章利用"首都大学生成长跟踪调查"（BCSPS）的数据，实证检验了大学生理想信念与基层就业选择的关系。结果表明，理想信念越高的大学生，毕业后越愿意选择到基层就业。进一步的检验表明，理想信念可以通过两种途径影响大学生的基层就业选择：一是理想信念有助于大学生形成更好的专业知识和技能，这些专业能力与基层的工作要求更加匹配。而大学形成的通识能力与大学生基层就业之间并没有显著关系。二是理想信念有助于大学生形成更积极的生活态度、更好的人际交往能力和分析比较不同观点的能力，这些生活经验与基层工作相对艰苦、工作事项烦琐、经常接触一线群众等特点相适应。因此，理想信念通过影响专业能力和生活经验的形成来最终影响大学生的基层就业选择。

研究检验了理想信念对大学生成长的重要性，也丰富了理想信念与大学生就业选择的相关文献。理想信念立足于中国特色社会主义的基础上，服务于中国特色社会主义建设和发展的需要。大学生作为中国特色社会主义事业未来的建设者和接班人，其理想信念的培育是一项重要的人力资本投资，应该成为教育的重要内容。

一方面，理想信念教育是高校思想政治教育的主要抓手和核心内容。相较于以往集中对理想信念理论内涵的探讨，本章通过量化方法真实地呈现了理想信念对大学生选择基层工作的促进作用，为高校进一步加强理想信念教育提供实证支撑。研究认为高校要充分认识理想信念的育人机制，构建以基础课程、专业课程、实践课程为主体的系统化课程体系，发挥课程对学生专业能力培养的激励作用和协调作用。此外，在培养学生专业能力的同时，引导大学生树立积极的生活态度，提升人际交往能力，提高比较和鉴别不同思潮的能力。

另一方面，坚定理想信念的过程是一个主动接受理想信念教育，并自觉对理想信念进行深入反思的过程。青年大学生要积极主动融入理想信念的学习中来。既要志存高远，又要立足平实，在自我推敲、职业探索中充分考虑经济社会发展的需要和国家未来发展的需要，将泛化的选择具体化为与国家利益、与社会利益相一致的职业选择，怀着对马克思主义的信仰、对中国特色社会主义的信念、对中华民族伟大复兴中国梦的信心，到人民群众中去，到新时代新天地中去，主动到边远贫困地区、边疆民族地区、革命老区和基层一线去工作，让青春之花绽放在祖国最需要的地方！

　　当然，本章仅从就业选择这一角度探讨了理想信念对于大学生群体的影响，并未完整讨论理想信念对大学生的在校表现和毕业选择的作用，对基层就业质量和就业评价也缺乏深入的探究。未来，可尝试对理想信念与就业质量进行进一步考察，探究理想信念对就业满意度、就业薪酬、职位晋升等方面的影响。此外，利用实证检验以准确识别有效提高个体理想信念的正式和非正式教育方式，也是未来值得研究的方向。

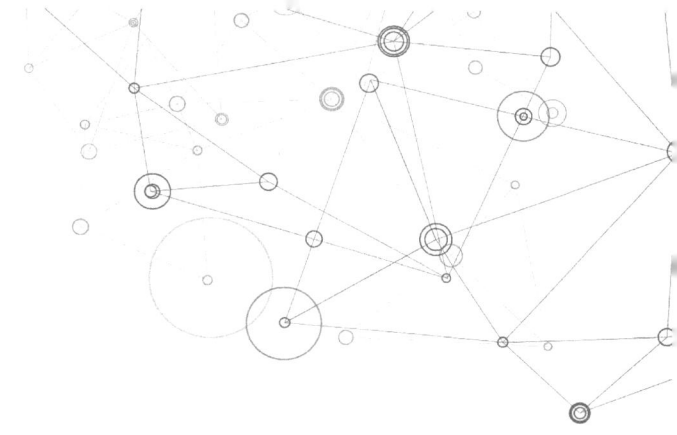

第十二章　高校毕业生就业地选择对职涯发展的影响*

--○

第一节　高校毕业生就业地选择的相关背景

《论语·里仁》子曰:"父母在,不远游,游必有方。"父母常常期望子女大学毕业后能留在自己身边,一方面可以利用多年来在当地积累的家庭社会资本给予孩子生活和工作上的帮助,另一方面年迈时也方便孩子赡养。但青年一代的大学生往往有着自己的梦想,不愿再依靠父母,而选择选择离开家乡到其他城市闯一闯。"回家乡"还是"去远方"成为求职季很多毕业生和他们的父母要面临的两难选择。因此,从家庭社会网络的视角分析并尝试解释就业地选择对高校毕业生就业结果影响具有很强的现实意义。本章在系统梳理国内外文献的基础上,分析高校毕业生是否回家乡对就业结果的影响,并探索就业地选择中家庭社会网络对就业结果影响的深层机制。

在大学生就业地选择的文献中,法吉安(Faggian)根据毕业生工作去向的不同将其分为两次、返回等五大类(Faggian et al., 2006),国内学

---

　　*　本章主要内容发表于《中国人民大学教育学刊》2018年第2期,此处有删改。

者也从不同角度分别将毕业生就业地选择分为不动或"家—业"等几种类型（杨钋，2011；岳昌君和李欣，2016）。在就业地选择工资溢价方面的研究中，Kidd 发现毕业生离开生源地会对就业薪酬有显著的正向影响，而且这种由于就业地选择不同而带来的工资差异不仅仅体现在平均工资上，还在整个毕业生的工资分布上都有着显著的差异（Kidd et al.，2017）。石（Shi）通过工具变量和倾向值匹配的方法，也发现毕业生由于工作而离开生源地的就业选择对就业薪酬有显著的正向影响，相比于比其他毕业生而言，其工资平均高出 15.8%（Shi，2015）。国内李锋亮等以硕士毕业生为样本，也发现离开生源地的就业选择会对毕业生就业薪酬有显著的正向影响（李锋亮等，2010）。岳昌君发现虽然从整个毕业生群体上看，毕业生回到家乡对就业薪酬有负向影响，但可能由于中西部地区对人才回流的鼓励政策，中西部地区家庭的毕业生回到生源地工作对工资有显著的正向影响（岳昌君和李欣，2016）。综上，大部分研究认为毕业生回到生源地工作会对就业薪酬有负向影响，但缺乏对企业类型和工作福利的研究，也未对因回生源地而带来就业薪酬损失的原因进行深入分析。

家庭社会网络对工作找寻的重要性程度日益凸显（马莉萍和丁小浩，2010）。虽然通过家庭社会网络找工作是求职渠道的一种补充，但这种社会网络是不是能让求职者更容易找到好工作以及能否给其带来工资溢价呢？在有关家庭社会网络对就业结果影响的文献中，吴愈晓得出依靠社会网络获得的工作更可能是在非国有部门，且通过社会网络找到工作的这种方式并不会对就业薪酬造成显著影响（吴愈晓，2011）。刘斌建立社交网络寻职的理论模型并运用赫克曼计量模型，以"关系密切"和"亲戚好友"作为社交网络"强关系"的衡量指标，发现通过强关系找工作对其就业薪酬有负向影响（刘斌和李磊，2012）。彭程认为社会网络对非正式求职者工资有负面影响，且强关联与弱关联的作用效果区别不大，而对于正式渠道的求职者，弱关联的作用要优于强关联（彭程和杨继东，2016）。而边燕杰则认为无论是强关联还是弱关联，家庭社会网络都会使求职者获得更高收入的工作，且强关联的作用要优于弱关联（边燕杰 等，2012）。以往文献主要分析了家庭社会网络对就业薪酬的影响，但就业地选择对就业薪酬的影响，该作用机制的解释方面却研究得略少。

综上所述，多数文献的研究样本大多基于整个劳动力市场，对大学生这一群体鲜有关注。而且，以往文献主要分析了其对企业类型和就业薪酬的影响，缺乏对工作福利的讨论，工作福利仅仅作为解释通过家庭社会网络求职而带来就业薪酬损失的一种可能性的猜测。从家庭社会网络的视角分析并进行解释就业地选择对高校毕业生就业结果影响的研究并不多。宋晶发现回生源地工作的毕业生会更可能通过"社会网络"这一非正式渠道寻找工作，且家庭社会网络对就业地选择和毕业生就业薪酬的关系有部分的中介作用（宋晶和陈园园，2015）。尽管如此，相关研究也仅仅停留在就业薪酬层面，缺乏对工作福利影响的研究，因此也很难得到高校毕业生就业地选择中"家庭社会网络"的深层作用机制，本章将尝试对该问题进行深入探讨。

第二节　高校毕业生就业地选择的基本情况

为了便于统计，本章对"高考成绩""大学成绩"和"专业类别"分别进行处理。由于各个省份可以不使用教育部编写的全国试卷，单独组织本省教师进行考试试卷的编写，即自主进行高考试卷的单独命题，这就导致高考成绩总分可能不同，所以在统计前必须对"高考成绩"变量进行标准化处理。由于各个大学成绩计算方法不一，有的大学采用百分制，而有的大学则采用平均成绩点数（即 GPA），本章采用大学排名（前百分之几）表示"大学成绩"这一变量。我国的高校现行 12 个学科门类，有哲学、经济学、法学等。为了方便统计，本章将理工农医归为一类取 0，文史经管归为一类取 1。"就业薪酬"为本科毕业后第一年填写的工资数据用来作为就业薪酬的衡量，这时进入劳动力市场的学生已经工作近一年，对工资数据的填写比较真实。"工作福利"包括了基本医疗保险、补充医疗保险、基本养老保险、补充养老保险、失业保险、住房公积金、住房或住房补贴等。根据享有上述保险或补贴的项目总算，可得到对工作福利数量的测量。通过其他诸如专门面向毕业生的招聘会、高校的就业信息网站等正式求职渠道的归为一类取 0。

表 12-1 为关于生源地的描述性统计。从简单的统计来看，样本中 2006 级和 2008 级学生回生源地工作的较多。从性别来看，回生源地工作的毕业生中女生偏多，而离开生源地工作的毕业生中男生偏多。从是否进入国有企业工作来看，回生源地工作有更大比例进入国有企业工作。从就业薪酬来看，离开生源地工作的毕业生平均月薪为 4796 元，而回生源地工作的毕业生平均月薪仅为 3945 元，比离开生源地低约 21.6%。从工作福利上看，回生源地与离开生源工作之间差异并不是很大。从高考成绩和学校层次来看，离开生源地工作的毕业生高考成绩较为优异，学校层次也较好。从父母受教育水平和家庭收入来看，回生源地工作毕业生的家庭收入略高，父母的受教育水平差异不大。

表 12-1　关于生源地的描述性统计

变量	回生源地					离开生源地				
	样本量	平均值	标准差	最小值	最大值	样本量	平均值	标准差	最小值	最大值
国有企业（是 =1）	820	0.300	0.459	0	1	757	0.272	0.445	0	1
就业薪酬 / 元	747	3945	2657	3	40000	569	4796	3188	600	40000
工作福利	192	3.917	2.035	0	8	150	3.647	2.000	0	8
户口类型（城镇 =1）	819	0.711	0.454	0	1	754	0.649	0.478	0	1
家庭年收入 / 万元	817	10.92	15.45	0	200	749	8.915	13.84	0	200

续表

变量	回生源地					离开生源地				
	样本量	平均值	标准差	最小值	最大值	样本量	平均值	标准差	最小值	最大值
父亲受教育水平（大学及以上=1）	820	0.387	0.487	0	1	757	0.406	0.491	0	1
母亲受教育水平（大学及以上=1）	820	0.313	0.464	0	1	757	0.303	0.460	0	1
性别（男=1）	820	0.435	0.496	0	1	757	0.534	0.499	0	1
文理科（文科=1）	772	0.227	0.419	0	1	692	0.269	0.444	0	1
标准化语文成绩	802	−0.258	0.731	−3.760	3.892	717	−0.0465	0.742	−2.308	4.229
标准化四级成绩	784	−0.142	0.770	−3.748	2.741	695	0.167	0.755	−3.748	2.741
标准化高考成绩	810	−0.782	0.967	−7.173	1.835	726	0.148	0.894	−4.123	2.443
学校层次（"211"工程=1）	820	0.252	0.435	0	1	757	0.721	0.449	0	1
政治面貌（党员=1）	820	0.299	0.458	0	1	757	0.424	0.495	0	1
专业类型（文史经管=1）	820	0.527	0.500	0	1	757	0.491	0.500	0	1
大学成绩	819	0.493	0.215	0.0318	1	755	0.443	0.224	0.0270	1
是否实习过（是=1）	820	0.839	0.368	0	1	757	0.777	0.417	0	1
是否为班干部（是=1）	816	0.477	0.500	0	1	755	0.543	0.498	0	1

第三节　高校毕业生就业地选择影响的模型

一、研究问题

大学生毕业找工作回不回家一直是一个艰难选择：一方面离开家乡去大城市，个人成长的平台和行业发展前景更好，但同时也要面临较高的生活成本和工作压力；另一方面回到家乡，工作和生活环境更加熟悉，也方便在父母年迈时照顾和养老。在这种就业选择下，本章使用中国人民大学中国调查与数据中心数据，来分析高校毕业生就业地选择中的"关系"作用。

本研究首先在控制性别、文理科、家庭收入等个人基本特征的基础上，分析就业地选择对就业结果的影响。除了对就业机会、企业类型、就业薪酬等基本就业结果的分析外，还将讨论就业选择对工作福利的影响。随后，将从家庭社会网络的视角分析就业地选择对就业渠道的影响，并将就业渠道再细分为通过直接关系和通过间接关系两种进行讨论。

在讨论就业地选择对就业结果的影响后，本研究将分析就业地选择中家庭社会网络对就业结果的影响。同时鉴于以往文献仅仅讨论了就业薪酬，本研究还将重点分析就业地选择和家庭社会网络对工作福利的影响，并与以往文献的猜测性结论对比，检验回归结论是否与已有研究相一致。此外，对比直接关系和间接关系，找出二者结果之间的共性和差异性。

二、实证模型

在之前研究基础上，本研究采用二元 logit 和多元线性回归的方法，探讨就业地选择对就业结果的影响，计量模型如（12.1）。

$$\text{Outcomes（Stateowned/lnW/Workfare）} = \alpha + \theta \cdot \text{return} + \beta_i \cdot x_i + \varepsilon \quad (12.1)$$

代表就业结果因变量共有三个：是否进入国有企业工作（若是，则

Stateowned 取 1）、就业薪酬对数和工作福利。其中"工作福利"包括了基本医疗保险、补充医疗保险、基本养老保险、补充养老保险、失业保险、住房公积金、住房或住房补贴等。根据是否享有上述每项保险或补贴，可加总得到对工作福利的测量。解释变量 return 为是否回生源地工作（是=1）。鉴于以往对大学生就业结果的研究（Walker and Zhu，2008；Walker and Zhu，2017；潘昆峰和崔盛，2016；崔盛和吴秋翔，2017；杜帆和崔盛，2017），控制变量有户口类型（城镇 =1）、家庭年收入（取对数）、父亲受教育水平（大专及以上 =1）、受教育水平（大专及以上 =1）、性别（男=1）、高中文理科（文科 =1）、政治面貌（中共党员 =1）、标准化后的高考成绩、语文成绩以及大学英语四级成绩、大学层次（"211"工程高校=1）、大学专业类型（文史经管 =1）、是否有实习经历（是 =1）、是否担任班干部任职（是 =1）以及处理后的大学成绩，此大学成绩以排名的形式计算，其数值越小，说明该学生排名越靠前，大学成绩越优异。

　　关于就业地选择的影响因素，本章采取二元 logit 的方法，计量模型如（12.2）。

$$\text{return} = \alpha + \beta_i \cdot x_i + \varepsilon \qquad (12.2)$$

核心解释变量与就业地选择对就业结果影响的控制变量相同。

　　为了进一步解决由于样本选择带来的选择性偏差和内生性问题，在传统回归模型的基础上，本章还使用倾向值匹配的方法验证就业地选择对就业薪酬的影响，即在"反事实框架"下估计回生源地工作的"处理效应"，模型如（12.3）。

$$\tau = E(Y_1 | D = 1) - E(Y_0 | D = 0) \qquad (12.3)$$

D 为干预措施，即是否回生源地工作，Y_1 为回生源地工作的毕业生，Y_0 为不回生源地工作的毕业生，$E(Y_1 | D=1)$ 为回生源地工作毕业生的平均作用，$E(Y_0 | D=0)$ 是不回生源地工作毕业生的平均作用，τ 即干预效应。倾向值匹配基于倾向值将未被干预的个体与受干预的个体进行匹配来平衡数据，估计回生源地工作的平均处理效应（ATT）。模型如（12.4）。

$$\text{ATT} = E\left[\left(Y_1 - Y_0\right) \mid D = 1\right] \qquad (12.4)$$

本章将采用最近邻匹配、半径匹配、带卡尺的最近邻匹配和核匹配的方法来估计就业地选择的平均处理效应。控制变量为家庭条件和个体能力等变量。

关于就业地选择中家庭社会网络对就业结果的影响，本研究采用多元线性回归的方法，计量模型如（12.5）。

Outcomes（lnW/Workfare）

$$= \alpha + \gamma R\left(\text{Direct/Indirect}\right) + \theta \cdot \text{return} + \beta_i \cdot x_i + \varepsilon \qquad (12.5)$$

取就业薪酬和工作福利作为代表就业结果因变量。核心解释变量为 R 是否通过家庭社会网络求职和 return 是否回生源地工作。其中 R 是否通过家庭社会网络寻得工作，又细分为通过"家人、师长或朋友的关系间接找到"和"家人、师长或朋友私人直接介绍的"两种。控制变量与就业地选择对就业结果影响的计量模型相同。

第四节　高校毕业生就业地选择的具体影响

一、就业地选择对就业结果的影响

表 12-2 为对 2006 级和 2008 级高校毕业生的回归结果。其中，（1）为二元 logit 的回归结果，因变量为是否进入国有企业工作，自变量为是否回生源地工作，控制变量为性别、文理科、家庭收入等个人基本特征，各有1302 个观测样本。从回归结果上看，毕业生选择回家乡更有可能进入国有企业工作。（2）和（3）为多元线性回归的结果，因变量为就业薪酬和工作福利，自变量为是否回生源地工作和其他相关变量，分别有 1088 和 272个观测样本。根据回归结果，我们发现：选择回家乡工作会带来一定程度上的就业薪酬损失，相比于离开家乡工作的毕业生，回家乡工作会使就业

薪酬降低约 9.66%。与以往文献的研究结论不同的是，虽然回家乡会对就业薪酬造成一定影响，但是并没有得到额外的工作福利。这说明：毕业生并不是因为回家乡工作能够获得外地人无法得到的"隐性福利"而放弃外地较高薪资的工作。至于毕业生为什么仍会选择较低薪水的工作，做出回家乡工作这种看似"非理性"的选择，可能其中的原因更为复杂和深刻。综合回归结果（1）~（3），我们发现虽然回家乡能够帮助毕业生找到一份工作，但并不能保证其找到一份满意的工作，对于毕业生为何仍会选择较低就业薪酬的工作，其作用机制还有待余下篇幅做进一步地研究和说明。

此外，家庭收入越高的学生，其毕业后就业薪酬也越高。男生的就业薪酬比女生高出 9.57%。有实习经历的毕业生，因其在工作实习中积累的工作经验和人际关系，相比于没有实习经历的毕业生而言就业薪酬较高。对于工作福利，毕业生的家庭收入越高，意味着其父母的社会人脉越广泛，其更有可能获得更多的工作福利。其他变量诸如性别、专业类别、实习经历、班干部经历等因素对工作福利的影响均不大。

表 12-2　就业地选择对就业结果的影响

变量	（1）国有企业	（2）就业薪酬	（3）工作福利
回生源地	0.3256**	−0.0966**	0.3851
	（0.1550）	（0.0401）	（0.3048）
户口类型	0.0976	−0.1043***	0.0696
	（0.1579）	（0.0397）	（0.2922）
家庭收入对数	0.0883	0.1000***	0.4330***
	（0.0771）	（0.0197）	（0.1426）
父亲受教育水平	0.2792*	−0.0006	−0.2496
	（0.1670）	（0.0437）	（0.3362）
母亲受教育水平	0.1171	0.0185	−0.2456
	（0.1785）	（0.0476）	（0.3731）
性别	0.2556*	0.0957***	−0.0454
	（0.1406）	（0.0367）	（0.2671）

续表

变量	（1）国有企业	（2）就业薪酬	（3）工作福利
文理科	−0.2671	−0.0744	−0.3524
	（0.1827）	（0.0467）	（0.3550）
标准化语文成绩	−0.2492**	0.0812***	−0.3672*
	（0.1007）	（0.0255）	（0.2068）
标准化四级成绩	0.0114	0.0429*	0.3384**
	（0.0904）	（0.0225）	（0.1703）
标准化高考成绩	0.2521**	0.1036***	0.2508
	（0.0982）	（0.0235）	（0.1694）
学校层次	−0.0866	−0.0203	−0.0918
	（0.1679）	（0.0428）	（0.3197）
政治面貌	0.3072**	−0.0114	0.3460
	（0.1398）	（0.0371）	（0.2839）
专业类型	0.0804	0.0632	0.4018
	（0.1559）	（0.0404）	（0.2912）
大学成绩	0.2890	−0.0273	−0.6433
	（0.3281）	（0.0848）	（0.6342）
是否实习过	0.0948	0.1488***	0.3139
	（0.1723）	（0.0445）	（0.3405）
是否为班干部	0.0023	−0.0325	−0.2763
	（0.1301）	（0.0334）	（0.2479）
常数项	−1.7998***	8.0672***	3.1606***
	（0.3025）	（0.0781）	（0.5763）
N	1302	1088	272
R^2	0.0262	0.1395	0.1072
F	40.56	10.8500	1.9138

注：1.***$p<0.01$，**$p<0.05$，*$p<0.1$，括号内为稳健的标准误。

二、就业地选择的影响因素

表12-3分析了毕业生就业地选择的影响因素。其中，（1）~（6）均为二元 logit 的回归结果，因变量为是否回生源地工作，（1）~（3）控制了

不同的个体基本特征的自变量，（4）和（5）分别为 2006 级和 2008 级的毕业生的子样本，（6）为总体的回归结果，有 1302 个观测样本。从回归结果上看，回生源地工作与不回生源地工作的毕业生在个体特征上有一些明显的不同。家庭条件（家庭收入）越好的毕业生越可能回到生源地工作，个体能力（高考成绩、大学表现）越突出的毕业生越可能选择离开生源地工作。在 2006 级和 2008 级不同子样本中，也得到了相一致的回归结果。因此，在传统回归模型中就业地选择对就业薪酬和工资福利的影响中，结果可能受到了家庭条件和个体能力等因素的干扰，从而造成回归模型的样本选择偏差和内生性等问题，使得估计效果产生偏差。

表 12-3　就业地选择的影响因素

变量	（1）	（2）	（3）	（4） 2006 级	（5） 2008 级	（6） 总体
户口类型	0.2016	—	—	0.3250	0.1977	0.2977*
	（0.1309）	—	—	（0.1987）	（0.4078）	（0.1750）
家庭收入对数	0.3394***	—	—	0.3828***	0.3390*	0.3776***
	（0.0645）	—	—	（0.0999）	（0.2052）	（0.0875）
父亲受教育水平	−0.4226***	—	—	−0.5849***	−0.3598	−0.5367***
	（0.1427）	—	—	（0.2181）	（0.4582）	（0.1953）
母亲受教育水平	−0.0762	—	—	0.3417	0.1677	0.3001
	（0.1507）	—	—	（0.2391）	（0.4771）	（0.2118）
性别	−0.4002***	—	—	−0.1890	−0.3533	−0.2466
	（0.1043）	—	—	（0.1833）	（0.3492）	（0.1603）
文理科	—	−0.2663*	—	−0.4788**	−0.6271	−0.5468***
	—	（0.1583）	—	（0.2325）	（0.4373）	（0.2023）
标准化语文成绩	—	0.2844***	—	0.2002	−0.0246	0.1307
	—	（0.1030）	—	（0.1275）	（0.2697）	（0.1108）
标准化四级成绩	—	−0.0680	—	0.1091	−0.3274**	−0.0639
	—	（0.0958）	—	（0.1451）	（0.1628）	（0.1037）
标准化高考成绩	—	−1.0857***	—	−1.1316***	−1.0845***	−1.0997***
	—	（0.1068）	—	（0.1388）	（0.2468）	（0.1156）

变量	（1）	（2）	（3）	（4） 2006 级	（5） 2008 级	（6） 总体
学校层次	—	−1.1030***	—	−1.0672***	−1.7828***	−1.1673***
	—	（0.1563）	—	（0.1899）	（0.4067）	（0.1700）
政治面貌	—	—	−0.4206***	−0.4368**	0.0836	−0.3461**
	—	—	（0.1136）	（0.1749）	（0.3606）	（0.1558）
专业类型	—	—	0.1393	0.4705**	0.2878	0.4462**
	—	—	（0.1059）	（0.2042）	（0.4080）	（0.1807）
大学成绩	—	—	0.8739***	0.9399**	2.5739***	1.1633***
	—	—	（0.2482）	（0.4190）	（0.8351）	（0.3655）
是否实习过	—	—	0.4621***	−0.3528	0.1029	−0.2293
	—	—	（0.1353）	（0.2161）	（0.4704）	（0.1945）
是否为班干部	—	—	−0.1368	0.3407**	−0.1931	0.2476*
	—	—	（0.1065）	（0.1698）	（0.3340）	（0.1474）
常数项	−0.2743**	0.5577***	−0.5522***	−0.4811	−1.0526	−0.5534*
	（0.1335）	（0.1191）	（0.1982）	（0.3544）	（0.7628）	（0.3177）
N	1538	1333	1568	943	359	1302
R^2	56.57	459.04	53.14	343.23	179.02	0.2985
F	0.0266	0.2498	0.0245	0.2626	0.3937	535.41

注：***$p<0.01$，**$p<0.05$，*$p<0.1$，括号内为稳健的标准误。

三、倾向值匹配方法下的就业地选择对就业薪酬的影响

由于通过家庭社会网络找工作的不同群体的异质性（李路路等，2016），回生源地工作与不回生源地工作的毕业生本身可能存在样本选择偏差和内生性问题，通过将两类毕业生进行倾向值匹配，可以有效解决样本相关问题，从而得到就业地选择对就业薪酬影响的平均处理效应。在进行倾向值匹配前，先对毕业生家庭条件和个体能力等变量的匹配效果进行平衡性检验。表 12-4 是平衡检验的结果。从表中我们可以发现，因样本选择带来的标准误差得到了较为有效地控制。匹配后标准误差基本在 10%以下。特别是性别、标准化高考、语文、四级成绩、政治面貌和专业类型

在匹配之前有显著的差异，但在匹配后得到了较好控制，很大程度上纠正了样本的选择性偏差。匹配结果良好也说明传统回归模型并未较好地考虑样本的内生性问题，其结果也存在着某些偏误，需要用倾向值匹配的方法进行修正。

表 12-4 匹配前的平衡性检验

变量	样本	均值		标准偏误 /%	t 检验	
		处理组	控制组		t 值	p 值
家庭收入对数	匹配前	1.8863	1.6071	29.00	4.72	0.000
	匹配后	1.8891	2.0326	−14.90	−2.64	0.008
性别	匹配前	0.4343	0.5576	−24.80	−4.01	0.000
	匹配后	0.4332	0.4095	4.80	0.87	0.387
文理科	匹配前	0.2217	0.2281	−1.50	−0.25	0.805
	匹配后	0.2212	0.2037	4.20	0.77	0.441
标准化语文成绩	匹配前	−0.2970	−0.0245	−37.80	−6.13	0.000
	匹配后	−0.2959	−0.3128	2.30	0.44	0.658
标准化四级成绩	匹配前	−0.1615	0.1011	−34.00	−5.52	0.000
	匹配后	−0.1592	−0.1015	−7.50	−1.40	0.163
标准化高考成绩	匹配前	−0.8167	0.1584	−114.90	−18.31	0.000
	匹配后	−0.7964	−0.8637	7.90	1.28	0.199
学校层次	匹配前	0.2248	0.7143	−112.40	−18.31	0.000
	匹配后	0.2258	0.3106	−19.50	−3.47	0.001
政治面貌	匹配前	0.2921	0.3456	−11.50	−1.87	0.062
	匹配后	0.2919	0.2973	−1.20	−0.22	0.829
专业类型	匹配前	0.5138	0.4493	12.90	2.08	0.037
	匹配后	0.5146	0.5242	−1.90	−0.35	0.730
大学成绩	匹配前	0.4950	0.4825	5.90	0.96	0.339
	匹配后	0.4949	0.4790	7.40	1.44	0.150
是否为班干部	匹配前	0.4740	0.5184	−8.90	−1.44	0.151
	匹配后	0.4747	0.4978	−4.60	−0.84	0.403

注：1.***$p<0.01$，**$p<0.05$，*$p<0.1$；2.此表是核匹配的平衡性检验结果。

表 12-5 是最近邻匹配、半径匹配、带卡尺的最近邻匹配和核匹配的

回归结果。从表中我们发现，半径匹配和核匹配的回归结果显著。匹配方法所得结果的平均值为 –11.24%（半径匹配与核匹配的平均值），说明回到生源地工作的毕业生的工资比不回生源地工作的工资平均低11.24%。在一般的回归模型中，回生源地工作对工资的影响系数为 –9.66%［参考表12–2 回归结果（2）］。倾向值匹配的结果约是其的 1.2 倍，说明传统的回归模型忽略了样本选择上的偏差，低估了回生源地工作的效用，使得结果存在一定的偏误，而倾向值匹配的方法将此结果得到了一定程度上的纠正。

表 12–5　倾向值匹配核匹配结果

匹配法	ATT
最近邻匹配（1to2）	–0.0681
	（0.0721）
半径匹配（$r = 0.02$）	–0.1036*
	（0.0604）
带卡尺（$r = 0.02$）的最近邻匹配（1to2）	–0.0646
	（0.0700）
核匹配	–0.1211**
	（0.0548）

注：***$p<0.01$，**$p<0.05$，*$p<0.1$；抽样次数为 100 次。

第五节　高校毕业生就业地选择影响的机制探讨

一、就业地选择中家庭社会网络的差别

图 12–1 为对 2006 级和 2008 级高校毕业生使用家庭社会网络寻找工作的描述性统计结果。柱状图为是否回生源地的毕业生使用家庭社会网络、直接关系或间接关系的人数比例。从图 12–1 中我们可以发现，在回生源地工作的子样本中，使用直接关系和使用间接关系的比例相当。在离

开生源地工作的子样本中，使用直接关系比使用间接关系的比例要多。无论是通过直接关系还是间接关系，回生源地的毕业生更会利用社会关系寻找工作。回生源地工作的毕业生使用间接关系的比例是离开生源地工作的毕业生使用间接关系比例的 1.7 倍。毕业生选择留在父母身边，工作和生活环境更加熟悉，更容易获得亲戚朋友给予的帮助，因而更可能会通过社会关系寻找工作。

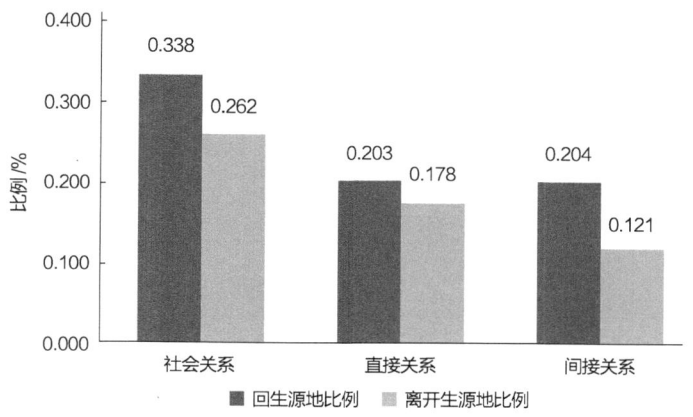

图 12-1　就业地选择中家庭社会网络的差别

二、就业地选择中的家庭社会网络对就业结果的影响

在前面的比较结果中，我们发现部分高校毕业生会选择回家乡去从事那些较低薪水工作福利并不高的工作，这部分毕业生回家乡更会通过家庭社会网络寻找工作，这就启发我们能否从家庭社会网络的视角分析并解释这种看似"非理性"的选择呢？为此，将家庭社会网络以及直接关系、间接关系带入到毕业生就业结果的解释模型中，表 12-6 给出了 2006 级和 2008 级高校毕业生的回归结果。

表 12-6 中（1）~（6）为多元线性回归的结果，因变量为就业薪酬和工作福利，自变量在是否回生源地工作和其他相关变量的基础上加入了

是否使用直接或间接的家庭社会网络获取工作，控制变量仍为性别、文理科、家庭收入等个人基本特征。从就业薪酬来看，通过家庭社会网络求职会显著降低毕业生就业薪酬。同时，回归结果（4）~（6）显示，无论通过直接关系还是间接关系，家庭社会网络并不会让回乡求职的毕业生享受到额外的工作福利。

表 12-6　就业地选择中的非正式就业渠道对就业结果的影响

变量	就业薪酬			工作福利		
	（1）	（2）	（3）	（4）	（5）	（6）
家庭社会网络	−0.0686*	—	—	−0.1316	—	—
	（0.0351）	—	—	（0.2503）	—	—
直接关系	—	−0.0506	—	—	−0.3218	—
	—	（0.0461）	—	—	（0.3063）	—
间接关系	—	—	−0.0789	—	—	0.1653
	—	—	（0.0483）	—	—	（0.3153）
回家乡	−0.0998**	−0.0840*	−0.0980**	0.3880	0.5051	0.0228
	（0.0401）	（0.0442）	（0.0464）	（0.3053）	（0.3209）	（0.3222）
户口类型	−0.1004**	−0.1276***	−0.1023**	0.0803	0.0939	−0.1524
	（0.0397）	（0.0446）	（0.0449）	（0.2933）	（0.3237）	（0.3128）
家庭收入 对数	0.1013***	0.1007***	0.0994***	0.4320***	0.4482***	0.6573***
	（0.0196）	（0.0220）	（0.0229）	（0.1429）	（0.1617）	（0.1627）
父亲受教 育水平	0.0011	0.0238	−0.0143	−0.2496	−0.3196	−0.1292
	（0.0437）	（0.0496）	（0.0501）	（0.3367）	（0.3685）	（0.3564）
母亲受教 育水平	0.0257	−0.0039	0.0330	−0.2465	−0.0660	−0.1581
	（0.0477）	（0.0545）	（0.0557）	（0.3736）	（0.4035）	（0.4049）
性别	0.0906**	0.0862**	0.0872**	−0.0470	−0.1747	0.3075
	（0.0368）	（0.0417）	（0.0426）	（0.2675）	（0.2933）	（0.2907）
文理科	−0.0773*	−0.0716	−0.1122**	−0.3631	−0.4099	0.0948
	（0.0467）	（0.0525）	（0.0540）	（0.3561）	（0.3924）	（0.4036）
标准化 语文成绩	0.0821***	0.0891***	0.0909***	−0.3704*	−0.4951**	−0.2570
	（0.0255）	（0.0285）	（0.0304）	（0.2071）	（0.2205）	（0.2255）
标准化 四级成绩	0.0411*	0.0316	0.0622**	0.3324*	0.3539*	0.3670**
	（0.0225）	（0.0253）	（0.0269）	（0.1709）	（0.1866）	（0.1798）

续表

变量	就业薪酬			工作福利		
	（1）	（2）	（3）	（4）	（5）	（6）
标准化	0.1017***	0.1197***	0.1038***	0.2501	0.4202**	−0.1619
高考成绩	（0.0235）	（0.0267）	（0.0277）	（0.1697）	（0.1816）	（0.2077）
学校层次	−0.0241	−0.0112	−0.0152	−0.0934	−0.2409	0.2630
	（0.0428）	（0.0484）	（0.0491）	（0.3202）	（0.3385）	（0.3358）
政治面貌	−0.0137	−0.0246	0.0049	0.3399	0.2012	0.3724
	（0.0371）	（0.0415）	（0.0426）	（0.2846）	（0.3130）	（0.3078）
专业类型	0.0627	0.0556	0.0624	0.4107	0.6793**	0.2180
	（0.0404）	（0.0460）	（0.0470）	（0.2921）	（0.3236）	（0.3227）
大学成绩	−0.0178	0.0252	0.0417	−0.6513	−0.3508	−0.6425
	（0.0849）	（0.0959）	（0.0990）	（0.6353）	（0.6932）	（0.6704）
是否实习过	0.1456***	0.1367***	0.1827***	0.3109	0.1555	0.7060*
	（0.0444）	（0.0505）	（0.0514）	（0.3411）	（0.3836）	（0.3634）
是否为班干部	−0.0294	−0.0431	−0.0240	−0.2522	−0.3392	−0.1112
	（0.0334）	（0.0376）	（0.0385）	（0.2524）	（0.2733）	（0.2730）
常数项	8.0855***	8.0969***	8.0332***	3.1987***	3.2169***	2.2132***
	（0.0786）	（0.0901）	（0.0919）	（0.5816）	（0.6285）	（0.6126）
N	1088	918	904	272	222	216
R^2	0.1425	0.1411	0.1504	0.1082	0.1375	0.1562
F	10.4629	8.6997	9.2231	1.8123	1.9124	2.1562

注：1.***$p<0.01$，**$p<0.05$，*$p<0.1$，括号内为稳健的标准误。

　　在引入家庭社会网络的相关变量后，回生源地工作仍对就业薪酬有显著的负向影响。我们认为之所以回生源地工作会使毕业生承受一定的就业薪酬损失，可能是因为回生源地工作的毕业生离父母和亲戚朋友较近，在当地有更广泛的家庭社会网络，更会利用家庭社会网络寻找工作，而这种家庭社会网络并不会带来额外的工作福利，却会降低他们的就业薪酬，从而使得回生源地工作承担了一定的工资损失。

第六节　总结与讨论

基于 2006 级和 2008 级首都高校学生追踪调查数据，本章从家庭社会网络的视角研究了就业地选择对高校毕业生就业结果的影响。研究结论表明，在控制个人基本特征因素的基础上，回生源地工作的毕业生更有可能进入国有企业工作，且会承担一定的就业薪酬损失；而通过家庭社会网络求职则会显著降低毕业生的就业薪酬，也不会让回乡求职的毕业生享受到额外的工作福利。

与家庭社会网络的相关文献对比，虽然通过"家庭社会网络"可以在一定程度上帮助回乡毕业生找到一份工作，但本章发现其并不能保证找到一份"好工作"。利用家庭社会网络即使能弥补劳动力市场供需信息不对称的情况，但仅能实现人力资源的快速配置，不能实现人力资源的效率配置。研究推测，家庭社会网络可能是就业地选择对就业薪酬影响的原因之一。这对高校毕业生就业政策改革具有重要的参考意义。高校应引导毕业生培养正确的求职心态，合理对待就业地选择，充分发挥毕业生的主观能动性以期获得一份满意的工作。

本章虽然从实证上检验了就业地选择中家庭社会网络对就业结果的影响，但是囿于数据，研究仅仅将家庭社会网络分为直接和间接两种，同时也未充分考虑不同关系强度和关系资源在就业地选择中的影响，对就业地选择背后深层的理论机制还有待进一步的探讨。

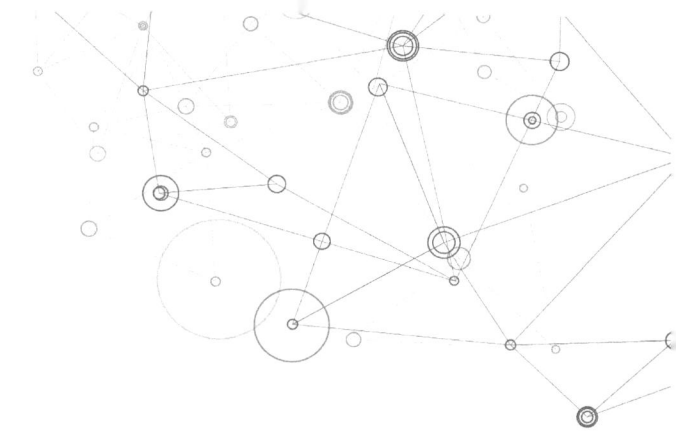

参考文献

鲍威，2012. 高校自主招生制度实施成效分析：公平性与效率性的视角 [J]. 教育发展研究，（19）：1-7.

边燕杰，张文宏，程诚，2012. 求职过程的社会网络模型：检验关系效应假设 [J]. 社会，（3）：24-37.

蔡昉，都阳，王美艳，2001. 户籍制度与劳动力市场保护 [J]. 经济研究，（12）：41-49，91.

曾武，黄子杰，林大熙，2003. 医学生心理健康对学习成绩影响的研究 [J]. 中国心理卫生杂志，（10）：659-662.

陈超，姜华，2013. 新时期社会思潮影响青年的趋向与应对 [J]. 中国青年研究，（5）：28-31.

陈成文，谭日辉，2004. 社会资本与大学生就业关系研究 [J]. 高等教育研究，（4）：29-32.

陈宏军，李传荣，陈洪安，2011. 社会资本与大学毕业生就业绩效关系研究 [J]. 教育研究，（10）：21-31.

陈金章，2019. 社会思潮传播新态势对大学生党员理想信念的影响及其应对 [J]. 思想理论教育导刊，（5）：90-94.

陈立民，2013. 坚定理想信念 努力实现"中国梦"——浅析国际化背景下的大学生理想信念教育 [J]. 思想教育研究，（8）：9-11.

初云宝，2011. 户籍与大学生学习成绩相关研究——以广东省三所大学为例的实证分析 [J]. 高教探索，（3）：110-116.

崔盛，杜帆，2018. 高校毕业生就业地选择中的"关系"作用研究 [J]. 中国人民大学教育学刊,（2）.

崔盛,苏均宇,2021."久有凌云志"会否"主动下基层"——大学生理想信念与基层就业选择关系的实证研究[J].重庆高教研究,（2）.

崔盛,苏均宇,2020.越"红"能否越"专"?——大学生理想信念与学业表现关系的实证研究[J].中国人民大学教育学刊,（3）.

崔盛,吴秋翔,2018.信号识别还是能力提升:高校学生干部就业影响机制研究[J].北京大学教育评论,（1）:138-158,191.

崔盛,吴秋翔,2018.重点高校招收农村学生专项计划的实施成效与政策建议[J].教育发展研究,（3）:18-25,50.

崔盛,吴秋翔,2017.自主招生、学业表现和就业薪酬[J].复旦教育论坛,（2）:101-107.

崔盛,吴秋翔,潘昆峰,2017.学生高中文理分科对大学表现及就业发展的影响研究——基于中国教育追踪调查（CEPS）的实证分析[J].教育经济评论,（4）:103-122,20.

戴钢书,蒙丹,王宪生,2007.大学生共识性理想信念研究[J].思想教育研究,（10）:12-16.

邓峰,孙百才,2014.高校扩招后毕业生就业影响因素的变动趋势研究:2003—2011[J].北京师范大学学报（社会科学版）,（2）:132-138.

邓建生,2002.关于"复读生"现状的分析及理论思考——兼评"复读是对教育资源的一种浪费"[J].青年研究,（4）:22-26,42.

丁文勤,2010.论高校学生干部队伍建设的路径[J].江苏高教,（4）:122-124.

丁小浩,梁彦,2010.中国高等教育入学机会均等化程度的变化[J].高等教育研究,（2）:1-5.

董泽芳,王彦斌,2017.社会流动与教育选择[J].教育研究与实验,（1）:13-18.

杜帆,崔盛,2017.离京留京对首都高校非京籍毕业生就业影响的研究[J].中国人民大学教育学刊,（3）:149-164.

杜红芳,2016.思想政治教育对提升大学生就业能力的作用及实现途径[J].学校党建与思想教育,（2）:79-80.

杜鑫,罗靳雯,2017.专业匹配对学生投入度的影响效应研究——以H大学为例[J].高等工程教育研究,（2）:155-159.

樊文有,徐迅,石来德,2011.高校毕业生人力资本信号在就业市场中的效用研究

［J］.教育与经济，（3）：25-30.

范春林，张大均，2007.学习动机研究的特点、问题及走向［J］.教育研究，（7）：71-77.

方超，黄斌,2017.教育人力资本投资能够缩小农村居民的工资性收入差距吗？［J］.教育与经济，（4）：33-41.

房欲飞，2008.美国高校大学生领导教育研究［D］.上海：华东师范大学.

封永昌，丁林，2007.174例高考复读生考前心理健康状况调查［J］.中国健康心理学杂志，（5）：389-392.

冯生尧，谢瑶妮，2009.超越文理分科：美国高中课程和大学招生的专业分化［J］.课程·教材·教法，（10）：8-13.

伏干,2013.高三应届生与复读生自我效能感的比较研究［J］.教育测量与评价（理论版），（5）：39-43，17.

符太胜，王培芳，2010.从高考复读生群体的主体视角透视高考改革：问题及方向［J］.现代教育管理，（6）：22-25.

高东、蒋立松，2014.高中文理分科争论中的误区和出路［J］.教育与教学研究，（6）.

高凯，任嘉庆，蒋承，2014.基层就业期望与落实情况对比研究——以北京市大学生为例［J］.中国青年研究，（5）：51-56.

高耀，刘志民，方鹏，2011.家庭资本对大学生在校学业表现影响研究——基于江苏省20所高校的调研数据［J］.高教探索，（1）：137-143.

高勇，2015.教育获得、户籍差异与户籍的意蕴［J］.社会发展研究，（4）：43-63.

苟人民，2006.从城乡入学机会看高等教育公平［J］.教育发展研究，（9）：29-31.

郭建如，邓峰，2015.高职院校培养模式变革与毕业生起薪差异的实证研究［J］.社会发展研究，（4）：64-76，239.

韩丽颖，2018.论理想信念形成研究的心理学视角［J］.思想政治教育研究,34（6）：135-138.

韩威，谢梦，2011.用人单位对中外高校毕业生的满意度调查研究——基于清华大学2010年雇主调查结果［J］.中国青年研究，（10）：81-85.

郝文武,2010.高中后期文理分科教学的合理性辩论［J］.课程·教材·教法，（8）：15-19.

贺武华，雷姝，2020.当代大学生"佛系心态"的现实表征、成因及合理引导——

从 A 学生个案说起 [J]. 教育学术月刊,（5）: 77-83.

侯佳伟,2011. 高校自主招生学生入学后与普考生的对比分析 [J]. 高等教育研究,（12）: 34-39.

胡新峰,李威娜,2010. 大学生骨干素质培养的意义、内容及途径 [J]. 思想政治教育研究,（3）: 81-84.

黄敬宝,2015. 寒门能否出贵子? ——基于人力资本对大学生就业质量作用的分析. 青年研究,（5）: 36-38.

黄晓婷,关可心,陈虎,等,2015. 自主招生价值何在? ——高校自主招生公平与效率的实证研究 [J]. 教育学术月刊,（6）: 28-33.

蒋承,孙海杰,罗尧,2015. 本科生学业成就影响因素分析 [J]. 教育发展研究,35（19）: 21-26.

蒋承,张思思,2018. 大学生基层就业的趋势分析: 2003—2017 [J]. 华东师范大学学报（教育科学版）,36（5）: 60-70,167.

康翠萍,2009. 高中阶段不宜实行文理分科 [J]. 教育研究,（4）.

兰树林. 重视高校学生干部的作用、选拔与培养. 西南民族大学学报（人文社科版）,S1 期: 187-190.

李春玲,2014. "80 后" 的教育经历与机会不平等——兼评《无声的革命》[J]. 中国社会科学,（4）: 66-77.

李锋亮,陈晓宇,陈鑫磊,2010. 高校毕业生保留工资影响因素的实证分析 [J]. 北京大学教育评论,（3）: 134-149,191.

李锋亮,赵延东,郭紫墨,2010. 对硕士毕业生迁移就业收益的实证研究 [J]. 高等工程教育研究,（3）: 60-65.

李海星,2001. 特困生心理健康教育的思考 [J]. 中国高教研究,（11）: 65-66.

李辉,2008. 大学生理想信念教育的现代性审视 [J]. 思想教育研究,（5）: 22-26.

李军凯,2012. 大学生就业能力的结构及影响因素研究 [J]. 中国青年研究,（11）: 89-92.

李烈满,2004. 健全干部选拔任用机制问题研究 [M]. 北京: 中国社会科学出版社.

李路路,朱斌,李才香,2016. 走向成熟的经验研究——写于《社会学研究》创刊三十周年 [J]. 社会学研究,（6）: 25-48.

李路路,2015. 中国大学生成长报告 2015 [M]. 北京: 中国人民大学出版社.

李路路，2014.中国大学生成长报告2014［M］.北京：中国人民大学出版社.

李路路，2013.中国大学生成长报告：2012［M］.北京：中国人民大学出版社.

李雄鹰，2013.大学自主招生质量的实证研究［J］.中国高教研究，（6）：33-38，95.

李栩，侯志瑾，冯缦，2013.大学生父母生涯发展期望、主动性人格、生涯适应力和生涯决策困难的关系［J］.中国临床心理学杂志，（2）：263-267，247.

李学会，2013.专业选择方式与学习效果关系初探［J］.扬州大学学报（高教研究版），（5）：76-79.

李阳，林炜，严绮丽，等，2003.大学生干部素质现状、分析与建议［J］.思想·理论·教育，（12）：49-52.

李颖，高春娣，2017.基于生涯发展理论的大学新生教育对策研究.黑龙江高教研究，（6）：147-149.

梁晨，李中清，张浩，等，2012.无声的革命：北京大学与苏州大学学生社会来源研究（1952—2002）［J］.中国社会科学，（1）：98-118.

林宇晖，2010.关于高校学生干部队伍建设的思考［J］.教育探索，（12）：75-77.

刘宝剑，2015.关于高中生选择高考科目的调查与思考——以浙江省2014级学生为例［J］.教育研究，（10）：142-148.

刘斌，李磊，2012.寻职中的社交网络"强连接""弱连接"与劳动者工资水平［J］.管理世界，（8）：115-128.

刘焕性，蒋承，李笑秋，2016.对基层就业大学生职业发展的实证分析［J］.中国高教研究，（11）：24-27.

刘佳辰，何章立，潘昆峰，2017.学生高中到大学文理科专业转换的特征及效果研究［J］.中国人民大学教育学刊，（3）：165-180.

刘建军，2004.关于理想信念教育的几点理论思考［J］.教学与研究，（11）：14-15.

刘精明，2008.中国基础教育领域中的机会不平等及其变化［J］.中国社会科学，（5）：101-116，206-207.

刘婷，尧新瑜，2010.高中生"高分复读"的原因及对策［J］.教育理论与实践（32）：17-18.

刘艳，2016.当代中国出国留学政策变迁的动因分析［J］.清华大学教育研究：91-95.

卢晓东，于晓磊，陈虎，等，2016.基础教育中的城乡差异是否在大学延续——高校城乡学生学业表现差异的实证研究［J］.高校教育管理，（1）：56-60.

陆根书，田美，黎万红，2014.大学生出国留学意愿的影响因素分析［J］.复旦教育论坛，（5）：36-44.

陆益龙，2008.户口还起作用吗——户籍制度与社会分层和流动［J］.中国社会科学，（1）：149-162，207-208.

路平，刘聪颖，夏福斌，2016.大学生学业自我概念、学习动机与学习成绩的关系［J］.中国健康心理学杂志，（7）：1089-1092.

罗佳，李辉，2010.当代大学生理想信念形成的主要矛盾及成因分析［J］.思想教育研究，（11）：40-43.

吕鹏，2001.中国社会转型期的学生干部群体及学生干部制度［J］.当代青年研究，（4）：15-18.

马道明,2015.输在起点的流动：农村大学生的城市之路［J］.中国青年研究，（10）：56-60，65.

马磊，赵俊和，石金涛，等，2009.高校自主招生有效性的实证研究［J］.上海交通大学学报，（9）：1422-1426.

马莉萍，董璐，2015.逃离还是北漂？——高校毕业生落户北京政策与毕业生的就业选择［J］.教育与经济，（3）：23-30.

马莉萍，丁小浩，2010.高校毕业生求职中人力资本与社会关系作用感知的研究［J］.清华大学教育研究，（1）：84-92.

马莉萍，刘彦林，2015.高校毕业生基层就业：从中央政策到地方政策［J］.北京大学教育评论，13（2）：31-46，188.

马莉萍，由由，熊煜，等，2016.大学生专业选择的性别差异——基于全国85所高校的调查研究［J］.高等教育研究，（5）：36-42.

马宇航，杨东平，2015.城乡学生高等教育机会不平等的演变轨迹与路径分析［J］.清华大学教育研究，（2）：7-13.

米红，徐益能，2006.高考复读：中国教育的沉重话题［J］.学习月刊，（15）：37-38.

闵维方，丁小浩，文东茅，等,2006.2005年高校毕业生就业状况的调查分析［J］.高等教育研究，（1）：31-38.

潘昆峰，崔盛，2016.语言能力与大学毕业生的工资溢价［J］.北京大学教育评论，

（2）：99-112，190.

潘昆峰，蒋承，2015. 我国大学生留学选择的影响因素分析［J］. 中国高教研究，（3）：15-20.

彭程，杨继东，2016. 人情还是信息——社会网络与工资决定［J］. 世界经济文汇，（5）：17-40.

彭春妹，罗润生，王孟成，2006. 高三复读生心理健康状况及主要影响因素研究［J］. 江西教育科研，（10）：25，30.

戚如强，2018. 习近平立德树人思想的理论渊源与精神实质［J］. 马克思主义研究，（7）：35-42.

齐军，2010. 高中文理分科：理想与现实博弈中的路径选择［J］. 教育理论与实践，（11）.

钱芳，2015. 农村籍大学生初次就业质量的实证分析［J］. 教育学术月刊，（4）：64-68.

秦永，裴育，2011. 城乡背景与大学毕业生就业——基于社会资本理论的模型及实证分析［J］. 经济评论，（2）：113-118，128.

邱纪香，康玉唐，2012. 高考复读现象解析［J］. 中国电力教育，（11）：139-140.

权小娟，边燕杰，2017. 城乡大学生在校表现比较研究. 中国青年研究，（3）：88-93，109.

权小娟，朱晓文，2016. 大学生学习成绩变化趋势及其影响因素的实证研究. 复旦教育论坛，（5）：45-51.

石国亮，2008. 高校学生干部工作的理论思考［J］. 思想教育研究，（1）：56-59.

石国亮，2007. 大学生基层就业的政策建构［J］. 当代青年研究，（11）：40-44.

宋晶，陈园园，2015. 就业地点与工资水平——社会网络的中介作用［J］. 经济与管理研究，（9）：67-74.

宋雪芹，郭成，谢德光，2011. 成就目标、学业情绪及学业成绩的关系研究述评［J］. 社会心理科学，（9）：62-65.

宋月萍，宋正亮，2016. 户籍制度对大学生工资的影响——来自北京市的证据［J］. 人口与经济，（4）：103-112.

苏丽锋，孟大虎，2012. 人力资本、社会资本与大学生就业：基于问卷数据的统计分析［J］. 复旦教育论坛，（2）：27-33.

孙文凯，郭茜，2015. 学生工作经历对收入有影响吗［J］. 统计研究，（5）：64-

69.

　　谭荣波，蔡华清，2015. 地方本科院校大学生学习成绩的城乡差异调查与分析［J］.
上海教育评估研究，（6）：25-28，44.

　　唐承祚，2017. 强势普遍主义与弱势再生产——高校学生干部身份获得的机制检验
［J］.青年研究，（2）：1-10，94.

　　田虎，2009. 我国高考复读群体的现状分析与发展趋势［J］.上海教育科研，（1）：
10-13，17.

　　万海远，李实，2013. 户籍歧视对城乡收入差距的影响［J］.经济研究，（9）：43-
55.

　　汪庆华，荀振芳，2011. 自主招生场域家庭资本的影响与自主招生的制度探寻［J］.
中州学刊，（3）：125-129.

　　王爱英，2013. 高校班级学生干部选拔策略与培养机制探析［J］.学校党建与思想
教育，（22）：63-64，67.

　　王冲，2003. 关注高考复读生［N］.中国教育报，08-05（A06）.

　　王存宽，吕慈仙，杨桂珍，2016. 从"总分匹配"到"专业导向"——高考志愿模
式的转变对高校专业建设的驱动作用分析［J］.教育研究，（6）：81-88.

　　王海峰，2012. 干部国家——一种支撑和维系中国党建国家权力结构及其运行的制
度［M］.上海：复旦大学出版社：1-13

　　王静波，王翡翡，2011. 雇主视角下大学生就业能力状况探析［J］.现代大学教育，
（4）：87-92.

　　王莲华，2012. 创新大学生党员理想信念教育的途径与方法——基于对全国 18 所
高校的调查分析［J］.国家教育行政学院学报，（9）：72-79.

　　王仕民，郑永廷，2008. 当代大学生理想信念形成特点及原因分析［J］.教学与
研究，（5）：74-79.

　　王伟宜，2015. 高等教育入学机会变迁研究［M］.北京：清华大学出版社.

　　王伟宜，吴雪，2014. 高等教育入学机会获得的城乡差异分析——基于 1982-2010
年我国 16 所高校的实证调查［EB/OL］.复旦教育论坛，（6）.77-82. doi：10.13397/
j.cnki.fef.2014.06.013.

　　王香丽，2011. 我国高等教育入学机会的城乡差异研究——高中阶段教育的视角
［J］.高教探索，（1）：55-59.

　　王易，宋友文，2011. 新形势下大学生理想信念教育的问题与对策［J］.思想理论

教育导刊，（4）：57-60.

　　王友航，文东茅，2012. 高校毕业生基层就业的特征与影响因素 [J]. 教育发展研究，32（21）：37-44.

　　王子成，杨伟国，2014. 就业匹配对大学生就业质量的影响效应 [J]. 教育与经济，（3）：44-52，57.

　　魏万青，2012. 户籍制度改革对流动人口收入的影响研究 [J]. 社会学研究，（1）：152-173，245.

　　文雯，管浏斯，2011. 大学自主招生学生学习性投入初探——以九所"985""211"高校自主招生群体为例的实证研究 [J]. 复旦教育论坛，（6）：19-25.

　　吴斌珍，钟笑寒，2012. 高考志愿填报机制与大学招生质量：一个基于择校机制理论的经验研究 [J]. 经济学（季刊），（2）：765-804.

　　吴颢，肖蓉，2010. 高考复读生生存质量及其影响因素研究 [J]. 中国健康心理学杂志，18（10）：1211-1213.

　　吴潜涛，2011. 正确理解理想信念的科学含义 [J]. 教学与研究，（4）：5-9.

　　吴秋翔，2018. 专业匹配、学业成绩与就业薪酬——基于高中文理分科与大学人文社会类专业匹配的研究 [J]. 教育发展研究，38（21）：32-39.

　　吴秋翔，崔盛，2019. 复读经历是学生生涯发展"不可逾越"的坎儿吗？——来自首都大学生的实证证据 [J]. 教育与经济，（2）：57-66.

　　吴秋翔，崔盛，2019. 鲤鱼跃龙门：农村学生的大学"逆袭"之路——基于首都大学生成长跟踪调查的实证研究 [J]. 华东师范大学学报（教育科学版），37（1）：124-136，170.

　　吴秋翔，崔盛，2019. 学生干部与学业成绩不可兼得？——基于北京市大学生追踪调查数据的研究 [J]. 复旦教育论坛，17（4）：71-79.

　　吴秋翔，何章立，崔盛，等，2016. 美国高校"提前录取"与中国"自主招生"的对比研究 [J]. 中国人民大学教育学刊，（2）：5-16.

　　吴伟伟，周浩杰，2015. 分科教育、认知方式与大学课程学习表现——以初级理论经济学课程为例 [J]. 山东高等教育，（11）.

　　吴晓刚，2007. 中国的户籍制度与代际职业流动 [J]. 社会学研究，（6）：38-65.

　　吴愈晓，2011. 社会关系、初职获得方式与职业流动 [J]. 社会学研究，（5）：128-152，244-245.

　　吴愈晓，黄超，黄苏雯，2017. 家庭、学校与文化的双重再生产：文化资本效应的异质性分析［J］.社会发展研究，（3）：1–27，242.

肖如恩，程样国，2016.谁进入了学生会——家庭背景、个人特征与担任学生干部机会的关系研究［J］.教育学术月刊，（6）：78–83.

邢芸，汪斯斯，2016.残疾人就业：教育、残疾程度和性别的影响［J］.教育与经济，（6）：47–54，63.

许家云，刘廷华，李平，2014.海外留学经历是否提高了个人收入？［J］.经济科学，（1）：90–101.

薛进军，园田正，荒山裕行，2008.中国的教育差距与收入差距——基于深圳市住户调查的分析［J］.中国人口科学，（1）：19–29.

薛艳，谭顶良，傅宏，2009.大学生专业匹配性与学业成绩相关研究［J］.心理科学，（3）：547–550.

荀振芳，汪庆华，2011.自主招生：精英角逐的场域［J］.清华大学教育研究，（2）：56–63.

阎凤桥，毛丹，2008.影响高校毕业生就业的社会资本因素分析［J］.复旦教育论坛，（4）：56–65.

杨娟，2008.不确定条件下的最优教育选择——基于期权模型的实证研究［J］.北京师范大学学报（社会科学版），（4）：117–128.

杨立军，张薇，2016.大学生学习投入的影响因素及其作用机制.高教发展与评估，32（06）：49–61.

杨钋，马玉洁，2014.关键大学行为与主观收入预期［J］.北京大学教育评论，（4）：141–156，187.

杨钋，门垚，马莉萍，2011.高校毕业生就业流动现状的分析［J］.国家教育行政学院学报，（4）：75–80.

杨晓军，2017.中国户籍制度改革对大城市人口迁入的影响——基于2000—2014年城市面板数据的实证分析［J］.人口研究，（1）：98–112.

叶晓阳，丁延庆，2015.扩张的中国高等教育：教育质量与社会分层［J］.社会，（3）：193–220.

尹银，周俊山，陆俊杰，2014.谁更可能被自主招生录取——兼论建立高校自主招生多元评价指标体系［J］.清华大学教育研究，（6）：41–47.

于洪霞，丁小浩，2011.高校毕业生就业专业结构匹配情况及其影响因素探析［J］.教育学术月刊，（8）：33–36.

于康平，2015.取消高中文理分科应审慎推进——基于对高中生的调查［J］.中国教育学刊，（6）：28-31，68.

余欣欣. 高中复读生心理压力源及其对心理健康的影响［J］. 现代预防医学，2008（8）：1495-1497.

俞国良，曾盼盼，2008.心理健康与生涯规划［J］.教育研究，（10）：63-67.

袁红清，李荔波，2013.农村大学生就业质量分析——基于浙江省1514名农村大学毕业生的调查［J］.农业经济问题，（11）：65-70.

袁晖光，谢作诗，2012.高校扩招后大学生就业和相对工资调整检验研究［J］.教育研究，（3）：27-34.

袁俊夫，1990.高校学生干部成绩差现象思考［J］.江苏高教，（1）：77-78.

岳昌君，李欣，2016.高校毕业生跨省流动的特征分析［J］.教育与经济，（4）：11-20.

岳昌君，文东茅，丁小浩，2004.求职与起薪：高校毕业生就业竞争力的实证分析［J］.管理世界，（11）：53-61.

岳昌君，杨中超，2012.我国高校毕业生的就业结果及其影响因素研究——基于2011年全国高校抽样调查数据的实证分析［J］.高等教育研究，（4）：35-44.

岳昌君，张恺，2014.高校毕业生求职结果及起薪的影响因素研究——基于2013年全国高校抽样调查数据的实证分析［J］.教育研究，（11）：72-83.

张兵，章姗，2012.浅谈新时期高校学生干部培养模式［J］.科技创业月刊，（8）：124-125.

张克新，朱成科，2007.关于我国高考复读现象之“繁荣”的思考［J］.当代教育论坛（学科教育研究），（6）：30-31.

张亚群，2010.高校自主招生改革：动因、问题与对策［J］.北京大学教育评论，（2）：30-42，187-188.

张亚群，刘淼，2009.高中取消文理分科为时尚早［J］.考试研究，（2）.

赵勇，陈卫，2012.基于人口学视角的国内高考复读现象研究之审视［J］.南京社会科学，（2）：84-91.

赵志毅、程建坤、刘丽娟，2009.高中文理分科何错之有——与取消论者商榷［J］.课程·教材·教法，（12）.

郑洁，2004.家庭社会经济地位与大学生就业——一个社会资本的视角［J］.北京师范大学学报（社会科学版），（3）：111-118.

中国与全球化智库，2016. 国际人才蓝皮书：中国留学发展报告（2016）［M］. 北京：社会科学文献出版社，336.

周海涛，景安磊，李子建，2014. 大学生学习策略使用水平及其影响因素分析［J］. 中国高教研究，（4）：25-30.

周文霞，薛晓州，李锦飞，等，2016. 大学生在校经历对职业发展影响的调查研究［J］. 重庆理工大学学报：社会科学版，30（10）：67-72.

朱永新，2005. 建议取消高中与高考文理分科. 人民政协报，9 月 12 日（B01 版）。

祝军，杨平，2015. 大学生基层就业项目：参与意愿和满意度［J］. 北京大学教育评论，13（2）：2-17，187.

ABREU M, FAGGIAN A, MCCANN P, 2015. Migration and inter-industry mobility of UK graduates［J］. Journal of Economic Geography, （2）：353-385.

AKRESH I R, FRANK R, 2011. At the intersection of self and other: english language ability and immigrant labor market outcomes. Social Science Research, 40（5）：1362-1370.

ALEXANDER K L, ECKLAND B K, 1975. Basic attainment processes: A replication and extension ［J］. Sociology of Education, 48（4）：457-495.

ANDERSON P H, LAWTON L, REXEISEN R J, et al., 2006. Short-term study abroad and intercultural sensitivity: a pilot study ［J］. International journal of intercultural relations, 30（4）：457-469.

ARCIDIACONO P, 2004. Ability sorting and the returns to college major ［J］. Journal of econometrics, 121（1）：343-375.

AYOB N H, SAKDAN M F, 2013. Political beliefs: determinant well-being of the flood victims ［J］. International Journal of Social Science and Humanity, 3（6）：548-552.

AZAMM, CHINA, PRAKASH N, 2013.Thereturns to English-language skills in India ［J］. Economic Development and Cultural Change, 61（2）：335-367.

BAI C E, CHI W, QIAN X, 2014. Do college entrance examination scores predict undergraduate gpas? a tale of two universities ［J］. China Economic Review, 30, 632-647.

BECKER G S, 1962. Investment in human capital: a theoretical analysis ［J］. Journal of political economy, 70（5, Part 2）：9-49.

BETTS J R, 2011. "The Economics of Tracking in Education", in Hanushek, E.A., S. Machinand L ［M］// Woessmann（Eds.）：Handbook of the Economics of Education（3）. Amsterdam: Elsevier：341-381.

BIJWAARD G E, WANG Q, 2016. Return migration of foreign students [J]. European journal of population, 32（1）: 31-54.

BLACKBURN M K, NEUMARK D, 1992. Unobserved ability, efficiency wages, and interindustry wage differentials. Quarterly Journal of Economics, 107（4）: 1421-1436.

BORJAS G J, 1994. The Economics of Immigration [J]. Journal of Economic Literature, 32（4）: 1667-1717.

BORJAS G J, 1987. Self-selection and the earnings of immigrants. The American Economic Review, 77（4）: 531-553.

BORJAS G J, 1994.The economics of immigration, journal of Economic Literature, 32（4）: 1667-1717.

BRIAN COHEN, 1985. Skills, Professional Education and The Disabling University [J]. Studies in Higher Education, 10（10）: 175-186.

BRUNELLO G, D CHECCHI, 2007. "Does School Tracking Affect Equality of Opportunity? New International Evidence [J]. Economic Policy, 52: 781-861.

BURKAM D T, LEE V E, 2003. Mathematics, foreign language, and science coursetaking and the nels: 88 transcript data. Working Paper No. 2003-01 [J]. National Center for Education Statistics.

CABRERA A F, LA NASA S M, 2001. On the Path to College: Three Critical Tasks Facing America's Disadvantaged [J]. Research In Higher Education, 42（2）: 119-149.

CAIRNS, D, 2017. Exploring student mobility and graduate migration: undergraduate mobility propensities in two economic crisis contexts [J]. Social & Cultural Geography（3）: 336-353.

CARBONARO W, 2005. Tracking, students' effort, and academic achievement [J]. Sociology of education, 78（1）: 27-49.

CARDAK B A, 2010. Education Choice, Endogenous Growth and Income Distribution [J]. Economica, 71（281）: 57-81.

CARSELLO C, CREASER J, 1976. How college students change during study abroad [J]. College student journal, 10（3）: 276.

CASEY T, DUSTMANN C, 2008. Intergenerational transmission of language capital and economic outcomes. Journal of Human Resources, 43（3）: 660-687.

CEBI M, 2007. Locus of control and human capital investment revisited. Journal of

Human Resources, 42（4）: 919-932.

CHISWICK B R, MILLER P W, 2002. Immigrant earnings: Language skills, linguistic concentrations and the business cycle [J]. Journal of Population Economics, 15（1）: 31-57.

CHISWICK B R, MILLER P W, 1995. The endogeneity between language and earnings: International analyses [J]. Journal of Labor Economics, 13（2）: 246-288.

CHISWICK B R, 1991. Speaking, reading, and earnings among low-skilled immigrants [J]. Journal of Labor Economics, 9（2）: 149-170.

CHOI Y, 2015. The effects of English training abroad on labor market outcomes in Korea [J]. Research in social stratification and mobility, 41: 11-24.

CONNELLY S, ALLEN M T, WAPLES E, 2007. The Impact of Content and Structure on a Case-Based Approach to Developing Leadership Skills [J]. International Journal of Learning & Change, 2（3）: 218-249.

COOK R D, WEISBERG S, 1983. The Central Role of the Propensity Score in Observational Studies for Causal Effects [J]. Biometrika, 70（1）: 41-55.

CORCORAN J, FAGGIAN A, 2017. Graduate migration and regional development: An international perspective [M]. London: Edward Elgar Publishing.

CRISP G, NORA A, TAGGART A, 2009. Student Characteristics, Pre-College, College, and Environmental Factors as Predictors of Majoring in and Earning a STEM Degree: An Analysis of Students Attending a Hispanic Serving Institution [J]. American Educational Research Journal, 46（4）: 924-942.

DESJARDINS S L, TOUTKOUSHIAN R K, 2005. Are Students Really Rational? The Development of Rational Thought and its Application to Student Choice [M]. Higher education: Handbook of theory and research. Springer, Dordrecht: 191-240.

DOUGLAS C, JONES C G, 2001. Study abroad programs and American student worldmindedness: an empirical analysis [J]. Journal of teaching in international business, 13（1）: 55-66.

DUFLO E, P DUPAS AND M, 2011. Kremer, Peer Effects, Teacher Incentives, and The Impact of Tracking: Evidence from A Randomized Evaluation in Kenya [J]. American Economic Review, 101（5）: 1739-1774.

DUGAN J P, KOMIVES S R, SEGAR T C, 2008. College student capacity for socially responsible leadership: Understanding norms and influences of race, gender, and sexual orientation [J] . Journal of Student Affairs Research & Practice, 45（4）: 927-952.

DUNHAM R B, PIERCE J L, 1989. Management [M] . Scott: Foresman and Company.

DUSTMANN C, FADLON I, WEISS Y, 2011. Return migration, human capital accumulation and the brain drain [J] . Journal of development economics, 95（1）: 58-67.

DUSTMANNC, FABBRI F, 2003. Language proficiency and labour market performance of immigrants in the UK [J] . Economic Journal, 113（489）: 695-717.

EGGER T M, 2009. Factors influencing college of agriculture students' participation in leadership development certificate programs: A tri-state study [D] . Doctoral dissertation, Purdue University.

ELLIOT A J, MCGREGOR H A, 2001. A 2×2 achievement goal framework [J] . Journal of Personality & Social Psychology, 80（3）: 501-519.

ERDMANN D G, 1983. An Examination of Factors Influencing Student Choice in the College Selection Process [J] . Journal of College Admissions, 100: 3-6.

FAGGIAN A, MCCANN P, SHEPPARD S, 2006. An analysis of ethnic differences in UK graduate migration behaviour [J] . The Annals of Regional Science,（2）: 461-471.

FEDERMAN MAYA, 2007. State graduation requirements, high school course taking, and choosing a technical college major [J] . B.e.journal of Economic Analysis & Policy, 7(1).

FERRARI J R, JF DÍAZ-MORALES, 2007. Procrastination: different time orientations reflect different motives [J] . Journal of Research in Personality, 41（3）: 707-714.

FIGLIO D N, M E PAGE, 2001. School Choice and the Distributional Effects of Ability Tracking: Does Separation Increase Inequality?[J] . Journal of Urban Economics, 51（3）: 497-514.

FULLER W C, MANSKI C F, WISE D A, 1982. New Evidence on the Economic Determinants of Postsecondary Schooling Choices [J] . Journal of Human Resources, 17(4): 477-498.

GABE T M, 2009. Knowledge and earnings [J] . Journal of Regional Science, 49（3）: 439-457.

GAMORAN A, 1992.The Variable Effects of High School Tracking [J] . American Sociological Review, 57（6）: 812-828.

GARDNER H, 1983. Frames of mind: the theory of multiple intelligence. Journal of Policy Analysis & Management, 4（3）: 19-35.

GONZALEZ A, 2000. The acquisition and labor market value of four English skills: New evidence from NALS [J]. Contemporary Economic Policy, 18, 259-269.

GRIIICHES Z, MASON W M, 1972. Education, income and ability [J]. Journal of Political Economy, 80（3）: 74-103.

GUO S, FRASER M W, 2014. Propensity Score Analysis: Statistical Methods and Applications [M]. Sage.

GUO S, FRASER M W, 2010. Propensity Score Analysis: Statistical Methods and Applications [M]. Sage.

GUO Q, SUN W, 2014. Economic returns to English proficiency for college graduates in mainland China [J]. China Economic Review, 30: 290-300.

HANUSHEK E A, L W MANN, 2006. Does Educational Tracking Affect Performance and Inequality? Differences-in-differences Evidence across Countries [J]. The Economic Journal, 116（510）: C63-C76.

HARACKIEWICZ J M, BARRON K E, ELLIOT A J, 1998. Rethinking achievement goals: when are they adaptive for college students and why? [J]. Educational Psychologist, 33（1）: 1-21.

HEARN J C, 1984. The Relative Roles of Academic, Ascribed, and Socioeconomic Characteristics in College Destinations [J]. Sociology of Education,（1）: 22-30.

HECKMAN J J, STIXRUD J, URZUA S, 2006. The Effects of Cognitive and Noncognitive Abilities on Labor Market Outcomes and Social Behavior [J]. Journal of Labor Economics, 24: 411-482.

HECKMAN J J, ICHIMURA H, TODD P E, 1997. Matching as an econometric evaluation estimator: Evidence from evaluating a job training programme [J]. Review of Economic Studies, 64（1）: 605-654.

HEINECK G, ANGER S, 2010. The returns to cognitive abilities and personality traits in Germany [J]. Labour Economics, 17（3）: 535-546.

Higher Education Research Institute, 1996. A social change model of leadership development: Guidebook [M]. College Park, MD: National Clearinghouse for Leadership Programs.

HOLME L, 2013. Competing perspectives on graduate employability: Possession, position or process [J]. Studies in Higher Education, 38（4）: 538-554.

HOSSLER D, BRAXTON J, COOPERSMITH G, 1989. Understanding student college choice [J]. Higher education: Handbook of theory and research, 5: 231-288.

HOSSLER D, STAGE F K, 1992. Family and High School Experience Influences on the Postsecondary Educational Plans of Ninth-Grade Students [J]. American Educational Research Journal, 29（2）: 425-451.

IAMMARINO S, 2015.Marinelli E. Education‐Job（mis）match and interregional migration: Italian university graduates' transition to work [J]. Regional studies, 49（5）: 866-882.

KERR S P, T PEKKARINEN, R UUSITALO, 2013. School Tracking and Development of Cognitive Skills [J]. Journal of Labor Economics, 31（3）: 577-602.

KHANDKER S R, KOOLWAL G B, SAMAD H A, BANK W, 2010. Handbook On Impact Evaluation: Quantitative Methods And Practices.

KIDD M P, O'LEARY N, SLOANE P, 2017. The impact of mobility on early career earnings: a quantile regression approach for uk graduates. Economic Modelling, 62（APR.）: 90-102.

KOMIVES S R, OWEN J E, LONGERBEAM S D, MAINELLA F C, OSTEEN L, 2005. Developing a leadership identity: A grounded theory [J]. Journal of College Student Development, 46（6）: 593-611.

KOMIVES S R, DUGAN J P, OWEN J E, 2011. The handbook for student leadership development [M]. New York: John Wiley & Sons.

KOMIVES S R, LUCAS N, MCMAHON T R, 2007. Exploring leadership: For college students who want to make a difference（2nd Edition）[M].SanFranciso: Josscy-Bass Publishers.

KOSSOUDJI S A, 1988. English language ability and the labor market opportunities of Hispanic and east Asian immigrant men [J]. Journal of Labor Economics, 96（2）: 205-228.

KRUEGER A B, MALE KOVÁ J, 2003. Education, Poverty and Terrorism: Is There a Causal Connection? [J]. Journal of Economic Perspectives, 17（4）: 119-144.

LETENDRE G K, HOFER B K, SHIMIZU H, 2003. What is tracking? Cultural expectations in the United States, Germany, and Japan [J]. American educational research journal, 40 (1): 43-89.

LEUVEN E, OOSTERBEEK H, 2011. Overeducation and Mismatch in the Labor Market [J]. Iza discussion papers, 4: 283-326.

LONG M C, 2008. College quality and early adult outcomes [J]. Economics of Education Review, 27 (5): 588-602.

LOVIBOND P F, LOVIBOND S H, 1995. The structure of negative emotional states: Comparison of the Depression Anxiety Stress Scales (DASS) with the Beck Depression and Anxiety Inventories [J]. Behaviour research and therapy, 33 (3): 335-343.

LYON P, 1993. Leadership education across the curriculum. College Students.

MANSKI C F, WISE D A, WISE D A, 1983. College choice in America [M]. Harvard University Press.

MCMANUS W S, 1985. Labor market costs of language disparity: An interpretation of Hispanic earnings differences [J]. American Economic Review, 75 (4): 818-827.

MCQUAICH R W, LINDSAY C, 2005. The concept of employability [J]. Urban Studies, 42 (2): 197-219.

MINCER J, 1993. Schoolings experience and earnings [M]. New York: NBER Books, 218-223.

MOOGAN Y J, STEVE B, KIM H, 1999. Decision - Making Behaviour of Potential Higher Education Students [J]. Higher Education Quarterly, 53 (3): 211-228.

NATALE K, AUNOLA K, NURMI J E, 2009. Children's school performance and their parents' causal attributions to ability and effort: a longitudinal study [J]. Journal of Applied Developmental Psychology, 30 (1): 14-22.

NGUYEN D H K, 2016. Student success through leadership self-efficacy: A comparison of international and domestic students [J]. Journal of International Students, 6 (4): 829-856.

OECD, 2006. Assessing scientific, reading and mathematical literacy: A framework for PISA 2006 [M].Paris: PZSA, OECD Publishing, 59.

PARK J H, 1999. The earnings of immigrants in the united states: The effect of English-speaking ability [J]. American Journal of Economics & Sociology, 58 (1): 43-56.

POSNER B Z, 2014. The Impact of Gender, Ethnicity, School Setting, and Experience on Student Leadership: Does It Really Matter? [J] . Sciedu Press, 1（1）: 21-31.

PRESLEY A, DAMRON-MARTINEZ D, ZHANG L, 2010. A Study of Business Student Choice to Study Abroad: A Test of the Theory of Planned Behavior [J] . Journal of Teaching in International Business, 21（4）: 227-247.

RICKETTS J C, S RUDD R D, 1956. A comprehensive leadership education model to train, teach, and develop leadership in youth [J] . Journal of Career & Technical Education, 19（1）: 7-17.

ROSENBERG M, 1965. Self esteem and the adolescent.（economics and the social sciences: society and the adolescent self-image）[J] . The New England Quarterly, 148（2）.

RUBIN D B, 1971. Estimating causal effects of treatments in randomized and nonrandomized studies [J] . Journal of Educational Psychology, 66（1）: 688-701.

SCHLEE B M, MULLIS A K, SHRINER M, 2009. Parents social and resource capital: predictors of academic achievement during early childhood [J] . Children and Youth Services Review, 31（2）: 227-234.

SCHULTZ T W, 1961. Investment in human capital [J] . The American economic review, 51（1）: 1-17.

SHI Y, 2015. The Determinants of College Graduates' Migration Decision and Its Impact on Starting Salaries in China [D] . Columbia : Columbia University.

SHIM W, PAIK S, 2014. The Effects of High School Track Choice on Students' Postsecondary Enrollment and Majors in South Korea [J] . Asia Pacific Education Review, 15（4）: 573-583.

ST JOHN E P, 1994. Prices, Productivity, and Investment: Assessing Financial Strategies in Higher Education. ASHE-ERIC Higher Education Reports [R] . ASHE-ERIC Higher Education Reports, The George Washington University.

SUN Y F, PAN K, 2014. Prediction of the Intercity Migration of Chinese Graduates [J] . Journal of Sta- tistical Mechanics Theory & Experiment（12）: 129-137.

SUPER D E, 1990. A Life-span, Life-space Approach to Career Development [J] . Journal of Vocational Behavior, 16（3）: 282-298.

SUPER D E, NEVILL D D, 1984. Work Role Salience as A Determinant of Career Maturity in High School Students [J] . Journal of Vocational Behavior, 25（1）: 30-44.

SUPER D E, 1976. Career Education and the Meanings of Work [J]. Monographs on Career Education: 52.

WALKER I, ZHU Y, 2017. University selectivity and the graduate wage premium: evidence from the uk. Social Science Electronic Publishing.

WALKER I, ZHU Y, 2008. The College Wage Premium and the Expansion of Higher Education in the UK [J]. The Scandinavian Journal of Economics (4): 695-709.

WANBERG C R, WATT J D, RUMSCY D J, 1996. Individuals without jobs: empirical study of job seeking behavior and reemployment [J]. Journal of Applied Psychology, 81 (1). 76-87.

WHISTON S C, KELLER B K, 2004. The Influences of the Family of Origin on Career Development A Review and Analysis [J]. Counseling Psychologist, 32 (4): 493-568.

WISWALL M, STIEFEL L, SCHWARTZ A E, BOCCARDO J, 2014. Does attending a STEM high school improve student performance? Evidence from New York City [J]. Economics of education review, 40 (C) 93-105.

WITKIN H A, GOODENOUGH D R, 1980. Cognitive styles: essence and origins. Field dependence and field independence [J]. Psychological issues, (51): 1-141.

WONG K C, Y R LAM, L M HO, 2002.The Effects of Schooling on Gender Differences [J]. British Educational Research Journal, 28 (6): 827-843.

ZIMMER R, 2003. A New Twist in the Educational Tracking Debate [J].Economics of Education Review, 22 (3): 307-315.

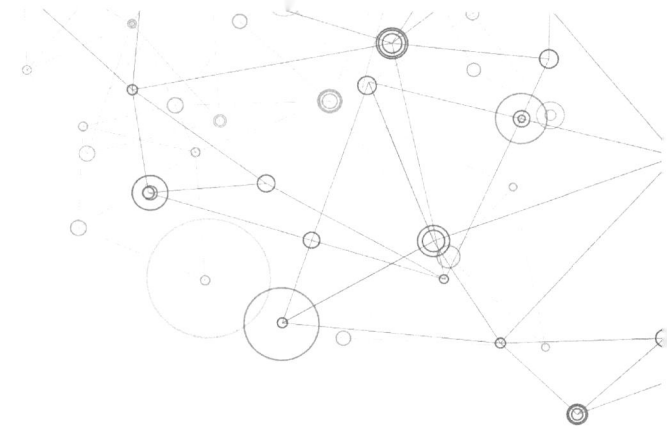

后　记

　　当前教育的根本任务是立德树人，大学必须深刻思考并回答培养什么人、怎样培养人、为谁培养人的问题。大学生正处于生理发育的成熟期和心理发展的过渡期，处于世界观、人生观、价值观形成的关键期，教育选择与他们的生涯发展密不可分。因此，他们就更需要在相关引导下进行合理、有效的教育选择，从而更好地满足自身生涯发展需要，更好地遵循党和国家人才培养的目标。

　　大学生应该如何选择呢？回想我们小时候，胆子大，不怕做选择，想要什么就会直接选、直接做。当我们渐渐长大，却发现选择那么难，要顾虑的东西越来越多，害怕承担选择之后出现意外结果。我们的人生就是在做一次次的选择，走过一个又一个十字路口，每个路口我们遇到了一些人，看到了一些风景，有了许多收获，却也作别许多人和往事。作为过来人的笔者也在研究与写作中，回顾自己学生时代的往事，常常会陷入如果当初自己没有做出相应的选择，现在会是什么样子的思考，处在怎样的境况。特别是学生时代的教育选择，往往是自己的主动行为，例如，当初应该学文还是学理、该不该参加自主招生、当学生干部真的会耽误学习吗、毕业该如何选择工作等，这些都是我们当年经历过的、困扰许久的问题。因此，我们也希望通过这样一份浓缩了团队长时期的系列研究，更客观地向大家呈现不同教育选择对个人生涯发展的影响。这些选择本无所谓高低优劣，研究结论也相对开放，希望能够帮助到那些陷入选择困局的朋友们，为大家的生涯规划提供一些参考。

因此，本书写作过程中从"高校学生教育选择"入手，系统性地分析学生在高等教育阶段面临的重要教育选择及其对个人生涯发展的影响，以大学为核心，结合入学、在校和毕业等阶段，从高校学生的学涯与职涯两方面来反映教育选择的实际价值与潜在作用。

从理论上讲，人做出任何一个选择都有其深刻的意义与缘由，一类人群如果习惯性做出类似的选择就可以被总结归纳为一种规律或现象。那么大学生在多变复杂的环境下，如果产生了相似的教育选择，抑或是在同一干预下，产生了差异化的教育选择，这是值得在理论层面进行深入探讨与总结。本书尝试融合经济学、社会学、教育学等多学科理论视角，通过分析学生采取的一系列教育选择的影响效果与影响机制，从这些特定的现象逐渐推到一般性情况，找到与现有理论相适应的部分，便可以进一步改造和发展理论。

而从实践层面来看，对于学生个体而言，面对差异化的个人特征与成长经历，面对差异化的家庭背景与教育期望，面对复杂多变的社会环境，会做出一系列重要的教育选择，这些选择或大或小，或由本人主动做出，或受到家人、朋友乃至社会的干预。因此，本书所研究的教育选择与学生发展之间的关系具有重要的现实意义，所探讨的教育选择是学生会面临的主流选择，帮助我们从研究视角了解学生是否根据自身特点选择了合适的发展路径，并以此制定相应的对策。

本书的相关研究离不开中国人民大学中国调查与数据中心的鼎力支持，研究数据主要来自"中国教育长期追踪调查"研究计划子项目"首都大学生成长跟踪调查"。基于科学的追踪数据，本书才得以分析学生从入学到在校再到毕业的教育全过程，探索各项教育选择发生的内在机制及相关影响。感谢中国人民大学中国调查与数据中心副主任王卫东教授对研究工作的关心与帮助，感谢教育部－中国人民大学教育发展与公共政策研究中心的支持，感谢知识产权出版社李婧老师为本书出版所做的大量工作。

当然，本书相关研究离不开团队成员的大量努力与辛勤劳动，中国人民大学教育学院潘昆峰副教授参与了第一章、第九章的撰写工作，博士研究生杜帆参与了第十章、第十二章的撰写工作，硕士研究生苏均宇参与了绪论、第八章及第十一章的撰写工作，同时硕士研究生苏均宇、宫颢韵还负责了全书的文字校对工作，在此一并对他们的付出表示感谢。

最后，由于笔者能力所限，书稿在写作和成书的过程中仍然存在许多不足，希望读者们能够批评指正。